前　言

发展新能源汽车是我国从汽车大国迈向汽车强国的必由之路，是应对气候变化、推动绿色发展的战略举措。2020年国务院发布《新能源汽车产业发展规划（2021—2035年）》，为我国推动新能源汽车产业高质量发展、加快建设汽车强国指明了新的发展方向和奋斗目标。近年来，新能源汽车产业迎来历史性的重大增长机遇，同时也催生了动力电池产业的迅速崛起和电池管理技术的逐步成熟。

电池管理系统是新能源汽车动力电池安全运行、高效使用的关键技术，能够监测动力电池运行状态并实现剩余寿命预测。因此，本书在阐述电池老化机理与构建动力电池等效模型的基础上，围绕车载动力电池管理系统的状态估计和健康诊断进行介绍，涵盖较为完整的动力电池等效模型。为提高车载动力电池系统的建模精度，添加了卡尔曼滤波、粒子滤波、机器学习和深度学习等技术，完善了电池多状态联合估计方案，力争结合车载动力电池的技术要求，提高电池参数估算准确度，降低寿命预测计算复杂度。希望本书能够在车载动力电池管理系统状态监测和寿命诊断技术等方面为相关技术人员提供参考，并满足车辆工程、控制科学与工程等专业人才培养过程中涉及"电池管理系统"领域内知识、能力和素养的需求。

本书共7章。第1章为车载动力电池管理系统概述，全面介绍了电池管理系统的概念、组成要素、主要功能和发展趋势；第2章为车载动力电池及其老化机理，主要涵括不同动力电池的内部材料和工作原理、电池的老化机理及影响因素，为电池寿命诊断提供基础理论；第3章为车载动力电池等效建模及参数辨识，主要涵括等效电路模型、电化学模型、数据驱动模型、模型参数辨识方法；第4章为锂离子动力电池荷电状态估计方法，主要涵括电池荷电状态估计方法分类、卡尔曼滤波与参数处理、基于卡尔曼滤波的动力电池荷电状态估计流程和示例演示；第5章为锂离子动力电池健康状态估计方法，主要涵括健康状态概述、基于粒子滤波和支持向量回归的健康状态估计实例；第6

章为锂离子动力电池协同状态估计方法，在第4章和第5章的基础上改进卡尔曼滤波方法，提出了先进协同状态估计方案；第7章为动力电池剩余使用寿命预测研究，主要涵括动力电池剩余使用寿命概述、基于神经网络的电池剩余使用寿命预测和结合概率分布的剩余使用寿命预测。

本书遵循普通高等教育的全局理念，秉持着"强调基础、突显独特、注重实际、强化技术"的原则。突破了传统教材的模式，以培养工程实践技能为首要目标，以增进专业素养和能力为内核。同时，本书力争文字准确简洁、插图清晰易懂、内容全面详尽且具备前瞻性，旨在帮助读者站在前沿领域，深入理解新能源汽车动力电池管理系统。

本书由欧阳天成编著。东南大学陈南教授在本书撰写过程中提供了宝贵的指导意见，对于本书构思提出了重要建议和方向指导，在此对他表示感谢。同时感谢国内外许多相关资料的作者，他们的工作成果为本书的编写提供了非常有益的参考。

由于水平有限，书中难免有疏漏和不妥之处，恳请广大读者批评指正。

编著者

"十四五"时期国家重点出版物出版专项规划项目
新能源与智能网联汽车新技术系列丛书
新工科·普通高等教育汽车类专业系列教材

新能源汽车动力电池技术

欧阳天成　编著

机械工业出版社

本书是"十四五"时期国家重点出版物出版专项规划项目。

本书遵循普通高等教育汽车专业培养目标，根据车载动力电池应用的技术要求，对当前电池管理系统状态监测和寿命诊断进行了系统论述。本书针对新能源汽车电池管理系统的应用特点，以电池老化机理与等效建模为基础，主要讲述了动力电池状态估计的关键方法和技术难题，具体包括车载动力电池管理系统概述，车载动力电池及其老化机理、等效建模及参数辨识，锂离子动力电池荷电状态估计方法、健康状态估计方法、协同状态估计方法，动力电池剩余使用寿命预测研究等内容，同时配有验证实例。

本书既可作为普通高等教育车辆工程、自动化、控制科学与工程、新能源汽车工程，以及汽车服务工程等专业本科生及研究生的教材，也可作为广大汽车工程技术人员、新能源测控技术人员、汽车运输与管理人员的参考书。

图书在版编目（CIP）数据

新能源汽车动力电池技术 / 欧阳天成编著. -- 北京：机械工业出版社，2024.10. -- （新能源与智能网联汽车新技术系列丛书）（新工科·普通高等教育汽车类专业系列教材）. -- ISBN 978-7-111-76772-5

Ⅰ. U469.720.3

中国国家版本馆 CIP 数据核字第 2024JM5463 号

机械工业出版社（北京市百万庄大街22号　邮政编码100037）
策划编辑：宋学敏　　责任编辑：宋学敏　王　荣
责任校对：梁　园　　封面设计：张　静
责任印制：张　博
北京联兴盛业印刷股份有限公司印刷
2025年1月第1版第1次印刷
184mm×260mm·8.25印张·201千字
标准书号：ISBN 978-7-111-76772-5
定价：35.00元

电话服务　　　　　　　　　网络服务
客服电话：010-88361066　　机　工　官　网：www.cmpbook.com
　　　　　010-88379833　　机　工　官　博：weibo.com/cmp1952
　　　　　010-68326294　　金　书　网：www.golden-book.com
封底无防伪标均为盗版　　　机工教育服务网：www.cmpedu.com

目　录

前言

第1章　车载动力电池管理系统概述 …… 1
1.1　动力电池管理系统的概念和分类 ……… 2
1.1.1　动力电池管理系统的基本概念 …… 2
1.1.2　动力电池管理系统的分类 ………… 3
1.2　动力电池管理系统的组成和功能 ……… 5
1.2.1　动力电池管理系统的组成要素 …… 5
1.2.2　动力电池管理系统的关键技术和主要功能 ……………………………… 6
1.3　动力电池管理系统的技术发展趋势 …… 10
1.3.1　智能化管理技术的发展趋势 ……… 11
1.3.2　安全性能提升的技术趋势 ………… 12
1.3.3　能量利用效率提高的技术趋势 …… 14

第2章　车载动力电池及其老化机理 …… 18
2.1　锂离子动力电池的组成和工作原理 …… 18
2.1.1　锂离子动力电池的正极材料 ……… 18
2.1.2　锂离子动力电池的负极材料 ……… 21
2.1.3　锂离子动力电池的电解质和隔膜 …………………………………… 23
2.1.4　锂离子动力电池的工作原理 ……… 25
2.2　锂离子动力电池的老化机理及其影响因素 ……………………………………… 26
2.2.1　锂离子动力电池的寿命及其评估指标 …………………………………… 26
2.2.2　锂离子动力电池老化的主要机理 …………………………………… 27
2.2.3　锂离子动力电池老化的影响因素 …………………………………… 28
2.3　锂离子动力电池老化的诊断方法和预防手段 …………………………………… 30
2.3.1　锂离子动力电池老化的诊断方法 …………………………………… 30
2.3.2　锂离子动力电池老化的预防手段 …………………………………… 33

第3章　车载动力电池等效建模及参数辨识 ……………………………………… 35
3.1　锂离子动力电池的等效建模 …………… 35
3.1.1　基于等效电路模型的电池建模 …… 35
3.1.2　基于电化学模型的电池建模 ……… 39
3.1.3　基于数据驱动模型的电池建模 …… 48
3.2　动力电池模型参数辨识方法 …………… 49
3.2.1　可变遗忘因子的递归最小二乘法 … 49
3.2.2　等效电路模型的参数辨识 ………… 54
3.2.3　循环寿命模型的参数辨识 ………… 56
3.3　动力电池模型参数对电动汽车性能和管理系统的影响 ……………………… 57
3.3.1　模型参数对电动汽车性能的影响 …………………………………… 58
3.3.2　模型参数对管理系统的影响 ……… 60

第4章　锂离子动力电池荷电状态估计方法 ……………………………………… 61
4.1　动力电池荷电状态 ……………………… 61
4.1.1　荷电状态估计方法分类 …………… 61
4.1.2　基于模型的SOC估计方法 ………… 65
4.2　卡尔曼滤波 ……………………………… 66
4.2.1　卡尔曼滤波原理 …………………… 66
4.2.2　卡尔曼滤波器 ……………………… 68
4.2.3　卡尔曼滤波的参数处理 …………… 71
4.3　基于卡尔曼滤波的动力电池SOC估计 … 72
4.3.1　建立电池模型 ……………………… 72
4.3.2　状态方程公式递推 ………………… 73
4.3.3　估计流程与示例演示 ……………… 75
4.4　基于高斯过程回归的动力电池SOC估计 ……………………………………… 77
4.4.1　高斯过程回归原理 ………………… 77
4.4.2　案例展示与分析 …………………… 77

第5章　锂离子动力电池健康状态估计方法 ……………………………………… 79
5.1　动力电池健康状态概述 ………………… 79

  5.1.1 健康状态定义及评价指标 ………… 79
  5.1.2 健康状态估计方法分类 …………… 80
 5.2 基于粒子滤波的电池健康状态估计 …… 81
  5.2.1 基本原理 ……………………… 81
  5.2.2 系统建模 ……………………… 81
  5.2.3 重采样 ………………………… 82
  5.2.4 粒子滤波仿真实例 …………… 84
 5.3 基于支持向量回归的电池健康状态
   估计 ……………………………………… 89
  5.3.1 优化目标及求解 ……………… 89
  5.3.2 核函数选择 …………………… 91
  5.3.3 支持向量回归方法实例 ……… 92

第6章 锂离子动力电池协同状态估计方法 ……………………………… 94

 6.1 动力电池协同状态概述 ………………… 94
  6.1.1 协同状态问题描述 …………… 94
  6.1.2 协同状态的定义 ……………… 95
  6.1.3 协同状态的评价指标 ………… 95
  6.1.4 协同状态估计方法分类 ……… 96
 6.2 动力电池 SOC 与 SOH 估计 …………… 97
  6.2.1 锂离子电池的 SOC 定义 …… 97
  6.2.2 锂离子电池的 SOH 定义 …… 97
  6.2.3 影响 SOC 和 SOH 联合估计的
    因素 ……………………………… 99
 6.3 基于双无迹卡尔曼滤波的 SOC 与 SOH
   联合估计 ………………………………… 101
  6.3.1 无迹卡尔曼滤波原理 ………… 101
  6.3.2 无迹卡尔曼滤波算法实现 …… 102
  6.3.3 基于双无迹卡尔曼滤波的协同
    估计 ……………………………… 103

第7章 动力电池剩余使用寿命预测研究 ……………………………… 107

 7.1 动力电池剩余使用寿命概述 …………… 107
  7.1.1 剩余使用寿命预测的目的及
    意义 ……………………………… 107
  7.1.2 剩余使用寿命预测的方法分类 … 108
 7.2 基于神经网络的电池剩余使用寿命
   预测 ……………………………………… 109
  7.2.1 神经网络基本原理 …………… 109
  7.2.2 梯度计算方法 ………………… 110
  7.2.3 神经网络仿真实例 …………… 112
 7.3 结合概率分布的剩余使用寿命预测 …… 114
  7.3.1 概率分布 ……………………… 114
  7.3.2 高斯过程回归方法流程 ……… 115
  7.3.3 高斯过程回归方法实例 ……… 117

参考文献 ……………………………………… 122

第1章 车载动力电池管理系统概述

根据《新能源汽车产业发展规划（2021—2035年）》所述，发展新能源汽车是我国从汽车大国迈向汽车强国的必由之路，是应对气候变化、推动绿色发展的战略举措。新能源汽车产业的发展，可以促进汽车产业的结构性变革，实现从传统汽车制造业向新能源汽车制造业的转型，同时还可以壮大新兴能源产业的规模，推动新能源和新材料等高技术产业的升级，促进经济结构的优化和升级。新能源汽车的普及和应用，可以实现汽车产业的绿色转型，改善城市空气质量，减轻环境污染和气候变化带来的负面影响，提高生态环境质量和人民生活质量。

发展新能源汽车产业不仅可以减少汽车燃油消耗，还可以大规模推广可再生能源的应用，如风电、太阳能等，来推动能源消费结构的转型，减少对化石能源的依赖和对全球能源供应保障所造成的压力，促进能源革命的深化。据不完全统计，全球近140个国家宣布了"碳中和"目标，"碳中和"毋庸置疑已成为全球大趋势。2020年9月，习近平总书记在第七十五届联合国大会提出：中国二氧化碳排放力争于2030年前达到峰值，努力争取2060年前实现碳中和。表1-1展示了全球主要国家"碳中和"目标时间及进展。

表 1-1 全球主要国家"碳中和"目标时间及进展

	时间	2035	2040	2045	2050	2060
事件	官宣	芬兰	奥地利、冰岛	—	葡萄牙、日本、德国、南非、挪威、瑞士、韩国	中国
	拟立法	—	—	—	智利、加拿大、斐济、西班牙	—
	已立法	—	—	瑞典	丹麦、德国、英国、法国、澳大利亚	—
	已达成	不丹、苏里南	—	—	—	—

新能源汽车产业的发展，可以推动可持续发展理念的深入贯彻，促进绿色经济的发展和产业结构的转型，从而实现保障社会经济发展和能源安全的目标，支持可持续发展战略的实施。

当前，全球新一轮科技革命和产业变革蓬勃发展，汽车与能源、交通、信息通信等领域有关技术加速融合，电动化、网联化、智能化成为汽车产业的发展潮流和趋势。新能源汽车融汇新能源、新材料和互联网、大数据、人工智能等多种变革性技术，推动汽车从单纯交通工具向移动智能终端、储能单元和数字空间转变，带动能源、交通、信息通信基础设施改造升级，促进能源消费结构优化、交通体系和城市运行智能化水平提升，对建设清洁美丽世界、构建人类命运共同体具有重要意义。近年来，世界主要汽车大国纷纷加强战略谋划、强化政策支持，跨国汽车企业加大研发投入、完善产业布局，新能源汽车已成为全球汽车产业转型发展的主要方向和促进世界经济持续增长的重要引擎。图1-1所示为世界主要国家新能源汽车渗透率。

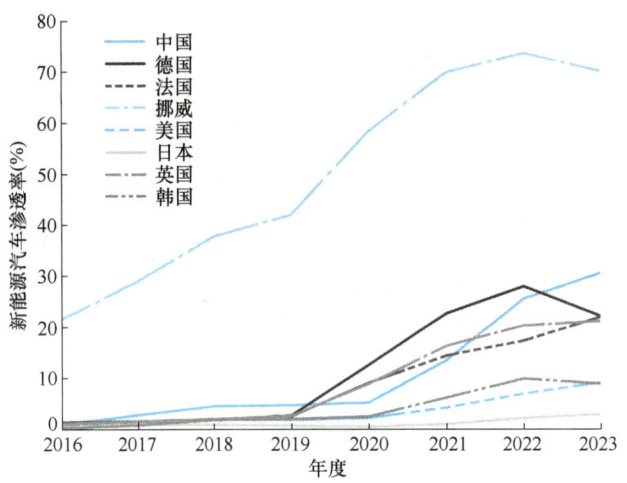

图1-1 世界主要国家新能源汽车渗透率

动力电池作为新能源汽车能量存储与转换装置的基础单元，是新能源汽车的核心零部件，它的性能、安全可靠性和使用寿命等对整车设计、开发、管理及维护至关重要，直接影响新能源汽车的市场应用和普通消费者的接受度，其技术发展水平是全球汽车产业电动化转型的关键支撑。

1.1 动力电池管理系统的概念和分类

1.1.1 动力电池管理系统的基本概念

电动汽车具有高效节能、零排放等突出特点。现今使用的动力电池是电动汽车动力系统的核心部件，它具有能量密度高、无记忆效应、循环寿命长等优点。可充电锂离子电池是最有前途的替代方案之一，它有效地绕过了化石燃料，促进了全球净零碳排放目标的实现，并成为电动汽车、可再生能源存储和智能电网等重要应用领域的主流储能技术。然而，随着时间的推移，锂离子电池会出现不可避免的老化和性能下降。为了保证锂离子电池的效率、安全和避免潜在的故障，在其全生命范围内进行可靠的电池管理至关重要。

目前，纯电动汽车（BEV）和混合动力汽车（HEV）等电动汽车技术越来越成熟，其关键技术之一是电池管理系统（battery management system，BMS）。BMS是一种电子系统，通过对电压、电流、温度以及剩余电荷量等参数的监测、采集和计算来管理和控制电动汽车电池组的运行状态，从而提升电池综合性能。BMS由硬件和软件两部分组成。硬件包括传感器、开关、充放电控制器、保护电路等组件，而软件则包括算法、控制逻辑、通信协议等。本书主要介绍 BMS 在软件方面的应用。

通常，在电动汽车中使用的电池单元的容量和电压相对较小，因此常采用串联和并联的方式来组成锂离子电池组以满足新能源汽车高电压、大容量使用的需求。电池系统通常由数百或数千个单体电池组成，在使用过程中，由于受到单体电池性能差异、使用环境变化、充放电等因素影响，电池组性能通常由性能最差的单体电池决定，因此，使用 BMS 对电池组进行统一、有效的管理非常重要。通过该系统对电池组充放电进行有效管理和控制，可以实现增加续驶里程和使用寿命、降低运行成本的目的。此外，适当的 BMS 对于保证动力电池的安全可靠运行至关重要。BMS 作为电动汽车的关键组件之一，对于电动汽车的产业化和市场化至关重要，因此，研发先进、智能的 BMS 已成为动力电池领域的研究热点。

1.1.2 动力电池管理系统的分类

随着新能源汽车的迅速发展，BMS 技术也发展迅猛，然而，尚未有完整的专业术语用于描述不同功能类型的 BMS。根据应用场景和功能特点，BMS 可以按照不同的分类方式进行分类。以下是常见的 BMS 分类方式。

1. 基于功能的分类

（1）**基本型 BMS**　基本型 BMS 通常包括电池电压、电流、温度和状态等基本监测和保护功能。在这种类型的 BMS 中，数据采集芯片采集电池的基本信息，控制芯片对电池进行保护，例如过电压、欠电压、过温等保护。基本型 BMS 通常适用于低成本的电池系统和简单的应用场景。

（2）**功能增强型 BMS**　功能增强型 BMS 基于基本型 BMS，增加了电池充放电控制、能量回收、温度控制、安全保护等多种功能。这种 BMS 可以更好地管理电池的能量、延长电池的寿命，并提高电池的使用效率。

（3）**智能型 BMS**　智能型 BMS 是在功能增强型 BMS 的基础上，增加了远程监测、预测维护、电池寿命评估等智能化功能。智能型 BMS 通过采集和处理电池状态和使用数据，结合人工智能、机器学习等技术，可以对电池进行更加精准的管理和维护，提高电池的使用效率和可靠性。

2. 基于拓扑结构的分类

（1）**集中式 BMS**　集中式 BMS 采用一个中央控制器实现对整个电池组的监测和控制，通过 CAN（控制器局域网）等总线协议连接到各个电池模块。在集中式 BMS 中，各个电池模块之间的通信量较小、通信速率高，易于实现统一的控制和管理，而且结构紧凑，抗干扰能力强、成本较低，但是一旦中央控制器出现故障，整个电池组的运行可能会受到影响。另外，集中式 BMS 布线量大而复杂；不同通道之间必须保留足够的安全间隙，导致电路板的尺寸过大；当系统的不同部分发生短路和过电流时难以保护电池系统；由于所有的组件都集中在单一电路板上，可扩展性和可维护性差。

（2）**分布式 BMS**　分布式 BMS 将监测、计算、控制和保护功能分散到各个电池模块中，通过总线协议实现互联，各模块之间可以相互独立工作，故障排查容易，计算效率高。分布式 BMS 简化了系统结构，可以灵活布置，如果要增加或减少电池数量，只需要在相应电池附近布置或移除电池监测回路（battery monitoring circuit，BMC）电路板，再将它与预留的 CAN 总线接口相连或断开即可。这种 BMS 适用性好、可扩展性强，具有更高的可靠性和安全性，可以更好地适应大型电池组和复杂应用场景，但是也面临着传感器等部件增多，增加了电路板数量和安装、调试与拆解的步骤以及通信网络设计要求高，易形成网络延时，影响采集数据的同步性且可能增加通信成本等挑战。

图 1-2 所示为 BMS 的拓扑结构，表 1-2 展示了部分新能源车型所采用的 BMS 拓扑类型。

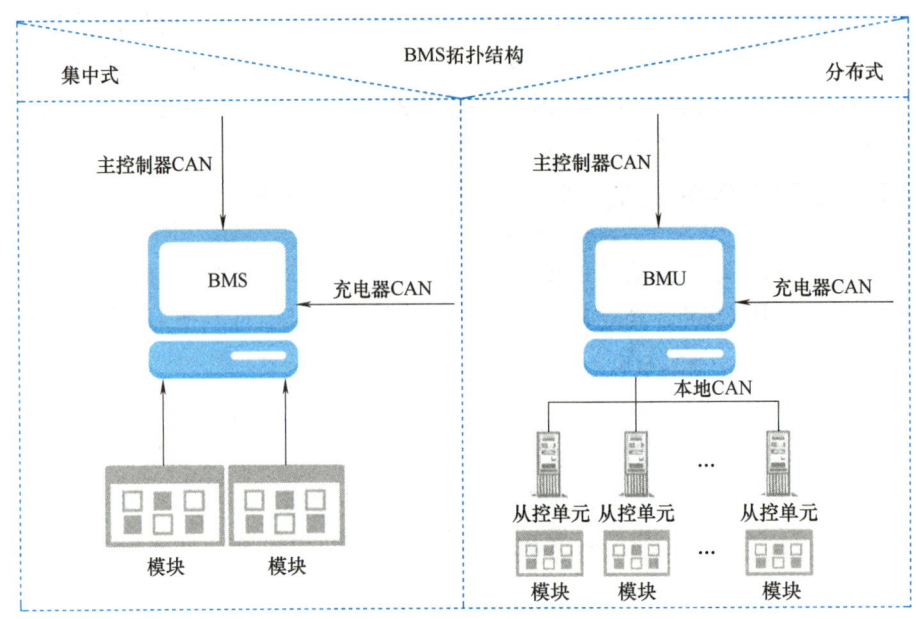

图 1-2　BMS 的拓扑结构

BMU—电池管理单元

表 1-2　部分新能源车型的 BMS 拓扑类型

车企	车型	动力类型	BMS 类型
比亚迪	海豚	BEV	分布式
	秦 DM-i	PHEV①	集中式
	汉 EV	BEV	分布式
特斯拉	Model 3	BEV	分布式
	Model Y	BEV	分布式
大众	ID.3	BEV	分布式
	ID.4	BEV	分布式
上汽通用五菱	宏光 MINI EV	BEV	集中式

① PHEV：插电式混合动力汽车。

3. 基于控制策略的分类

（1）传统控制型 BMS　传统控制型 BMS 采用基于规则的控制策略，例如 PID 控制，控制电池的充放电过程。这种 BMS 可以快速响应电池状态的变化，实现高精度的控制，但是可能会受到传感器数据噪声和测量误差的影响。传统控制型 BMS 的控制方法相对简单，不能很好地适应电池系统的复杂变化。

（2）**智能控制型 BMS**　智能控制型 BMS 采用基于模型的控制策略，如模型预测控制、模糊控制等，结合电池的实时状态和用户需求，实现更加智能化的电池控制。同时，智能控制型 BMS 能够更好地适应电池系统的复杂变化，提高电池的使用效率和寿命。这种控制策略可以提高电池控制的精度和效率，并且可以适应不同场景下的不同控制需求。

4. 基于电池类型的分类

根据不同的电池类型，BMS 也可以进行不同的分类。例如，锂离子电池和铅酸电池的 BMS 可能会有一些不同的监测和控制参数，以适应不同的电池化学特性和工作条件。

综上所述，BMS 的分类方式有很多种，不同的分类方式可以帮助我们更好地理解和使用 BMS。

1.2　动力电池管理系统的组成和功能

1.2.1　动力电池管理系统的组成要素

动力电池的 BMS 由多个组成要素构成，以保证动力电池系统的安全可靠，包括硬件和软件两个方面。以下是 BMS 的主要组成要素。

（1）**传感器**　传感器是 BMS 的一个重要组成部分，用于测量电池单体的电压、温度和电流等参数，并将数据传输给 BMS 控制器。单体电池的电压和温度状态对于 BMS 的判断十分重要。传感器一般包括温度传感器、电压传感器和电流传感器等。

（2）**执行器**　在动力电池的 BMS 中，执行器的作用是控制电池的充电和放电。执行器可以根据系统的控制信号对电池进行充电或放电，以维护电池的电量和延长其使用寿命。同时，执行器还可以根据电池的状态和系统的控制要求，实现对电池电流、电压、温度等参数的控制和调节，以保障电池的安全使用和性能表现。

（3）**控制器**　控制器是 BMS 的核心部分，负责监测和控制电池的状态，包括电池的充电和放电过程、电池的温度和电压等参数。控制器还可以根据电池的状态和用户需求，调整电池的充电和放电策略，保证电池的安全和优化电池的性能。

（4）**通信模块**　通信模块是 BMS 的一个重要组成部分，用于将 BMS 中的各个组成部分进行数据通信和交互。通信模块一般采用 CAN 总线协议或者其他协议，实现各个模块之间的互联互通。

（5）**采样电路**　BMS 通过采样电路实时采集电池组及各个单体组成的端电压、温度、工作电流等信息，以实现对电池状态的实时监测和分析。

（6）**算法和软件**　算法和软件是 BMS 的另一个重要组成部分，用于实现电池的监测、控制和保护等功能。算法和软件一般包括数据处理方法、控制算法、状态估计方法、保护算法和数据存储等。这些算法和软件能够对电池的状态进行实时监测和预测，从而实现更加精确的电池控制和保护。图 1-3 所示为 BMS 的架构。

（7）**显示接口**　BMS 的另一个重要功能是将电池状态、故障信息等数据显示给车辆驾驶人员或维修技术人员。通过显示接口，BMS 能够将电池的工作状态、充电状态、放电状

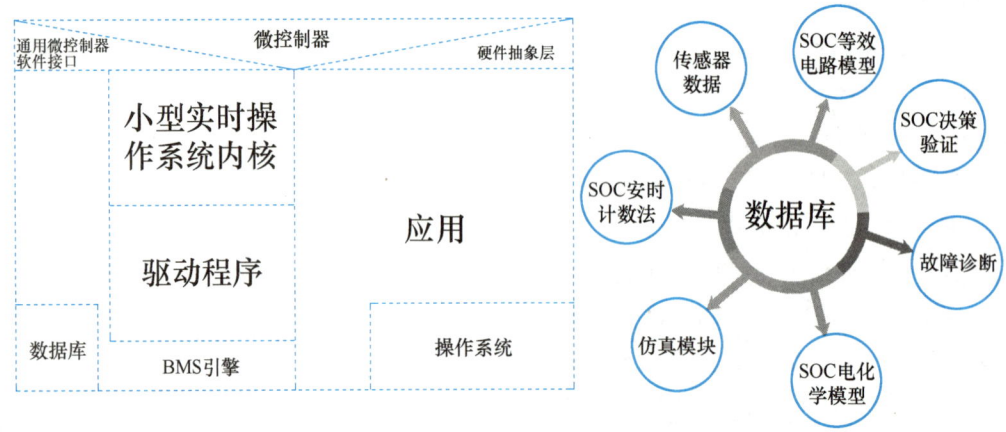

图 1-3 BMS 的架构

态等信息实时显示在车辆的仪表盘上,让驾驶人员了解电池的运行情况,以便及时调整行驶方式和充电方式,以延长电池寿命并保证车辆行驶安全。同时,BMS 还能将电池的故障信息、报警信息等数据传输到车辆后台或云端,并及时通知维修技术人员进行处理,避免因电池问题引发更大的事故和损失。因此,显示接口对于电动汽车的安全和维修保养具有重要的作用,是电动汽车 BMS 设计中不可或缺的组成部分。

综上所述,BMS 是由多个组成要素构成的,这些要素共同协作,实现对电池状态的监测、控制和保护等功能。

1.2.2 动力电池管理系统的关键技术和主要功能

1. 动力电池管理系统的关键技术

电动汽车 BMS 中的关键技术包括电池建模、内部状态估计、热管理和电池充放电管理等。建立一个合适的电池模型通常是动力电池运行管理的起点,有效的电池模型在电池行为分析、电池状态监测、实时控制器设计、热管理和故障诊断等方面至关重要。此外,由于复杂的电化学特性和多物理耦合,仅基于测量的电压、电流和表面温度的简单模拟无法对动力电池进行深入了解或监测。在这种情况下,对多个电池内部状态进行准确的估计对于先进的动力电池运行管理至关重要。一些电池内部状态,如 SOC(state of charge,电池荷电状态)、SOH(state of health,电池健康状态)和内部温度等无法直接测量,而这些状态在管理电池的运行中非常关键,因此需要使用适当的估计方法来监测。电池充电直接影响电池的运行安全和服务可用性,在 BMS 中也具有重要意义。设计良好的充电策略可以保护电池免受损坏,限制温度变化,提高能量转换效率。慢充对电动汽车的实用性和可用性有负面影响,但过快充电可能会导致较大的能量损失和温升。较大的温度变化会进一步导致电池快速老化,甚至引起过热或过冷,最终缩短电池使用寿命。电池的本征性能固然重要,如果电池管理存在缺陷,那么在电池成组后的使用过程中必然会经历不同的演化过程导致电池组不一致性增加,形成过充电、过放电,进而诱发析锂、产气等副反应,还会导致能量无法充分释放、电池老化后性能恶性循环、寿命缩短、电池残值降低、梯次利用价值下降等问题,因此电池需要高性能的电池管理系统。

2. 动力电池管理系统的主要功能

BMS 是连接车载动力电池和电动汽车的重要纽带，针对不同的应用场合，BMS 应具有不同的功能。图 1-4 所示为 BMS 的基本功能，其主要功能包括以下 6 个方面。

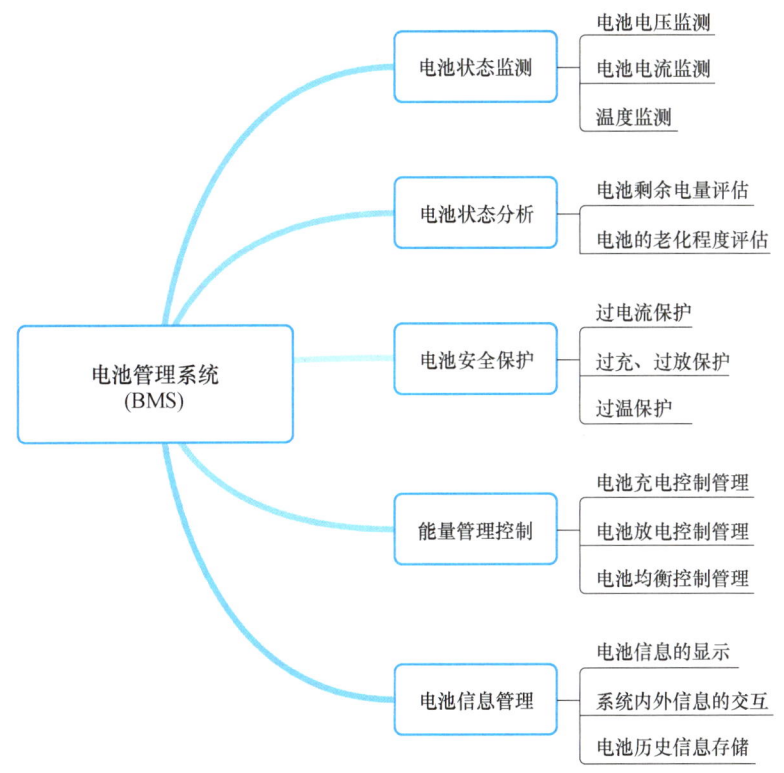

图 1-4　BMS 的基本功能

(1) 监测电池状态　电池监测对于大多数电动汽车来说至关重要，因为乘客的安全、驾驶人员的操作甚至电动汽车的寿命都依赖于电池系统。这一属性正是 BMS 的主要功能——检查和控制电池在其规定的安全运行条件下的状态。BMS 可以通过传感器实时监测电池的电压、电流、温度等状态参数，以及电池的 SOC、SOH 等参数，以便掌握电池的实时工作状态，并及时发现电池的异常情况，这有助于确保电池在安全和有效的工作范围内运行，预测电池的寿命和可靠性，并减少电池的故障和损坏的可能性，在发现问题时，及时采取相应措施，以确保电池的安全和高效使用。图 1-5 所示为电池内部温度估计流程。BMS 可以控制电池的输入、输出功率，以提高充电效率和延长电池寿命，同时也可以调节车辆的加速、制动等过程中电池的充放电，以保证电池的安全和可靠性。

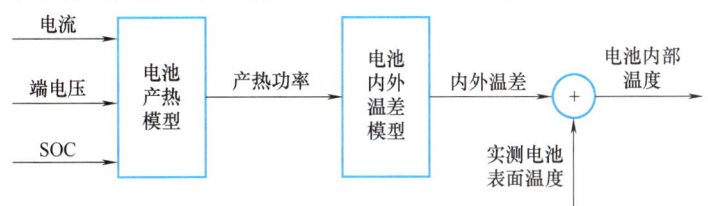

图 1-5　电池内部温度估计流程

在动力电池组的整个生命周期中，对核心参数 SOC 的监控和调节影响动力输出的效果和电池组的安全性。精确的 SOC 估计在防止电池组过充电或者过放电中起着重要作用，SOC 估计是动力电池组安全使用的基础和前提，是 BMS 的核心功能。图 1-6 所示为 SOC 估计的应用。

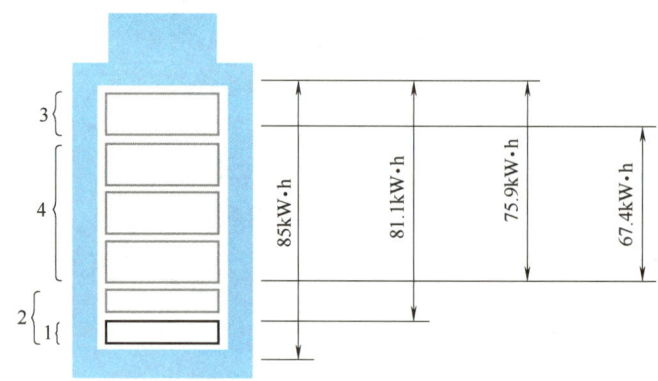

图 1-6 SOC 估计的应用

（2）**控制电池充放电** BMS 可以根据电池状态和用户需求，控制电池的充放电速率、充放电截止电压、充放电策略等，以确保电池充电和放电的安全和高效，延长电池寿命。例如，BMS 可以监测电池的剩余容量，然后控制充电器或发动机的输出功率，以使电池的充电过程更加高效。过电流、过电压或过充电、过放电等不当操作会对电池造成重大安全问题，显著加速其老化过程，甚至引发火灾或爆炸。近年来，电动汽车火灾事故频发，将电动汽车推上了舆论的风口浪尖，也对电池管理技术提出了很高的要求和挑战。

（3）**保护电池** BMS 可以为电池提供各种保护措施，如过充保护、过放保护、短路保护、过温保护等，以确保电池的安全和寿命。BMS 可以通过检测电池的电压和温度等参数，及时采取相应措施，避免电池损坏或故障。

过充保护指的是在电池的荷电状态为 100% 的情况下，为了防止继续对电池充电造成的电池损坏，而采取切断电池的充电回路的保护措施。过放保护是指在电池的荷电状态较低的情况下（例如小于 5%），若继续对电池进行放电，也会对电池造成损坏，此时应采取措施，逐渐减小电池的放电电流，使车辆逐渐减速或者使车缓慢地停下来。

（4）**通信和数据处理** 先进的电动汽车控制，离不开车载信息通信网络和数据处理。通过对电池系统各种参数的监测、分析和处理，提供关于电池状态、健康状况、使用情况等方面的数据，为电池管理、设计和维护等提供数据支持。BMS 能够对电池组的历史数据进行存储和管理，如电池组的充电记录、放电记录、温度记录、报警记录等，以供后续分析电池状态或者进行故障分析与排除。

BMS 可以通过各种通信协议与车辆或其他系统进行通信，以便实现数据共享和远程监测等功能。这有助于优化电池的使用和管理，并改进车辆的性能和效率。例如，BMS 可以与车辆的车载控制系统进行通信，控制驱动电机的输出功率，以提高电池的使用效率和车辆的动力性能。BMS 也可以通过通信协议与云端服务器通信，上传和共享电池的状态数据，实现对电池系统的远程监控、维护和升级等功能。BMS 还可以与车载信息娱乐系统和车载导航系统进行通信，实现电池组与车辆系统的协同工作，确保整个系统的稳定和安全运行。

（5）热管理　动力电池在正常工作中不仅受环境温度的影响，还受自身充放电产热的影响。当动力电池被频繁充放电时，就会产生大量的热量。如果这些热量不能有效地处理，就可能导致电池过热，从而降低其寿命，甚至引起火灾等安全问题。图 1-7 所示为 2022 年 1 月—7 月新能源汽车发生火灾原因。电动汽车的动力电池在低温环境下工作时，其性能和寿命也会受到影响。因此，BMS 需要集成电池热管理模块。它可以根据电池组内温度分布信息及充放电需求，决定主动加热/散热的强度，使得动力电池尽可能工作在最适合的温度，充分发挥动力电池的性能，延长动力电池的使用寿命。

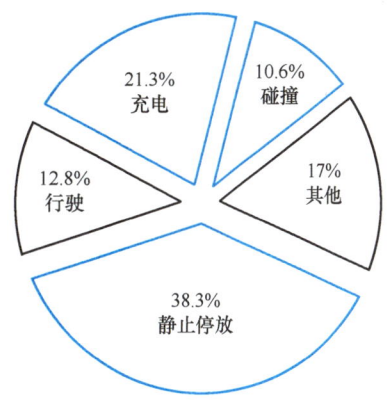

图 1-7　2022 年 1 月—7 月新能源汽车发生火灾原因

（6）能量回收　电动汽车的动力电池能量回收是指在制动和减速过程中，驱动电机转换为发电机，将车辆的动能转化为电能，再将其储存在电池中以供以后使用。这种能量回收被称为再生制动，可以显著提高电动汽车的能源利用效率、提高车辆的续驶里程并延长电池组的寿命。这样做的另外一个考虑就是使电池工作在等效内阻较小的一个区间，从而使充放电的效率更高。具体来说，电动汽车的动力电池能量回收通常使用以下两种方式。

1）制动能量回收：当驾驶人员制动运行中的车辆时，电动汽车的电机从电动状态转变为发电状态，将车辆的动能转化为电能，回馈到动力电池中。这种制动方式被称为回馈制动或动力回收制动。

2）惯性能量回收：当汽车行驶时，它会因惯性或者行驶海拔变化而具备一定的动能，通过控制器控制电机的电流、电压等参数，将这些能量转化为电能储存在电池中。

3. 动力电池管理系统的技术难点

BMS 是电动汽车等应用领域中必不可少的关键技术之一，BMS 的主要任务是监测、控制和保护动力电池，将电池保持在可以满足指定应用程序的功能要求的状态。它可以提高电池的安全性、可靠性和使用寿命，同时也是实现车辆高性能、低能耗、环保等目标的关键技术之一。BMS 具备多项功能，其中最为核心的功能有热管理、SOC 估计和均衡控制等，这也是一直以来世界各地学者的研究热点。

制约 BMS 技术发展的主要技术难点可归纳为以下 3 个方面。

1）锂电池系统是高度非线性的，具有多空间尺度和多时间尺度老化，难以精确建模。

2）电池内部状态无法通过直接测量的方式获得，易受环境温度、噪声等影响。动力电池的大型化降低了测量值的代表性，降低了电池状态的可预测性，使得电池内部状态难以准确估计。

3）电池单体的不一致性直接影响电池组的效率，增加了电池的安全隐患。一些针对小型电池系统的有效安全措施对电动汽车的影响较小，而电池组的高效精准控制难度较大。

新能源汽车动力电池技术

1.3　动力电池管理系统的技术发展趋势

随着储能技术的普及，发展先进的电池管理技术越来越受到人们的关注。电池本身是一种复杂的电化学系统。电池系统的精确建模和电池状态估计困难，严重影响 BMS 的可靠性和有效性。BMS 是新能源汽车电池的关键部件之一，新能源汽车动力电池的结构复杂程度、电池的单体个数、安全性等各方面相比传统消费类锂电池有很大优势。

近几年，由于受到新能源汽车产业扶持政策的推动影响，新能源汽车生产和销售迅猛发展，对 BMS 行业的发展起到了很大的推动作用。表 1-3 给出了一些新能源汽车 BMS 企业与车企配套关系。

表 1-3　部分新能源汽车 BMS 企业与车企配套关系表

布局类型	企业名称	主要配套车企
新能源汽车 BMS	宁德时代	一汽、吉利、上汽、蔚来、理想、特斯拉、大众等
	比亚迪	比亚迪等
	中航锂电	广汽、长安等
	普瑞（Preh）	华晨宝马等
	国轩高科	奇瑞、吉利、江淮、上汽通用五菱、昌河等
	亿能电子	江淮、东风、北汽等
	蜂巢能源	长城等

随着电子计算机、信息通信等技术的发展，BMS 的软件算法将得到进一步的优化，新能源汽车的性能将得到进一步的改善，BMS 的数据监测精度、可靠性、状态估计、安全管理性能等都将得到进一步的改善，BMS 有望朝高集成化、高精度估计、智能化的方向发展。预计到 2035 年，我国新能源汽车动力电池技术将总体达到国际领先水平，并形成完整、自主、可控的动力电池产业链。图 1-8 所示为当前 BMS 行业发展特征。

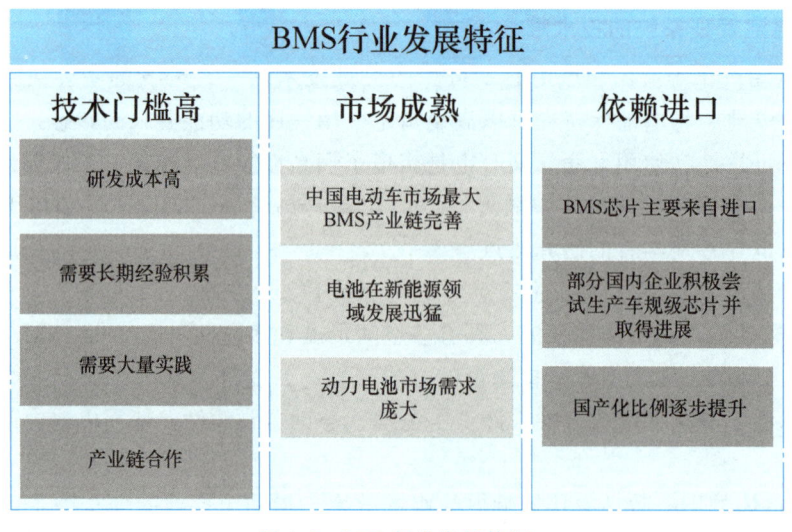

图 1-8　BMS 行业发展特征

1.3.1 智能化管理技术的发展趋势

传统动力电池的 BMS 基于实验室数据进行参数标定，难以满足现代车辆对高精度和实时性的要求。同时，随着车联网技术（vehicle to grid，V2G）的不断发展和 5G（第五代移动通信技术）高速信息时代的到来，对 BMS 的带宽需求也提出了新的挑战。因此，基于大数据和云计算平台的数据驱动的个性化电池管理方案将成为未来的趋势。这种方案将打破传统嵌入式硬件终端的资源限制，充分利用巨大的计算能力和信息存储，将电池从传统的离线管理升级为主动在线管理。

随着 5G 技术在汽车电子、工业控制等领域的广泛应用，可以预期基于云计算的在线管理方案将成为未来动力电池 BMS 的发展方向。图 1-9 所示为采用 5G 的先进 BMS 架构。未来的 BMS 将采用先进的技术手段，包括模型预测控制技术、人工智能技术、云计算技术、大数据技术、区块链技术以及智能化故障诊断技术等，以提高电池的性能和寿命，实现更加智能化和安全的电池管理。

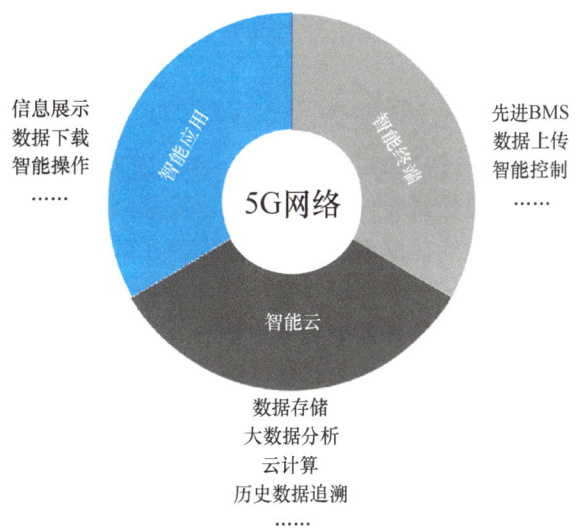

图 1-9 采用 5G 的先进 BMS 架构

BMS 智能化管理技术的发展趋势有以下六个方面。

1. 模型预测控制技术

模型预测控制技术是一种基于数学模型的智能化控制技术，可以对电池的状态进行预测，并根据预测结果进行电池充放电控制，从而提高电池的性能和寿命。该技术可以在电池使用前进行模拟仿真，以评估不同充电和放电策略的效果，从而优化 BMS 的控制算法。

2. 人工智能技术

人工智能技术包括机器学习、深度学习、神经网络等，可以通过对电池数据进行分析和学习，实现更加智能化的电池控制和管理。例如，BMS 可以利用机器学习算法对电池的充电和放电历史数据进行分析，以预测电池的剩余寿命，从而避免电池的过度使用。

3. 云计算技术

云计算技术可以实现电池数据的实时采集和传输，从而实现对电池的远程监测和控制，提高电池的安全性和可靠性。云计算平台可以将电池数据存储在云端，通过云端计算和分析，对电池进行在线监测和预测，从而实现对电池的精细化管理。

4. 大数据技术

大数据技术可以对电池数据进行分析和挖掘，发现其中的规律和趋势，为电池管理提供更加科学和有效的支持。例如，BMS 可以利用大数据技术对电池充放电周期、温度、湿度

等多种因素进行分析，以实现对电池状态的精准掌控。

5. 区块链技术

区块链技术在电池管理中的应用，可以有效解决数据共享和数据安全问题。通过将电池数据存储在区块链上，实现电池数据的安全共享和传输，确保电池数据的真实性和可信度，从而提高电池管理的安全性和可靠性。同时，区块链技术还可以实现电池追溯，记录电池的整个生命周期，包括生产、使用和维护等信息，以及每个环节的质量控制信息。这样可以帮助厂商和用户更好地了解电池的使用情况，使车辆的保养、维护和保险理赔都更加可信、便捷、高效。

6. 智能化故障诊断技术

智能化故障诊断技术是 BMS 中的重要一环，可以帮助用户快速、准确地诊断电池故障，并提供相应的修复方案，减少电池维修的时间和成本。随着智能化诊断技术的不断发展，越来越多的电池故障可以被及时地检测和解决，避免了不必要的停机时间和维修费用。此外，智能化故障诊断技术还可以收集电池故障数据，并通过机器学习算法对数据进行分析和处理，提高电池故障预测的准确性和及时性，为用户提供更加可靠的电池管理服务。

同时，这些技术的整合也是未来 BMS 发展的趋势。例如，通过将人工智能技术与大数据技术相结合，可以更加精确地对电池状态进行预测和诊断，并为电池管理提供更加科学和有效的支持。

结合大数据、物联网、云计算、人工智能和区块链等新兴技术，动力电池数字孪生将有望解决目前动力电池研究的瓶颈。数字孪生可以实现电池实体和虚拟模型的双向动态映射和控制，构建车辆 BMS 高精度数字模拟模型，实时更新充电策略、均衡管理策略、热管理策略等，以应对复杂工况和用户个性化需求。数字孪生还可以指导动力电池的生产设计、装配和梯次利用等，实现动力电池全生命周期的数字化和可视化。总之，随着智能化技术的不断发展和应用，BMS 的智能化管理技术也将不断更新和升级，为电动汽车的发展和普及提供更加可靠、安全和高效的支持。

1.3.2 安全性能提升的技术趋势

电动汽车的安全管理也是 BMS 的重要组成部分，只有安全性得到了保障，消费者才会愿意来尝试使用。安全管理包括 BMS 抗干扰技术、BMS 异常检测及预警技术和热管理技术等。BMS 的安全性能对电动汽车的安全和稳定运行至关重要。随着电动汽车的普及和技术的不断发展，BMS 的安全性能也在不断提升。

以下是 BMS 安全性能提升的一些技术趋势。

1. 故障诊断和健康管理

故障诊断是 BMS 的关键功能之一。传统的 BMS 主要基于阈值法检测电池过电压、过电流、过温以及常规故障，很少涉及热故障和传感器故障的故障检测。简单的故障策略无法实现故障溯源、预警等高级功能。因此，未来 BMS 故障诊断主要有以下发展方向：第一，基于人工智能算法实现电池系统故障检测、定位、溯源、预测等；第二，建立大规模电池阵列综合故障诊断系统，包括电池热故障、电气故障、传感器故障、BMS 故障等。

电动汽车动力电池健康管理中存在一些具有挑战性的问题，如充电速度对电池寿命的影响、数据和信息的获取和处理、开发有效和精确的模型和算法等。准确的状态估计和故障诊断算法是电池健康管理的基础。综合考虑优化电池健康状态、电池充放电速度和电池温度保护的管理策略可以防止电池过热，延长循环寿命，提高能量转换效率。随着电化学模型和先进状态估计方法的发展，未来的电池健康状态估计方法将更广泛地采用在线管理，并与其他电池管理策略深度融合。

2. 双重保险设计

BMS需要具备双重保险设计，即在硬件和软件两个方面都进行保护。在硬件方面，BMS需要具备高精度的传感器和快速响应的保护装置，以确保电池系统的安全和稳定；在软件方面，BMS需要具备高可靠性的控制算法和数据处理能力，以保证电池管理的准确性和稳定性。

3. 数据安全技术

BMS中包含的电池状态数据和车辆使用数据等，都是非常重要的信息，一旦泄露或被恶意攻击，会对电池安全、车辆安全及用户隐私造成严重威胁。因此，BMS需要保证数据的安全性，采用密码学和数据加密技术等手段来确保数据的安全性，以防止数据泄露或被恶意攻击。

4. 机器学习技术

在BMS中，通过对电池数据的分析和建模，机器学习技术可以为BMS提供更精准的预测和控制能力，从而提高电池组的性能并延长电池的使用寿命。首先，机器学习技术可以通过对电池状态数据的收集和分析，实现对电池状态和健康状况的预测。通过对历史数据的学习和分析，机器学习系统可以将电池状态数据转化为模型，并利用模型对未知数据进行预测和诊断。这样，BMS可以提前发现电池寿命逐渐衰减的情况，并采取相应的保护措施，从而延长电池使用寿命，并提高电池组的工作效率。其次，机器学习技术还可以通过数据建模和实时控制，实现对电池充电和放电过程的精准控制。在电池的充放电过程中，BMS可以实时采集电池的电流、电压、温度等数据，并通过机器学习技术，分析数据并建立模型。BMS依据电池动态的充放电特性，可以精准控制电池的充放电过程，以避免过度充放电和过度加热现象的产生，从而提高电池充电效率、安全性和寿命。

5. 热管理技术

电池的过温现象会严重影响电池性能和寿命，从而影响电动汽车的使用寿命和性能。因此，BMS需要具备有效的热管理技术，以避免过温现象的产生。通过散热系统的设计和优化、热管［正温度系数（PTC）热敏电阻发热体］的应用以及热敏感材料的使用、相关热管理算法的控制等技术，可以有效提高电池的热散发能力，并实现对电池温度的精准控制和调节，从而保障电池的安全和稳定。

6. 多源数据融合技术

多源数据融合技术是一种将多个传感器采集的数据进行有效集成和处理的技术。它可以将来自不同传感器的数据整合成一个完整的数据集合，并通过数据处理和分析，提高数据的准确性和可靠性。为了实现对电池的精准监测和控制，BMS通常会利用多种传感器对电池数据进行采集。传感器可以检测电池的各项参数，如电压、电流、温度等。但是，不同传感器采集的数据会存在差异,需要通过多源数据融合技术对这些数据进行整合和分析,降低误差和缺陷的影响,减少信息间的计算和数据传输,提高计算效率和数据精度,从而提高BMS的准确性和鲁棒性。

7. 电池二次利用技术

二次利用技术是指在动力电池寿命无法支撑电动汽车行驶时,将其用于储能领域,如能量储存系统、微电网等。这种技术可以提高整个能源系统的效率,同时也能够减少对环境的污染和资源浪费。在二次利用技术的帮助下,动力电池的使用寿命得到了极大的延长,同时也让电动汽车更加环保和可持续。但需要注意的是,对于二次利用技术,需要进行严格的检测和评估。在电池二次利用的过程中,必须确保电池的安全和可靠性,避免出现因电池老化或其他原因而导致的电池故障和事故。只有在保证电池质量的情况下,电池二次利用技术才能够真正发挥其应有的作用。

8. 电池本体安全

提高电池本身的安全性能是提高 BMS 整体安全性能的重要手段之一。目前,一些新型电池技术已经得到了广泛的应用,例如钛酸锂电池、固态电池等。这些新型电池具有较高的安全性能和能量密度,能够降低电池发生热失控等安全事故的概率。钛酸锂电池具有较高的安全性、循环稳定性以及热稳定性,能够有效降低电池失控的风险。同时,固态电池由于材料的稳定性和电解质不易泄漏等特点,也能够大幅提高电池的安全性能,降低 BMS 的风险。这些新型电池的应用,不仅可以提升电动汽车的性能和续驶里程,同时也能够大幅提高电池和整个 BMS 的安全性能。

9. 设计制造技术

电池制造工艺和材料的质量也是影响电池安全性能的关键因素。通过不断提高电池材料的纯度、改进制造工艺,可以有效提升电池的耐久性和稳定性,降低电池故障的概率。在电动汽车动力电池的设计和制造过程中,优化电极材料、增加隔膜的厚度、改善电池组的散热等方式也能够提高电池的安全性能。

10. 算法优化

此外,BMS 的软件算法也可以通过不断地更新升级来提高其安全性能。例如,通过增加故障诊断算法,及时发现和排除故障,降低故障对电池和车辆的影响;通过增加预测算法,预测电池的寿命和健康状态,及时更换老化电池,避免安全事故的发生。

总之,BMS 安全性能的提升需要从多个方面入手,综合运用各种技术手段,不断完善和提高 BMS 的安全性能。

1.3.3 能量利用效率提高的技术趋势

提高电池组能量利用效率是电动汽车能效管理的关键目标。这一目标的实现可以延长电池寿命,减少能源消耗,提高电动汽车的竞争力。为了提高电池组的能量利用效率,BMS 正在不断发展和采用以下技术。

1. 增加回收能量

BMS 可以通过能量回收技术将电池放电时产生的热能及车辆制动或下坡时产生的机械

能、惯性能等能量转化为电能回收并存储，可以显著提高能源利用效率，并减少制动时的磨损和能量浪费。这种能量回收技术已经成为电动汽车的重要特征之一，也为电动汽车的可持续发展做出了重要贡献。

2. 增加充电效率

BMS可以不断地监测电池电量、温度、电池状态等参数，对电池的充放电进行精准的控制和管理，使得电池在使用过程中的安全性和性能都得到最大程度的保障和提升。在电池的充电过程中，BMS可以根据电池的实际电量和充电时间，自动调整充电电流和充电电压的大小，以避免电池充电过度，同时可以减少充电时间和损耗，提高充电效率和充电效能。在电池的放电过程中，BMS可以自动调整电池的放电电流和放电电压，以保证电池的安全和稳定性，提高电池的使用寿命，同时可以最大限度地提高电池的能量利用率和能效。

3. 减少自放电

除了对电池充放电过程的优化，BMS还可以通过电池管理算法对电池的使用和储存过程进行优化，从而降低电池的自放电率，提高电池的能量利用效率。

电池的自放电指的是在电池不使用的情况下，电池内部化学反应仍在持续进行，导致电池电量的减少。在电动汽车领域，电池的自放电是一个比较重要的问题，因为如果电池不得不长时间存放，其电池电量的下降将会严重影响到电动汽车的使用寿命和性能。

BMS利用先进的电池管理算法，可以对电池进行实时监测和管理，以控制电池内部化学反应的发生，并降低自放电率。例如，BMS可以根据电池的实际电量和状态，对电池的温度、湿度、氧气含量等多种因素进行精准控制和调节，以最小化电池内部化学反应和自放电的发生，从而提高电池的使用寿命和能量利用效率。通过这种方式，电池的储存和使用过程不仅更加安全可靠，而且能够实现更加高效和环保的电动汽车行驶方式。

4. 采用高能量密度电池

随着科技的不断进步，电池的能量密度也不断提高。能量密度指的是在单位质量或单位体积内所储存的能量，也就是电池的能量储存量。目前，已经出现了许多新型电池，如钠离子电池、固态电池、锂空气电池等，这些新型电池在能量密度和性能等方面都有了质的飞跃，有望成为电动汽车动力电池的主要选择。随着电池技术的不断创新和发展，电池的能量密度有望继续提高，从而进一步提高电池组的能量利用效率。

综上所述，BMS在不断发展和应用新技术，以提高电池组的能量利用效率，减少能量浪费和损失，从而实现更加高效、可靠和可持续的能源利用。

除了技术的进步和应用，政策和法规的支持也是未来BMS发展的重要因素。许多国家和地区已经出台了相关政策和法规，以推动电动汽车产业的发展和电池管理的规范化。我国发布的《新能源汽车产业发展规划（2021—2035年）》，明确了对BMS的要求和支持。政策和法规的出台，将促进电动汽车产业的转型升级和可持续发展。

此外，未来BMS的发展也需要企业和产业链各个环节的共同努力。电池制造商、车辆制造商、电池回收企业以及相关供应商和服务商等，都需要加强协作，建立起完整的产业链生态，以提高整个产业的效益和竞争力。图1-10所示为BMS行业上下游产业链。同时，对于电池的回收和再利用也需要加强研究和实践，以实现电池资源的最大化利用和循环经济的发展。

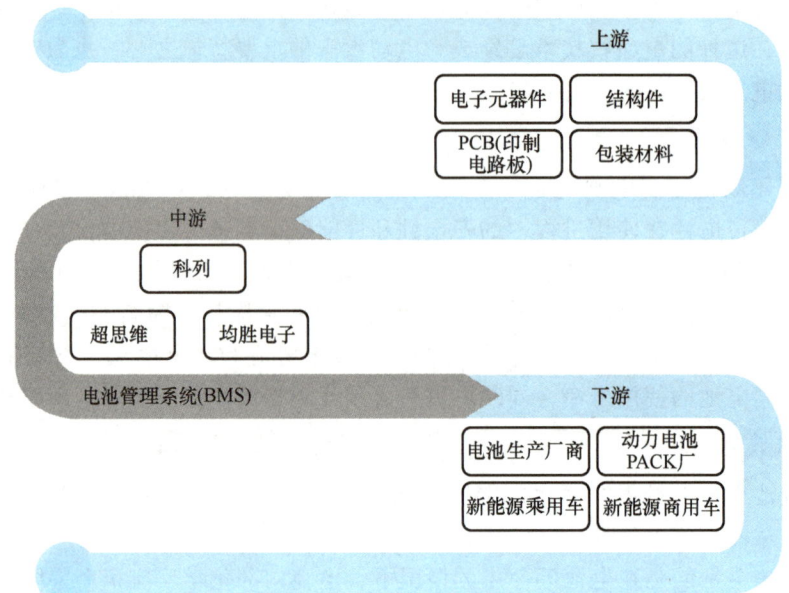

图 1-10 BMS 行业上下游产业链

注：PACK 厂是指从事电池加工和组装的工厂。

综上所述，未来 BMS 的发展需要多方面的支持和努力，包括技术创新、政策法规的支持、企业和产业链的协同发展等。在各方的共同努力下，BMS 将不断发展和完善，为电动汽车产业的可持续发展和能源革命做出更大的贡献。

如今的中国汽车产业正在经历一次重要的变革期。与传统模式相比，我国在这个过程中采取了创新性的举措，将新能源汽车的发展与产业竞争力提升、能源安全保障、改善空气质量以及应对气候变化联合起来。由此，我国已经成为全球最大的电动汽车市场。2022 年我国新能源汽车全年销售 688.7 万辆，占汽车总销量的 25.6%，比 2021 年提高了 12.1 个百分点，全球销量占比超过 60%。2022 年，自主品牌新能源乘用车国内市场销售占比达到 79.9%，同比提升 5.4 个百分点；新能源汽车出口 67.9 万辆，同比增长 1.2 倍。全球新能源汽车销量排名前十的企业集团中我国占据 3 席，动力电池装机量前十企业中我国占据 6 席。此外，我国所建公共充电桩数量已超过美国、欧洲和日本的总和。我国还拥有领先的量产动力电池技术，并在全球范围内持续创新电动出行商业模式。在全球汽车电动化的进程中，我国率先迈出了第一步，取得了先发优势，大大增强了企业和民众的信心。图 1-11 所示为 BEV 和 PHEV 发展路线图。

新能源汽车蓬勃向前在中国产业发展史上带来了规模空前的技术创新运动。作为国家工业体系的象征，汽车是新理念、新技术和新管理应用的重要场景。大量"汽车之外"的技术得以应用于汽车领域，一方面促进了汽车智能化的发展，另一方面汽车智能化也成了大量跨界技术的应用场所，汽车成为牵引其他产业加速创新的重要力量。汽车革命还有力促进了能源革命。当前，中国正在经历第三次能源革命，从化石能源向可再生能源转型。而以电化学能源动力系统为核心的新能源汽车，则是可再生能源发展的重要储能支撑。汽车革命提供的超大规模储能能力正在极大地促进能源转型和能源革命的发展。中国新能

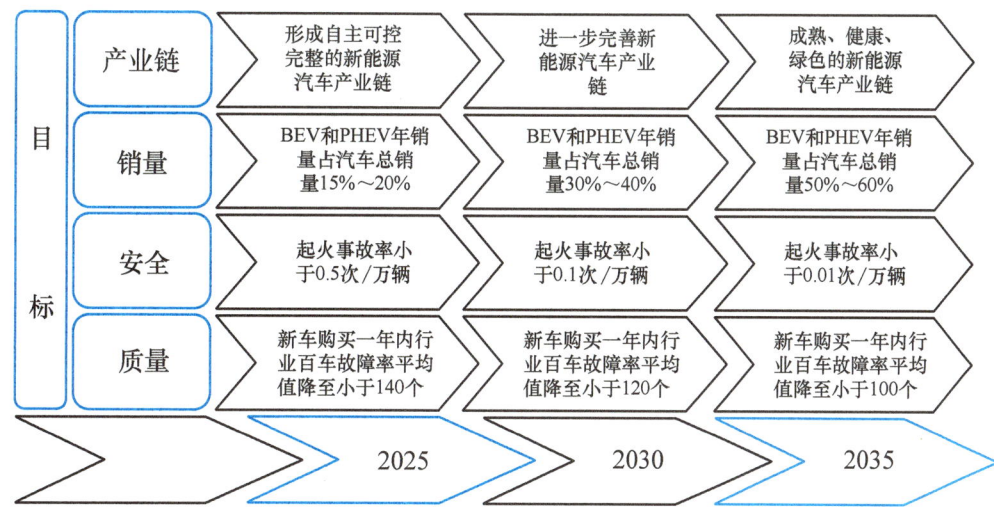

图 1-11 BEV 和 PHEV 发展路线图

源汽车产业的发展对于促进经济转型、深化能源革命、改善环境质量以及推动可持续发展具有重要意义。

第2章 车载动力电池及其老化机理

车载动力电池是指安装在纯电动汽车、混合动力汽车等车辆上的动力电池，用于提供驱动电机所需的电能。它是车辆动力系统的核心部分，主要由多个单体电池组成，以实现对车辆电机的供电。车载动力电池是一种高性能、高安全性的电池系统，它是纯电动汽车和混合动力汽车的核心部件之一，对于实现汽车节能减排、提高环保性能具有重要作用。为了避免电池单体之间的温度差异和充放电差异对电池寿命的影响，车载动力电池通常采用模块化设计，并安装有电池管理系统（BMS）进行监控和管理。

车载动力电池的性能直接影响了电动汽车的续驶里程、加速性能、安全性等方面。因此，车载动力电池的研究和开发一直是电动汽车产业链的重要环节。因为锂离子动力电池具有高能量密度、长循环寿命和较好的安全性能，所以电动汽车上一般采用其作为主要的电池类型，本章以讲解锂离子动力电池为主。

2.1　锂离子动力电池的组成和工作原理

锂离子电池是由二次锂电池发展而来的，是20世纪开发成功的新型高能电池，70年代进入实用化。它之所以被称为锂离子电池，是因为在这种电池的正负极和隔膜中，锂都是以离子形式存在的。锂离子电池具有能量高、电压高、工作温度范围宽、储存寿命长的优点，随着电动汽车的发展和普及，它在电动汽车领域发展前景远大。

典型的锂离子电池主要由正极、负极、电解质、隔膜等组成，除此之外，锂离子电池还包括连接器、壳体、保护电路等组成部分，如图2-1所示。其中连接器（接线柱）用于将电池的正负极与外部电路连接，壳体则用于保护电池，同时还有防爆、防漏液的作用。保护电路则用于对电池进行电压、电流、温度等多种参数的监测和保护。下面主要讲述锂离子电池的正极材料、负极材料、隔膜和电解质。

2.1.1　锂离子动力电池的正极材料

正极材料是锂离子电池的核心，在锂离子电池化学性能中发挥着重要的作用。正极材料是影响锂离子电池的能量密度、充放电倍率和安全性等的重要因素，其成本也直接决定锂离子电池的成本，所以正极材料的选取需要满足以下要求：①正极材料应具有较高的电极电

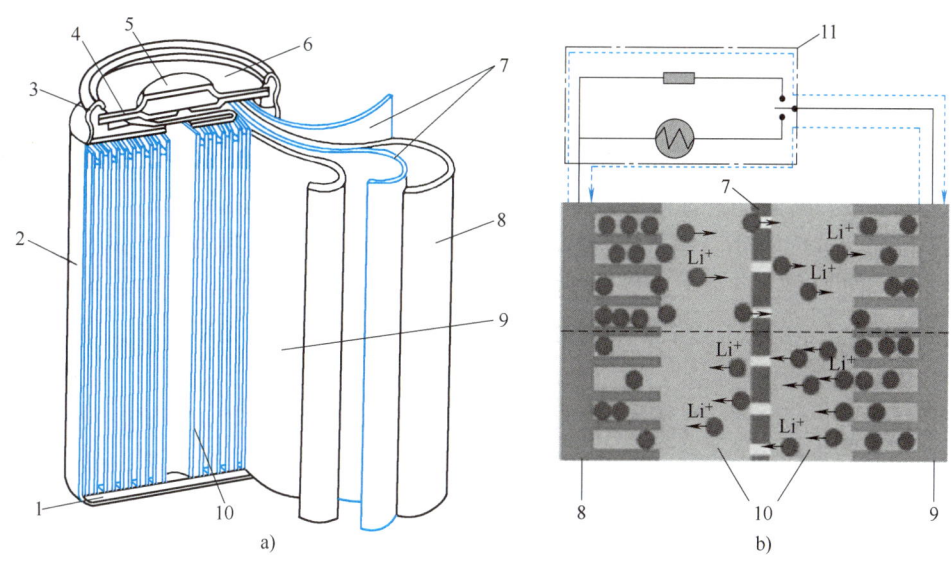

图 2-1 锂离子电池的结构

1—绝缘板 2—壳体 3—垫片 4—拉断装置 5—连接器 6—盖帽
7—隔膜 8—正极 9—负极 10—电解质 11—保护电路

势，以使电池有较高的输出电压；②锂离子的嵌入和脱嵌可逆性好，主体结构不发生变化或变化很小，以使电池的循环寿命、库仑效率和能量效率高；③正极材料应有较高的电子电导率和离子电导率，以减小极化和电池内阻，满足大电流充放电的需求；④嵌入化合物在整个电压范围内的化学稳定性好，不与电解质等起化学反应；⑤电极材料必须与电池的其他材料有相容性，并且不溶于电解质；⑥从实用角度而言，正极材料应价格低廉且无污染，质量较小。

锂离子电池的正极材料还必须有能够接纳锂离子的位置和扩散路径，目前应用性能较好的正极材料是具有高插入电位的层状结构的过渡金属氧化物和锂的化合物，其活性物质一般为磷酸铁锂、氧化钴锂、氧化锰锂和镍钴锰酸锂（三元锂）。在这些活性物质中加入导电剂、树脂黏合剂，并均匀地涂覆在铝基体上，形成活性物质呈细薄层分布的正极。下面简单介绍四种常用的正极材料的特点。

1. 氧化钴锂正极材料的结构和特点

氧化钴锂（$LiCoO_2$）是锂离子电池最早使用的正极材料，在低温下 $LiCoO_2$ 为尖晶石结构 LT-$LiCoO_2$，高温下 $LiCoO_2$ 为二维层状结构 HT-$LiCoO_2$，在充电和放电过程中，锂离子可从所在的平面发生可逆的脱嵌/嵌入反应。由于锂离子是在 CoO_2 层间进行二维运动的，因此锂离子电导率高，扩散系数也高。$LiCoO_2$ 作为锂离子电池的正极材料，其本身的电子电导率高，并且具有电压高、放电平稳、适合大电流放电、比容量高、循环性好、制备简单等优点。

虽然 $LiCoO_2$ 有许多优点，但其耐过充电能力较差。由于充电时电极脱锂后余下的钴盐会在电解液中溶解，并且脱锂后形成的 CoO_2 层会从电极表面脱开，因此，升高充电电压虽然能提高充电的容量，但在充放电循环过程中会使电池容量很快下降。除此之外，$LiCoO_2$

中锂含量的变化会引起晶格参数发生改变，使电极材料强度变差并出现裂纹。$LiCoO_2$ 的另一个缺点是在电池温度较高时容易分解并产生氧，不但影响电池的循环寿命，而且给电池的安全性带来不利影响。

2. 氧化锰锂正极材料的结构和特点

氧化锰锂是一种典型的锂离子电池正极材料，其晶体结构为尖晶石型，属于立方晶系。氧化锰锂的化学式为 $LiMn_2O_4$，其中锰离子和氧离子形成了尖晶石结构，锂离子嵌入到这个结构中。锂离子在放电过程中从氧化锰锂中脱离，电子进入电路流动，同时锰离子和氧离子结合形成 MnO_2，当电池充电时，反应会逆转，锰离子和氧离子会重新结合，同时锂离子重新嵌入氧化锰锂中。

氧化锰锂（$LiMn_2O_4$）电极的缺点是比容量相对较低，只有 $120mA \cdot h/g$，但电压较高，可达 4V，而且价格相对较低。由于脱氧时有良好的稳定性，因此在电池出现非正常使用时也不易出现异常。尖晶石型 $Li_xMn_2O_4$ 电极材料的缺点是容量损失较大，主要原因是 Mn^{2+} 会溶解于电解质，并且同时生成的水会进一步发生反应，导致锰大量损失，致使尖晶石结构遭受破坏。因此，用氧化锰锂电极材料做成的锂离子电池的循环寿命只有 350～400 次。

3. 磷酸铁锂正极材料的结构和特点

磷酸铁锂是一种锂离子电池的正极材料，其化学式为 $LiFePO_4$。磷酸铁锂的晶体结构为正交晶系，由 FeO_6 八面体和 PO_4 四面体组成，锂离子嵌入在八面体和四面体的结构之间，形成了一种三维的网状结构。磷酸铁锂（$LiFePO_4$）电极材料具有价格便宜、不吸湿、对环境友好、安全性好、可逆性好等优点，其中的阴离子 PO_4^{3-} 可稳定结构，防止铁离子溶解。

$FePO_4$ 与 $LiFePO_4$ 结构极其相似，体积也较接近，由于充放电过程中结构和体积变化小，因此 $LiFePO_4$ 具有较好的循环特性。$LiFePO_4$ 的理论比容量也较高（达 $170mA \cdot h/g$），但电压较低（只有 3.2V），使得电池的实际比容量较低。由于氧原子的分布近似于密堆六方形，锂离子移动的自由体积不大，因此室温下的电流密度不能太大，否则会降低容量。可见，$LiFePO_4$ 电极会使电池在大电流放电时的利用率明显下降。

4. 氧化镍锂正极材料的结构和性能

氧化镍锂（$LiNiO_2$）与氧化钴锂（$LiCoO_2$）的结构相同，也是层状结构。$LiNiO_2$ 比 $LiCoO_2$ 便宜，且比容量可达 $200mA \cdot h/g$，但是在一般情况下，镍较难氧化为 +4 价，而且易生成缺锂的 $LiNiO_2$。此外，制备 $LiNiO_2$ 的过程中热处理温度不能过高，否则生成的 $LiNiO_2$ 会发生分解。因此，实际上很难批量制备理想的 $LiNiO_2$ 层状结构。

与 $LiCoO_2$、$LiMn_2O_4$ 相比，$LiNiO_2$ 的热分解温度最低（200℃），放出的热量最多。这是因为充电后期处于高氧化态的 Ni^+ 不稳定，氧化性又强，不仅会氧化电解质，腐蚀集流体，而且会放出热量和气体。当热量和气体聚集到一定程度时，会有爆炸的危险。

常见的锂离子电池的正极材料及其性能见表 2-1。

表 2-1 常见的锂离子电池正极材料及其性能

性能	磷酸铁锂 (LiFePO$_4$)	氧化钴锂 (LiCoO$_2$)	氧化镍锂 (LiNiO$_2$)	氧化锰锂 (LiMn$_2$O$_4$)
晶体结构	橄榄石	层状	层状	尖晶石
理论能量密度/(mA·h/g)	170	274	274	148
实际能量密度/(mA·h/g)	130~140	135~140	190~210	100~120
电压/V	3.2~3.7	3.6	2.5~4.1	3.8~3.9
循环性(次)	>2000	>300	差	>500
环保性	无毒	钴有放射性	镍有毒	无毒
安全性能	好	差	差	良好
材料加工工艺	难度高,不成熟	好,成熟	中等	中等

未来锂离子电池的正极材料的发展方向可以从两方面进行研究：①在动力电池领域，氧化锰锂和磷酸铁锂是最有前途的正极材料。二者相对氧化钴锂具有更强的价格优势，并具有更佳的热稳定性和安全性。②在通信电池领域，三元锂和氧化镍锂是最有可能成为替代氧化钴锂的正极材料。三元锂相对氧化钴锂具有更高的安全性和比价优势，而氧化镍锂容量更大。

2.1.2 锂离子动力电池的负极材料

负极材料是电池在充电过程中锂离子和电子的载体，起着能量的储存与释放的作用。在电池成本中，负极材料占 5%~15%，是锂离子电池的重要原材料之一。提高负极材料对锂离子的嵌入和脱嵌能力是提高锂离子电池容量的主要途径，因此对负极材料尤其是碳素材料的研究备受关注。20 世纪 70 年代，用金属锂做电池负极的锂离子电池就已投放市场，但其安全性没有保障，迫使人们寻找能替代金属锂负极的途径。

一般来说，锂离子电池负极材料的选择主要遵循以下原则：①插锂时的氧化还原电位应尽可能低，接近金属锂的电位，从而使电池的输出电压高。②锂能够尽可能多地在主体材料中可逆的脱嵌，比容量值大。③在锂的脱嵌过程中，主体结构没有或很少发生变化，以确保良好的循环性能。④氧化还原电位随插锂数目的变化应尽可能少，可以保持较平稳的充放电。⑤插入的化合物应有较好的电子电导率，这样可以减少极化并能进行高倍率充放电。⑥价格便宜，资源丰富，对环境无污染。用作锂离子电池负极的材料种类繁多，可以分为碳类负极材料和非碳类负极材料两大类。

1. 碳类负极材料

锂离子电池的正负极反应是典型的嵌入反应，LiCoO$_2$ 和 LiC$_6$ 称为嵌入化合物。由于锂与石墨化的碳素材料形成嵌入化合物 LiC$_6$ 后，其电势与金属锂相差不到 0.5V，因此可以用来代替金属锂作为锂离子电池的负极材料。在充电过程中，锂嵌入石墨的层状结构中，放电时则从层状结构中脱嵌。由于这种嵌入/脱嵌过程可逆性很好，因此所组成的锂离子电池循环性能很好。碳类材料价格低廉且无毒，在放电状态下处于空气中也比较稳定，替代活泼的金属锂可避免产生枝晶，电池内部不易短路，使得电池的安全性有很大的提高，并延长了电池的使用寿命。碳类负极材料分为石墨类负极和非石墨类（碳素）负极两种。

(1) 石墨类负极材料 石墨是一种非金属矿物质。石墨质软有滑腻感，具有耐高温、耐氧化、抗腐蚀、抗热震、强度大、韧性好、自润滑强度高、导热/导电性能强等特有的物理、化学性能。石墨材料导电性好，结晶度高，具有良好的层状结构，适合锂的嵌入和脱嵌，形成锂-石墨层间化合物 Li-GIC，其电势低且平坦，大部分容量分布在 0~0.2V，具有良好的充放电平台。石墨的充放电容量达 $372mA \cdot h/g$,充放电效率高于 90%,不可逆容量低于 $50mA \cdot h/g$。石墨可与提供锂源的正极材料 $LiCoO_2$、$LiNiO_2$、$LiMn_2O_4$ 等匹配,组成的电池平均输出电压高,是锂离子电池应用最多的负极材料。但作为负极材料,石墨也有很多不足之处,比如石墨的低电位,与电解质形成界面膜,容易造成析锂;离子迁移速度慢,故充放电倍率较低;层状结构的石墨在锂离子插入和脱嵌的过程中会发生约 10% 的形变,影响电池的循环寿命。

(2) 非石墨类(碳素)负极材料 非石墨类(碳素)负极材料是人们最早开始研究并用于锂离子电池的负极材料,至今仍是锂离子负极材料研究的重点对象之一。非石墨类(碳素)负极材料通常为无序结构,与石墨不同,碳原子之间的排列是任意旋转或平移,常称为涡轮式无序结构。非石墨类(碳素)负极材料主要分为硬碳和软碳。软碳也就是易石墨化碳,是指在 2000℃ 以上能够石墨化的无定型碳,结晶度低,晶粒尺寸小,晶面间距较大,与电解液相容性好;但首次充放电不可逆容量高,输出电压较低,一般不直接用作负极材料,而作为制造天然石墨的原料,常见的有石油焦、针状焦等。硬碳也称难石墨化碳,是高分子聚合物的热解碳,这类碳在 3000℃ 的高温下也难以石墨化。硬碳有树脂碳(如酚醛树脂、环氧树脂、聚糠醇等)、有机聚合物热解碳(PVA、PVC、PVDF、PAN 等)、炭黑(乙炔黑)等,其有利于锂的嵌入而不会引起结构显著膨胀,具有很好的充放电循环性能。硬碳容量大于常规碳类材料的理论容量,循环性能、安全性能优,倍率高,但是首效低,约占 85%。硬碳的电压平台为 3.6V,低于石墨的 3.7V,所以成本较高。

2. 非碳类负极材料

近年来出现的锂离子电池的锂源仍是正极材料 $LiMO_2$(M 为 Co、Ni、Mn),负极材料则采用不含锂的金属合金。因此,在锂离子电池合金类负极材料的制备上有了更多选择。目前研究的材料按基体来分,主要有锡基合金、硅基合金、锗基合金、镁基合金及其他合金等。下面主要介绍锡基合金和硅基合金,这两种材料是目前研究最多的。

(1) 锡基合金 锡基合金中,由于锡(Sn)能与 Li 形成高达 $Li_{22}Sn_5$ 的合金,因此其理论容量高。然而 Li 与单一金属形成 Li_xM 合金时,体积膨胀很大,金属间相 Li_xM 很脆,循环性能变差。因此通常以两种金属 MM' 作为锂嵌入的电极基体,其中金属 M' 为非活性物质,而且比较软,利用 M' 的可延性,可使锂嵌入活性物质 M 时的体积变化大大减小。锡的体积膨胀率较高,过量的锡会使脱嵌锂时体积有较大膨胀,从而导致循环寿命降低。通过用膨胀率不同的元素与其复合,形成纳米合金颗粒,使其在反复充放电过程中绝对体积变化较小,非活性材料的存在缓冲了脱嵌锂过程中的体积变化,使其循环寿命提高。

(2) 硅基合金 硅作为目前发现的理论比容量最高的负极材料,应用前景相当广阔,若能成功应用将会对电池的能量密度有一个数量级的提升。硅的理论比容量高达 $4200mA \cdot h/g$,超过石墨的 $372mA \cdot h/g$ 的 10 倍以上,单次充电续驶 1000km 将成为可能。硅的电压平台比石墨高一点,这样的好处就是充电时析锂的可能性不大。在安全性能上,硅较石墨有很大的优势。从硅的来源看,硅是地壳中含量较高的元素之一,来源广泛,价格便宜。硅的充放电机理和石墨的充放电机理有所不同,石墨是锂的嵌入和脱嵌,硅则是合金化反应。硅的最大缺陷就是体积易膨胀。在充放电过程中,硅的脱嵌锂反应将伴随大的体积变化(>300%),造成材料结构的破坏和机械粉化,导致电极材料间及电极材料与集流体的分离,进而失去电接触，致使电池容量迅速衰减，循环性能恶化。由于剧烈的体积效应，硅表面的固体电解质界面（SEI）膜处于破坏-重构的动态过程中，会造成持续的锂离子消耗，进一步影响循环性能，所以硅基合金作为负极材料目前还在研究当中，还未投入使用。图2-2所示为锂离子电池负极材料分类。

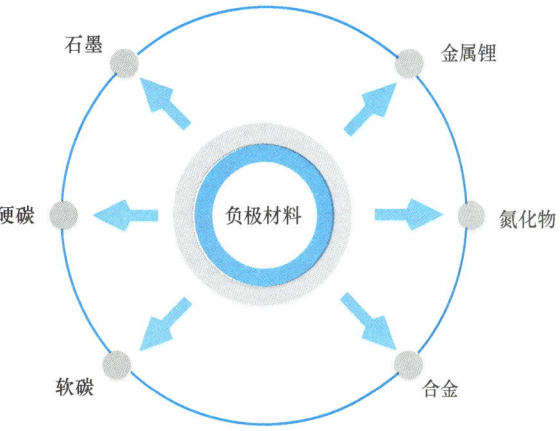

图 2-2　锂离子电池负极材料分类

锂离子电池负极材料的发展趋势如下：①锂离子电池负极材料未来将向着高容量、高能量密度、高倍率性能、高循环性能等方面发展。②现阶段锂离子动力电池负极材料基本上都是石墨类碳负极材料，对石墨类碳负极材料进行表面包覆改性，增加其与电解液的相容性，减少不可逆容量，增加倍率性能，也是当下提升锂离子电池负极材料的一个重点。③对负极材料钛酸锂进行掺杂，提高电子、离子传导率是现阶段一个重要的改进方向。④硬碳、软碳、合金等负极材料，虽然有较高的容量，但是循环稳定性问题还在困扰着我们，对其改性研究仍在探索改善中，市场对高能量密度电芯的需求加速可能会促进该类材料的研发和应用。

2.1.3　锂离子动力电池的电解质和隔膜

1. 锂离子动力电池的电解质

电解质是电池的重要组成部分，对锂电池容量、工作温度、循环效率以及安全性都有重要影响，其作用主要是在正负极之间形成良好的离子导电通道，因此，凡是能够成为离子导体的材料均可用作电解质。通常电解质在电池质量和体积的占比分别为15%、32%，其对纯度及杂质的含量要求非常高，生产过程中需要高纯的原料以及必要的提纯工艺。锂离子电池液体电解质一般由有机溶剂、锂盐和添加剂构成，例如，水溶液、有机溶液、聚合物、熔盐、固体材料等都是电解质的可选材料。锂离子电池的电解质的构成如图2-3所示。

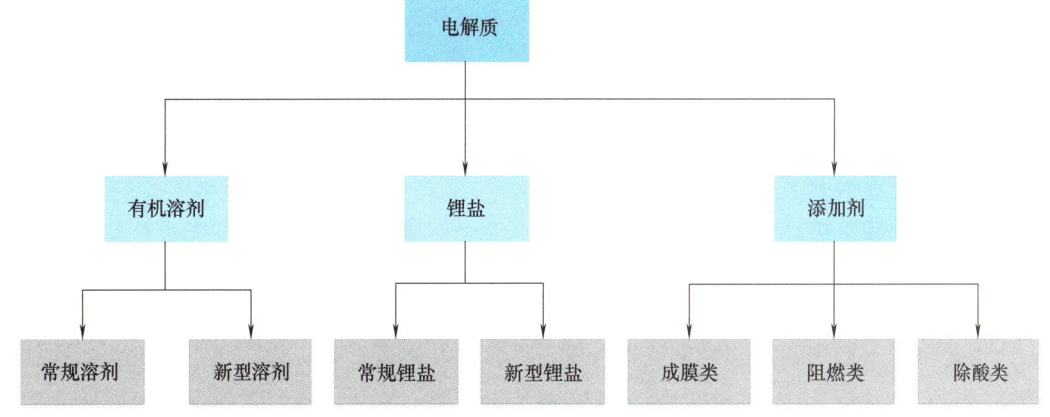

图 2-3　锂离子电池的电解质的构成

水对许多离子有很强的溶解能力，水溶液电解质具有离子状态稳定、黏度低、电导率高等优点，因此，水溶液电解质是应用最广泛的电解质。由于水的分解电压低（1.23V），因此水溶液电解质电池的电压只能在 2.0V 以内。锂离子电池的电压高达 3~4V，因此传统的水溶液体系已不能适应锂离子电池的需要，必须采用非水电解质。

锂离子电池所用的非水电解质是由锂盐溶于有机溶剂而成的，这种液态电解质的突出优点是离子电导率高，电池的内阻较小，提高了电池大电流输出的性能。因此，电动汽车用锂离子电池大多采用非水电解质。最典型的非水电解质是碳酸酯类。由于在电池内电解液几乎全部被隔膜和电极吸收，因此确保了电池的良好密封性。非水电解质的缺点是：当电池温度太高或出现过充电时，电池内部的压力增大，电解质就有可能泄漏，因此其安全性相对较差。

还有一种电解质是固态电解质，它是处于固态的离子导电体，分为晶体电解质、玻璃态电解质、氧化物玻璃态电解质、硫化物玻璃态电解质等。由于固体电解质的离子电导率要比电解液的低 1~5 个数量级，因此固体电解质锂离子电池的内阻大，不能用于大电流放电。固体电解质只在电流密度要求不高的薄膜型电池或微型电池中应用，不能用于动力电池。

锂离子电池在第一次充放电、过充电和过放电时，以及长期循环之后，电解质会发生降解作用，并伴有气体产生。产生气体的组成较为复杂，还无法通过某种反应在电池内加以消除。随着电池充放电次数的增加，电极材料氧化腐蚀会消耗掉一部分电解质，导致电解质匮乏，极片不能完全浸渍到电解质中，从而使电化学反应不完全，使得电池容量达不到设计要求，电池内阻升高，充电电压升高，放电电压下降，电池的循环寿命变短，因此电解质干涸是导致电池失效的原因之一。

除了对电极材料表面进行改性和优化电解质组分等措施之外，采用电解质添加剂也是一种十分有效的改善电池性能的方法。添加剂主要分为无机和有机两类。其中，无机添加剂包括苯甲醚、亚硫酸乙烯酯和亚硫酸丙烯酯等，主要是通过参与 SEI 膜的形成和重组，改善 SEI 膜的性能，从而减少溶剂及锂离子的消耗，延长电池的使用寿命。

2. 锂离子动力电池的隔膜

在锂离子电池的结构中，隔膜是关键的内层组件之一，是一种经特殊成型的高分子薄膜，薄膜有微孔结构，可以让锂离子自由通过，而电子不能通过。隔膜的作用是将电池正负极分开，防止两极直接短路。隔膜的离子传导能力直接关系电池的整体性能，其隔离正负极的作用可使电池在过度充电或者温度升高的情况下限制电流的升高，防止电池短路引起爆炸，还具有微孔自闭保护作用，对电池使用者和设备起到安全保护的作用。隔膜的性能决定了电池的界面结构、内阻等，直接影响电池的容量循环以及安全性能等，性能优异的隔膜对提高电池的综合性能具有重要作用。

为确保锂离子电池能正常工作和有良好的性能，隔膜除了要有良好的绝缘性能外，还应具有以下性能：①在电池体系内，其化学稳定性要好，所用材料能耐有机溶剂。②机械强度大，使用寿命长。③有机电解液的离子电导率比水溶液低，为减小电阻，电极面积必须尽可能大，因此隔膜必须很薄。④当电池体系发生异常时，温度升高，为防止产生危险，在快速产热温度（120~140℃）开始时，热塑性隔膜发生熔融，微孔关闭，变为绝缘体，防止电解质通过，从而达到阻断电流的目的。⑤从锂离子电池的角度而言，隔膜要能被有机电解质充分浸渍，而且在反复充放电过程中能保持高度浸渍。

电池中的隔膜通常是用纤维素或编织物、合成树脂制得的多微孔膜。锂离子电池的隔膜有以下几种类型：①薄膜化的聚烯烃系多孔膜。锂离子电池一般采用高强度、薄膜化的聚烯烃系多孔膜，常用的有聚丙烯（PP）微孔隔膜和聚乙烯（PE）微孔隔膜，以及丙烯与乙烯的共聚物、聚乙烯均聚物等。②用聚合物电解质兼作隔膜。在采用聚合物电解质的锂离子电池中，没有专门的隔膜，聚合物电解质既是离子迁移的通道，又是正负极材料间的隔膜。聚合物电解质有固体和凝胶两种形态。固体聚合物电解质的缺点是在室温下电导率低、大电流放电性能差，难以用于动力电池。凝胶聚合物电解质通过固定在聚合物网络中的液态电解质分子实现离子传导，既具有固体聚合物的稳定性，又具有液态电解质的高离子传导率，因此应用前景良好。③组合式隔膜。组合式隔膜是指将聚合物电解质与聚乙烯膜、聚丙烯膜一起组成聚合物锂离子电池隔膜，胶体聚合物覆盖或填充在微孔膜中。聚乙烯膜、聚丙烯膜因具有特殊的结构和性能，在锂离子电池中得到了更多的应用。

隔膜逐渐干涸失效是电池早期性能衰退的一个重要原因。这主要是由于隔膜中电解质变干使溶液电阻增大，隔膜电化学稳定性和机械性能，以及对电解质浸润性在反复充电过程中变差造成的。由于隔膜干涸，电池的欧姆内阻容量无法回复到初始状态，电阻增大，导致放电不完全，电池反复受到大容量过充电，电池容量无法回复到初始状态，大大降低了电池的放电容量和使用寿命。但实际条件下，同一种材料的热闭合温度和熔融温度不可能相差太大，改进措施是采用复合膜，例如PP/PE/PP，利用低熔点的PE在温度较低的条件下起到闭孔作用，而PP又能保持隔膜的形状和机械强度，防止正负极接触，保证电池的安全性。

2.1.4 锂离子动力电池的工作原理

锂离子电池的工作原理基于所谓的"摇椅"机理。锂离子电池在充电时，加在电池两电极的充电电源力使正极化合物释放出锂离子，并经电解质嵌入负极原子排列呈片层结构的碳中；锂离子电池在放电时，则从呈片层结构的碳中析出锂离子，并通过电解质嵌回到正极。在整个充放电过程中，锂离子往返于正负极之间。有机电解质含有导电锂盐，以提供离子导电性。电极和电解质界面具有多种表面化学特性而非惰性。尤其在负极上，有机电解质会发生分解反应，进而形成由有机和无机化合物组成的表层膜，这就是所谓的固体电解质界面。

锂离子电池实际上是一个锂离子浓差电池，正负电极由两种不同的锂离子嵌入化合物构成。充电时，Li^+从正极脱嵌经过电解质嵌入负极，此时负极处于富锂态，正极处于贫锂态；放电时则相反，Li^+从负极脱嵌，经过电解质嵌入正极，正极处于富锂态，负极处于贫锂态。锂离子电池的电极反应表达式如下：

正极反应式：
$$LiMO_2 \Longleftrightarrow Li_{1-x} + xLi^+ + xe^- \tag{2-1}$$

负极反应式：
$$nC + xLi^+ + xe^- \Longleftrightarrow Li_xC_n \tag{2-2}$$

总反应式：
$$LiMO_2 + nC \Longleftrightarrow Li_{1-x}MO_2 + Li_xC_n \tag{2-3}$$

式中，M = Co、Ni、Fe、W 等。

图 2-4 所示为锂离子电池的工作原理。

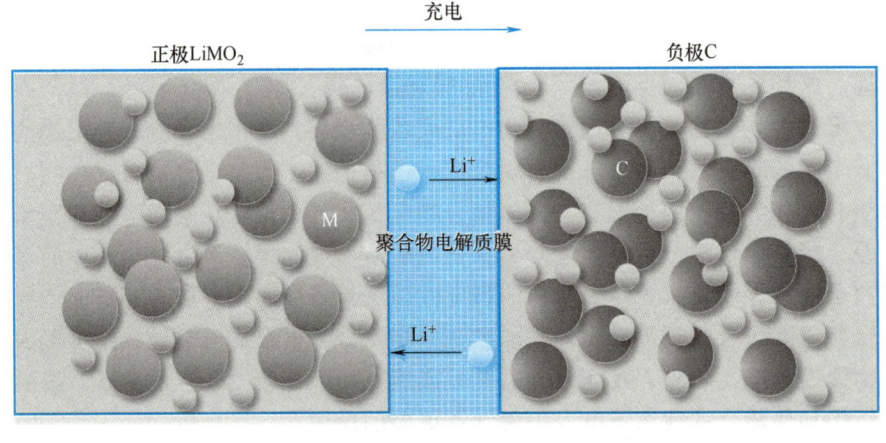

图 2-4 锂离子电池的工作原理

2.2 锂离子动力电池的老化机理及其影响因素

锂离子动力电池的老化是指在使用过程中，电池内部化学反应和物理变化导致电池性能逐渐下降的过程。锂离子电池老化主要表现在电池容量下降、内阻增加、循环寿命缩短以及安全性降低等方面。锂离子动力电池的老化是电池在使用过程中不可避免的现象，它会影响电池的性能和寿命，所以我们需要了解其老化机理及影响因素，从而采取相应的手段预防和干预。

2.2.1 锂离子动力电池的寿命及其评估指标

电池容量随着使用时间的延长而衰减，被称为电池老化，这是目前锂离子电池技术存在的主要问题之一。理论上，必须区分两种类型的老化：日历寿命（储存寿命）描述电池静置阶段（在一定储存条件下）的老化效应，而循环寿命是在有电流通过的条件下（如电池使用期间）所产生的所有老化效应。实际上由于电池的使用方式不同，循环寿命与日历寿命难以区分，共同引起了复杂的老化特性。

锂离子动力电池的寿命可以定义为电池能够维持其指定的性能和容量的时间，或者是电池不能再达到其规定的性能和容量之前的循环次数。与其他类型电池相比，尽管锂离子电池性能衰减的速度较慢，但是锂离子电池的性能仍会随着时间的推移而出现下降。从锂离子电池在电动汽车上应用的角度来说，这种电池性能的衰减会表现为一些工作参数的降低，如效率降低、续驶里程缩短、加速和能量回收时的效率变差。

锂离子动力电池的寿命可以通过多种指标进行评估，常用的评估指标包括：

（1）**循环寿命** 电池的循环寿命指的是电池能够进行多少次充放电循环。典型的锂离子动力电池循环寿命为数千次至上万次。

（2）**容量衰减** 电池的容量衰减指的是电池在使用过程中容量的下降。典型的锂离子动力电池容量衰减率为每年不超过5%。

（3）内阻　电池的内阻是电池内部阻力的一种指标。内阻越低，电池输出能力越强。典型的锂离子动力电池内阻为几毫欧至几十毫欧。

（4）温度　电池的温度也是评估电池寿命的重要指标之一。高温会加速电池内部的化学反应，从而缩短电池的寿命。

（5）安全性　电池的安全性是评估电池寿命的另一个重要指标。电池在长时间使用过程中不应出现泄漏、过热、短路等安全问题。

总的来说，当电池在某一个具体的应用条件下失去了使用的价值时，认为该电池寿命终止。实际上，电池寿命终止（EOL）的定义是指电池的能量或者功率低于初始性能（BOL）的某一百分数（通常是80%）。高能量型电池的寿命终止条件，如纯电动汽车上的电池，通常用容量衰减来评估，而高功率型电池，如混合动力汽车（HEV）上的，通常用内阻增加来评估。应用在插电式混合动力汽车上的电池，需要同时兼顾功率和能量两个方面，这时需要同时考虑容量和内阻两个参数。

2.2.2　锂离子动力电池老化的主要机理

电池性能的衰减通过容量、内阻和电压变化表现出来，影响这些参数的因素不仅仅是电池组成部分（电极、电解质、隔膜等）的化学和电化学过程，也包括辅助部件和电池元素的衰减，同时还有电池模块和电池包中不可避免的一致性问题。无论是单体还是电池包，如果我们不排除极端或者滥用条件下这种整个衰减过程原因单一的情况，老化机理的研究会更加复杂，几个过程会同时发生，有时候这些过程还会相互影响。锂离子动力电池的老化过程如图2-5所示。

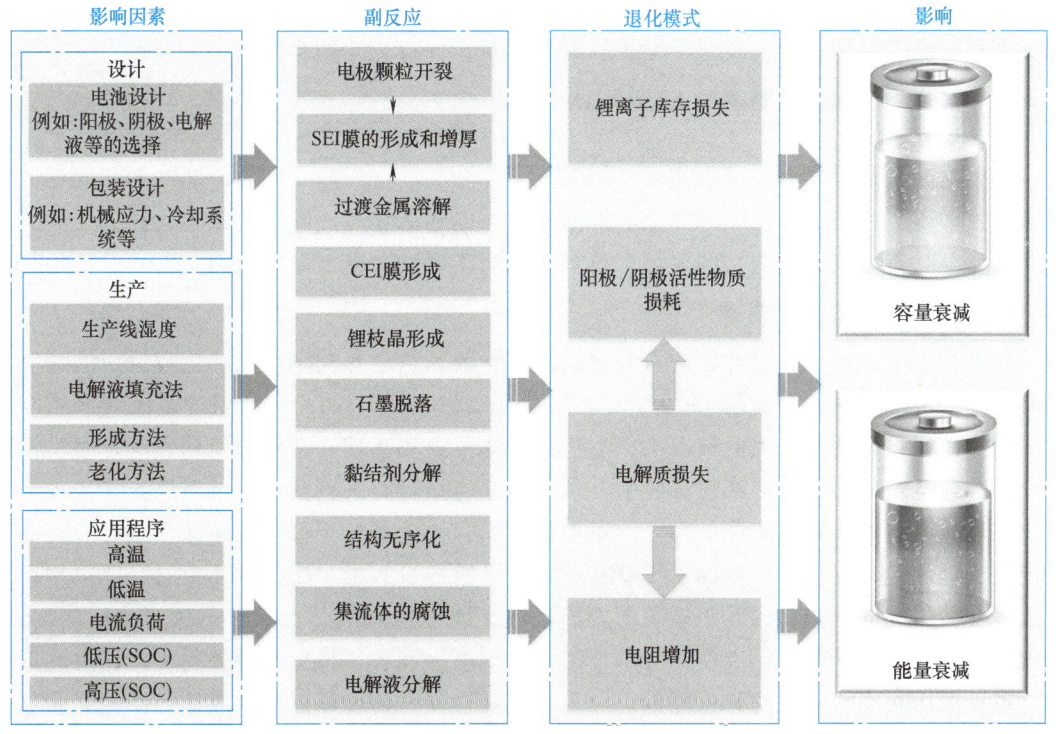

图2-5　锂离子动力电池的老化过程

老化机理可以大致分为四个方面：①表面膜形成：正极电解质界面膜（CEI 膜）和负极电解质界面膜（SEI 膜）和锂枝晶。②结构（本体）变化：离子有序度、相转变等类似情况。③力学性能变化：颗粒破碎、电化学腐蚀、气体产生等。④副反应：如集流体的腐蚀和黏结剂的老化等。

一方面，负极 SEI 膜形成，正极材料本体的相转变、过渡金属溶解、颗粒之间的接触损失会造成有效锂的损失，有效锂的损失是容量损失的主要原因。另一方面，阻抗的增加主要来源于传输性差的表面膜的形成。尽管在正极、负极以及黏结材料表面都会形成表面膜，但高电阻率正极表面膜在整个电池阻抗中占主要地位。仅考虑车用锂离子电池，我们可以发现所有生产的电池除了黏结剂和添加剂的种类和用量以外，负极（石墨）和电解液（碳酸酯溶剂+$LiPF_6$ 电解质）的成分几乎是一样的，因此对应的老化机理也是相似的。

不同正极材料本身的老化机理有所不同，考虑到正负极在整个衰减过程中的平衡，电池的老化机理也有可能变化。例如，对于使用稳定的磷酸铁锂（LFP）材料为正极的电池，老化机理主要是由于有效锂在负极的损失。而使用镍锰钴氧化物（NMC）为正极的电池，老化机理主要是正极方面，尤其是 NMC 与电解液的界面。另一个因使用不同的正极材料而造成巨大差异的例子是过渡金属离子的溶解。这种衰减不仅降低了正极活性材料的量，溶解后的金属离子在负极还原会破坏负极的 SEI 膜，因此被认为是有害的。这种衰减对所有种类的电池都有不同程度的影响，对于锰酸锂（LMO）和 LFP 的影响最严重，会大大加速这两种电池的搁置老化。

锂离子动力电池的老化机理和根源是多种多样的，涉及电池的物理、化学、材料和制造等多个方面。为了延长锂离子电池的寿命，需要在电池设计和制造过程中充分考虑这些因素，采用适当的材料、工艺和质量控制手段，以降低电池老化速度。同时，在使用过程中也需要避免过度放电和充电、高温环境等因素的影响，保持电池的良好状态。

2.2.3　锂离子动力电池老化的影响因素

由于锂离子动力电池的广泛使用，越来越多人开始关注锂离子动力电池的老化问题，因为这涉及锂离子动力电池的使用安全。锂离子动力电池老化的影响因素很多，我们尤其关注温度、荷电状态、充放电倍率和循环次数等会加速车载动力电池老化的因素。

1. 温度对电池老化的影响

温度是影响锂离子电池寿命的重要因素之一，因为它会影响电池内部化学反应的速率和性质。车用电池的使用温度是 -30~52℃，甚至是 -46~66℃，如此宽的温度范围将严重缩短电池的寿命。在温度变化大的情况下，电池的循环寿命和存储寿命也会受到影响，因为温度变化会导致电池内部材料的膨胀和收缩，从而引起电极材料的剥落和内部短路。

高温对所有电极和电解液的加速作用是相似的，无论是处于循环还是储存状态，高温下的老化机理都包括以下几个方面：①储存条件下负极的自放电；②因 SEI 膜的溶解重构以及组成改变而引起的锂损失；③正极表面膜的形成；④电解液氧化；⑤正极过渡金属的溶解。考虑到以上过程都涉及化学反应热力学，因此阻抗增加和容量降低都会表现出阿伦尼乌斯行为。在低温情况下，电极的弹性降低，尤其是正极，在长期循环过程中电极会破裂。当电池在 -20℃快速充电时，锂枝晶会导致不可逆的损失，从而引起安全问题。

温度对老化的演变过程的影响是复杂的过程。内部热量的产生、材料的活性（界面动力学）、浓度（物质传输）和产生内阻的原因在老化过程中都是重要的因素。值得重视的是，内部热源不仅与材料本身的传输特性有关（电导率、扩散系数等），同时和工作条件尤其是充放电倍率密切相关。

2. 荷电状态对电池老化的影响

荷电状态也是影响电池寿命的重要因素之一。在锂离子电池中，荷电状态通常被表示为电池电荷容量的百分比。一般来说，过高或过低的荷电状态都会导致电池老化加剧。

当锂离子电池处于过高的荷电状态时，电池中的锂离子数量将过多，可能导致电池过度充电和内部化学反应的不稳定。这会导致电池内部材料的损失和电池容量的下降。同时，过度充电还可能导致电池过热和发生内部短路，进而导致电池失效。相反，当锂离子电池处于过低的荷电状态时，电池内的化学反应速率将减慢，导致电池容量的下降。同时，长期处于低荷电状态下的电池可能会发生电池极化，从而导致电池性能下降和寿命缩短。

荷电状态绝对值的大小会影响电池的寿命，荷电状态的变化范围也会影响电池的寿命，比如，混合动力汽车用电池中荷电状态的变化较小（45%～55%），电池寿命很长。大多数的化学电源中，荷电状态变化范围越窄，电池寿命会越长。

因此，在使用锂离子电池时，应该尽量避免将电池充满或放空。一般来说，将锂离子电池充到80%左右的电量，然后再进行放电，可以延长电池的使用寿命。同时，不使用的锂离子电池也应该存储在50%左右的电量，避免电池过度放电和自放电。

3. 充放电倍率对电池老化的影响

充放电倍率也是影响锂离子电池寿命的重要因素之一。充放电倍率是指电池充放电时的电流与电池容量之比。在锂离子电池中，较高的充放电倍率会加速电池的老化过程，从而降低电池寿命。

高充放电倍率会增加电池内部阻抗，降低电池容量。大电流产生的热量会重构或者破坏电极的表面层。随着充放电倍率的增大，电极（尤其是正极）内部的化学转移不会随着电流的中断而骤然消失，这会产生浓度梯度、不利的副反应以及电极形貌的变化，严重时会出现电极的破裂，最终影响电池的内阻和容量。尤其是低温下的快速充电还会产生锂枝晶，由于大电流的极化而产生的电压升高继续加速电池老化。

因此，在使用锂离子电池时，需要尽量避免高倍率充放电，特别是在温度较高的环境下。同时，选用合适的充电器和放电设备也是非常重要的，以避免电流过大导致电池老化。另外，在设计电池应用系统时，也应该考虑到电池的充放电倍率，以最大限度地延长电池寿命。

4. 循环次数对电池老化的影响

循环次数也是影响锂离子电池寿命的因素之一。锂离子电池的寿命通常被定义为电池在特定的循环次数或使用年限后，其容量下降到初始容量的某个百分比（一般为80%）。在使用锂离子电池的过程中，每次充放电循环都会导致电池内部材料的损耗和变化，这些变化会随着循环次数的增加而逐渐累积，从而影响电池寿命。一般来说，循环次数越多，电池的寿命就越短。

锂离子电池寿命比传统铅酸电池要长，正规锂离子电池厂家生产的锂离子电池，一般循环次数都是在 2000~3000 次。而三元锂离子电池或磷酸铁锂离子电池的使用寿命则比较短，三元锂离子电池的使用寿命是在 1200~2000 次的循环次数，磷酸铁锂离子电池循环次数约为 2500 次，所以锂离子电池的使用较为广泛。

除了循环次数之外，循环深度也会影响电池的寿命。循环深度是指每次充放电循环中电池容量的使用百分比，例如深度放电是指电池放电到 50% 以下的情况。通常来说，深度放电会加速电池的老化，因此应该尽量避免。因此，在使用锂离子电池时，应尽量减少电池的充放电循环次数和深度，以延长电池寿命。同时，使用合适的充电器和放电设备，选择合适的电池容量和电池型号，也能够帮助延长电池寿命。

2.3 锂离子动力电池老化的诊断方法和预防手段

2.3.1 锂离子动力电池老化的诊断方法

锂离子电池是密封的，没有直接的途径可以观察电池内部发生的变化，但可以通过外部测试来测量电池的内阻和容量衰减等老化效应。通过多次测试，可以计算出电池的容量损失和阻抗上升的增量，这些增量反映了电池内所有组分发生的全部老化过程的累积效应。因此，通过多次测试，可以诊断电池的健康状况和寿命，并采取相应的维护和保养措施，延长电池的使用寿命，并确保电池的安全和可靠性。

诊断锂离子动力电池老化的首要目标是确定各种因素对电池总性能损失的贡献，其中如果发现电池内阻增加，可能是多种极化贡献导致的，如电子电导和离子迁移引起的欧姆电阻、界面电阻、扩散电阻以及传荷电阻增加等。除了这些，诊断方法的第二个目标是在电池老化情况下揭示活性电极物质所表现出的自身结构改变，例如石墨的成阶现象和正极材料的相转变等。锂离子动力电池老化的诊断方法主要包括以下几种：

1. 极化曲线分析

极化曲线分析是一种常用的锂离子动力电池老化诊断方法，它是通过测量电池的极化曲线，来分析电池内部各种极化过程和电池性能变化的方法。当锂离子电池老化时，电池内部的化学反应速率和电化学反应动力学会发生变化，从而导致电池的极化特性发生改变。锂离子电池的极化曲线如图 2-6 所示。

极化曲线的变化可以表现在不同的特征点上，例如开路电压、放电电压、电池内阻等。通过对极化曲线的分析，可以获得关于电池老化机理和状况的重要信息。在进行极化曲线分析时，一般会使用交流阻抗谱（EIS）测试方法，即在不同频率下测量电池的阻抗，以得到电池的极化曲线。根据极化曲线的变化，可以判断电池的性能变化和老化情况。

在极化曲线分析中，常用的指标包括电池内阻、电池容量、电池能量密度等。其中，电池内阻是最常用的指标之一，因为它可以反映电池内部的电化学过程和电极材料的变化情况。随着电池老化，内阻会逐渐增加，这是由于电极材料的变化和电解质的损失等因素造成的。除了内阻，极化曲线分析还可以揭示电池容量和能量密度的变化情况。随着电池老化，容量和能量密度会逐渐下降，这是由于电极材料的结构变化、电解质的损失、电极表面的膜生长等因素引起的。

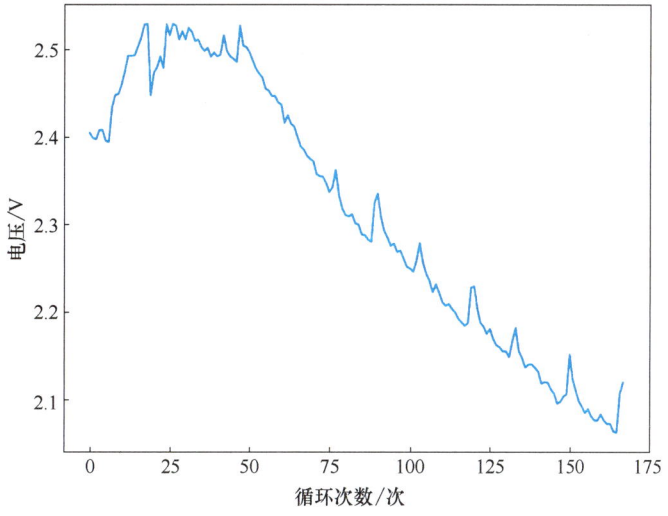

图 2-6 锂离子电池的极化曲线

总之,极化曲线分析是一种有效的锂离子动力电池老化诊断方法,它可以通过测量电池的阻抗变化,来分析电池内部各种极化过程和电池性能变化,以实现对电池老化情况的评估和监测。

2. 内阻测试分析

锂离子电池内阻的增加是电池老化的主要表现之一,因为电池内部的化学反应速率和电化学反应动力学的变化会导致电池内部材料和结构的变化。内阻的增加会导致电池的性能下降,包括容量降低、输出功率减少等。因此,通过内阻测试可以获得关于电池老化机理和状况的重要信息。内阻测试是一种常见的锂离子动力电池老化诊断方法,通过测量电池的内阻变化来判断电池的老化程度,内阻测试曲线如图 2-7 所示。内阻测试一般使用交流阻抗法或直流电阻法来进行。

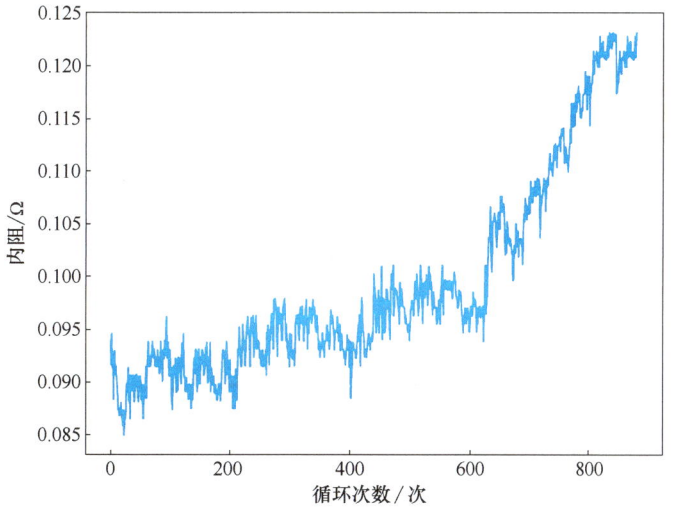

图 2-7 内阻测试曲线

交流阻抗法内阻测试中，通过施加不同频率和振幅的交流电信号来测量电池的阻抗。从阻抗频率谱可以得到电池的内阻变化情况，不同的内阻成分对应于不同的阻抗频率。例如，高频阻抗主要反映电池的电子导电性能，低频阻抗则主要反映电池的离子传输性能。

直流电阻法内阻测试中，通过测量电池在开路电压下的放电电流和电池电压变化，计算电池的内阻。一般来说，随着电池老化程度的加深，电池内阻会增加，因此可以通过内阻测试来判断电池的老化程度。需要注意的是，电池内阻的变化受到环境温度、荷电状态和充放电倍率等因素的影响，因此在进行内阻测试时需要控制好这些影响因素。

通过内阻测试可以判断电池的老化程度，并及时采取措施进行维护和修复，从而延长电池的使用寿命。同时，内阻测试也可以用于电池的质量控制和性能评估，以保证电池的稳定性和可靠性。

3. 开路电压测试

开路电压是指在电池不工作的情况下，正负极之间的电压。随着电池老化，其开路电压会发生变化。通过对比电池老化前后的开路电压变化可以判断电池老化程度。

开路电压测试是一种简单而常用的锂离子电池老化诊断方法，其基本原理是通过测量锂离子电池的开路电压（OCV）来推测其剩余容量和状态。当锂离子电池老化时，其正负极材料结构和化学特性都会发生变化，导致电池的开路电压下降。开路电压测试曲线如图2-8所示。因此，通过测量电池的开路电压可以评估其剩余容量和老化程度。具体的测试方法是将锂离子电池静置一段时间后，使用万用表或其他电压测试仪器测量电池的开路电压，然后将测得的开路电压与标准开路电压进行比较，以推算出电池的剩余容量和状态。

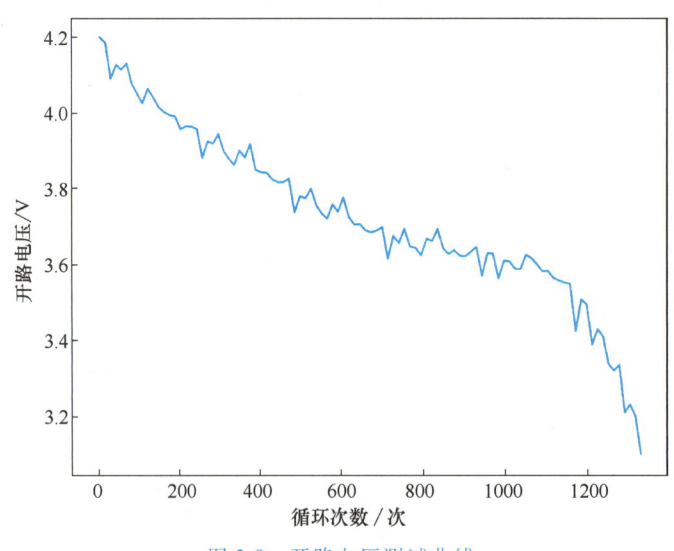

图2-8 开路电压测试曲线

需要注意的是，开路电压测试仅适用于电池处于静止状态下的情况，无法评估电池在实际使用中的性能和寿命。此外，由于开路电压受温度和电池荷电状态的影响较大，因此需要在标准温度和标准荷电状态下进行测试，以保证测试结果的准确性。

4. 循环寿命测试

循环寿命是指电池能够充放电的次数。通过对电池进行充放电循环测试，可以评估电池的循环寿命，并诊断电池老化程度。循环寿命测试是评估锂离子动力电池老化程度的重要方法之一。该测试通过在特定的充放电条件下进行循环测试，以评估电池在多少个循环后失去其规定容量的能力，循环寿命测试曲线如图2-9所示。

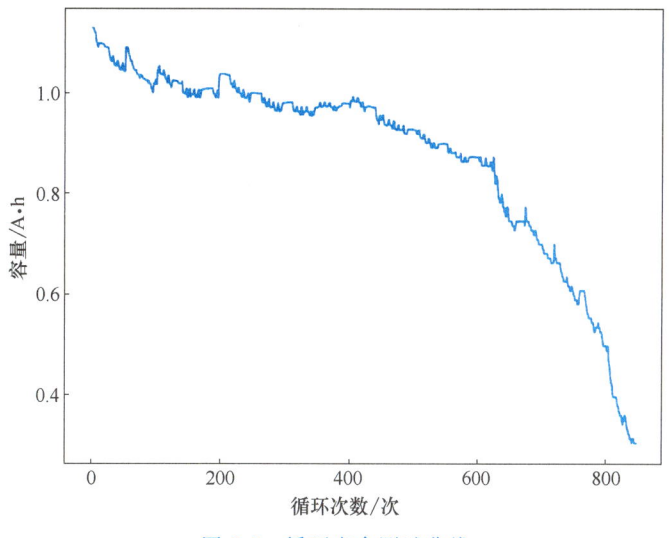

图2-9　循环寿命测试曲线

在循环寿命测试中，电池会被反复充放电。通常情况下，循环测试会使用标准化的测试程序，如IEC 62660、UN 38.3和GB/T 31485等。测试程序通常包括在特定电流和电压下的充放电循环次数，并记录电池的容量衰减情况。循环寿命测试通常需要较长的时间来完成。由于电池的化学反应速率会随着温度的变化而变化，因此测试过程中需要控制环境温度，并在测试过程中进行周期性的容量和内阻测试，以监测电池的老化过程。

循环寿命测试是评估锂离子动力电池性能衰减的重要方法之一，也是锂离子动力电池研发和品质控制的必要测试之一。测试结果可用于确定电池在实际应用中的预期寿命，以及确定如何最大化电池的使用寿命。

2.3.2　锂离子动力电池老化的预防手段

预防锂离子动力电池老化的主要目的是延长电池的使用寿命并保证电池的性能稳定性。随着电池老化，电池的容量会逐渐降低，内阻会增加，从而导致电池的功率输出能力下降，最终导致电池失效。因此，预防电池老化可以延长电池的使用寿命，减少电池更换次数，降低成本。此外，预防电池老化还可以提高电池的安全性能，减少电池因老化而引起的安全风险。

要实现锂离子动力电池的长寿命和良好的性能衰减，需要从两个方面入手。一方面，在电池材料的选择、电极的均衡配比、电芯设计以及产品质量等方面要有所考虑和改进，以确保电池的整体稳定性和性能；另一方面，需要深入了解电池衰减的根本原因和过程，并对有害状态（如低温充电、高温高压下搁置）进行认识和限制，以减缓电池老化速度，延长电池的寿命。

为了延长电池系统的寿命，可以从材料层面、系统层面和使用层面进行改进。

(1) 材料层面 可以研究电解质添加剂、电极包覆等辅助材料，以减少衰减并稳定电极结构。还可以进行材料优化，针对电极材料、电解质和隔膜等关键材料进行优化，使其在使用过程中更加稳定，并减少对电池系统的负面影响。

(2) 系统层面 可以通过电池包量度规划和尺寸加大的方式，增加电池数量或使用更高容量的电芯，来减少放电深度和电流，缓解自加热，最终使整个系统在更低的平均荷电状态下运行。利用电池管理系统对电池进行监控和管理，采集电池状态信息，并通过控制温度、功率等方式进行调节，保证电池在合适的工作状态下运行。

(3) 使用层面 要使用正确的充放电方法，避免频繁深度充放电，避免高温充电和放电，以及长时间保持高荷电状态等，从而减少对电池的损伤。还可以采用适当的存储方式，避免存储在高温或低温环境下，定期进行充电和放电以避免自放电，从而保持电池的性能和寿命。

另外，还可以设置更为严格的运行限制，如温度、电压、电流等，减少电池在极值状态下工作的时间，从而延长电池的寿命。以及控制电池系统，使平均电压、荷电状态和温度得以降低，并尽量减少处于极值状态下搁置的时间，从而延长电池系统的寿命。

总而言之，预防锂离子动力电池老化是十分有必要的，可以延长电池使用寿命、提高电池性能稳定性、降低电池维护成本和促进电池可持续发展。这在一定程度上提高了电动汽车的续驶里程、加速性能和行驶安全性，也降低了电动汽车的使用成本和维修成本，所以预防锂离子动力电池老化对电动汽车的长期使用和发展具有重要意义。

第3章　车载动力电池等效建模及参数辨识

3.1 锂离子动力电池的等效建模

电池是一个强时变非线性系统，为了更直观地描述电池的影响因素和工作特性，需要建立电池等效模型。根据模型写出电池外部特征量与内部状态量关系的数学表达式，通过直接测量得到的电池电压、电流、温度等数据，求出电池的 SOC 等内部特性，计算后得到的特征参数很大程度上代表了电池的某些特性。电池 SOC 估计离不开高精度的电池模型，建立的等效模型可理解为"桥梁"，将电池这个实体，转换成抽象的数学公式，利用这个数学公式来代表真实的电池，只要知道模型公式中参数的定义和数值，就可以模拟电池的真实特性，从而对 SOC 进行估计，以便更准确地描述动力电池的外特性，并设计可靠的动力电池状态估计方法以及开发出优异的新能源汽车能量管理系统。

通常，模型的建立有理论分析和试验分析两种方法。理论分析方法是在了解研究对象内在规律的基础上，推导出对象的动态方程；试验分析方法需要采集对象的输入、输出信号，根据采集到的信号建立等效模型，并对所建立的模型进行参数辨识处理。

对于锂离子电池，其内部的物理和化学变化十分复杂，以电化学理论为基础推导出电池的动态方程难以应用于实际中。在这种情况下，往往采用试验分析的方法。为了预测电池的行为，研究人员建立了多种电池模型，但还没有任何一个模型能够完全精确地模拟电池在各种工况下的动态行为。

根据不同机理所建立的电池模型可简单划分为电化学模型、数据驱动模型和等效电路模型。电化学模型比较复杂，难以应用于实际产品中，其主要用来辅助电池的设计和制造；数据驱动模型主要应用的是机器学习方法中的神经网络模型，它从理论上适合电池的建模，但由于需要大量实际数据进行训练，技术门槛高、处理时间长，这限制了它的应用；等效电路模型由于物理意义明确，数学表达式简单，目前应用较为广泛。

本章主要介绍车载动力电池的等效电路模型、电化学模型和数据驱动模型。

3.1.1 基于等效电路模型的电池建模

等效电路模型通过电阻、电容、电感等基本电气元件对电池的外特性进行表征，将电池内部特性等效为明确的电路模型，以便于理解和提高计算效率。相比于电化学模型，等效电路模型的参数较少，求解过程简单，因此被广泛应用于电池的实时管理。早期的等效电路模型由电化学原理简化得到，包括 Shepherd 模型、Unnewehr 通用模型与 Nernst 模型。通过综合上述模型的特点可以获得组合模型，建立荷电状态（SOC）与开路电压（OCV）的关系为

$$y_k = K_0 - Ri_k - \frac{K_1}{z_k} - K_2 z_k + K_3 \ln(z_k) + K_4 \ln(1 - z_k) \tag{3-1}$$

在此基础上，通过考虑电池的滞回效应、库仑效率以及充放电内阻差异等，可发展出多种模型结构形式，如零状态滞回模型、单状态滞回模型、自修正模型等。但这类模型本质上是对开路电压与等效内阻的优化，并未涉及电池的极化效应。为此，可以通过引入阻容网络表现电池电化学极化与浓差极化等过程，其中包括 PNGV 模型、GNL 模型、各阶阻容（RC）模型等。

各阶阻容网络模型为目前主要研究的车载动力电池等效电路模型。图 3-1 所示为典型的由 n 个 RC 网络结构组成的动力电池等效电路模型，又简称 n-RC 模型。该模型由三部分组成：

1）电压源。使用开路电压（OCV）表示动力电池的开路电压。

2）欧姆内阻。使用 R_0 表示动力电池电极材料、电解液、隔膜电阻及各部分零件的接触电阻。

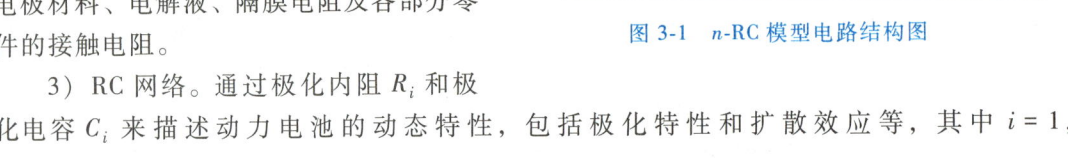

图 3-1　n-RC 模型电路结构图

3）RC 网络。通过极化内阻 R_i 和极化电容 C_i 来描述动力电池的动态特性，包括极化特性和扩散效应等，其中 $i = 1, 2, \cdots, n$。

根据阶数不同（$n=0$、$n=1$、$n=2$），阻容网络模型可细分为内阻（Rint）模型、戴维南（Thevenin）模型、双极化（dual polarization，DP）模型等，随着阻容网络阶数增多，其模拟精度随之提高，但同时也增加了计算量。总体而言，等效电路模型并不考虑电池真实的工作机制，只通过外特性相近的电路结构进行近似模拟，因此精度受到限制。

（1）内阻模型　内阻模型是最简单的等效电路模型，其结构中不含任何 RC 网络，因此计算量小，在不涉及极化现象的简易电池建模中应用较广。

内阻模型的电路结构如图 3-2 所示。该模型用理想电压源 U_{oc} 代表开路电压，用理想电阻 R_0 描述动力电池欧姆内阻，R_0 和 U_{oc} 是 SOC 与温度的函数。内阻模型的输出电压与输入电流的关系为

$$U_t = U_{oc} - I_L R_0 \tag{3-2}$$

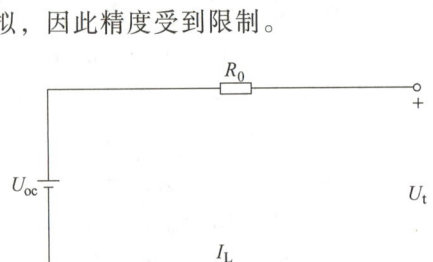

图 3-2　内阻模型电路结构图

（2）戴维南模型　戴维南模型在内阻模型基础上加入一个 RC 网络来模拟电池的电化学极化现象，能够在 SOH 变化较小的前提下对动力电池的充放电行为进行较为精准的模拟，尤其适用于磷酸铁锂电池的建模。其中，开路电压源模拟稳态特性，RC 网络和欧姆内阻用

于模拟瞬态特性。由于模型的精度和计算复杂度相对适中，因此戴维南模型的应用较为广泛。

戴维南模型的电路结构如图 3-3 所示。R_p 和 C_p 分别为极化内阻和极化电容；U_p 为电阻和电容并联环节的电压降，用于模拟动力电池的极化电压。相比于内阻模型，该模型增加了对动力电池极化特性的研究。该电路模型的方程为

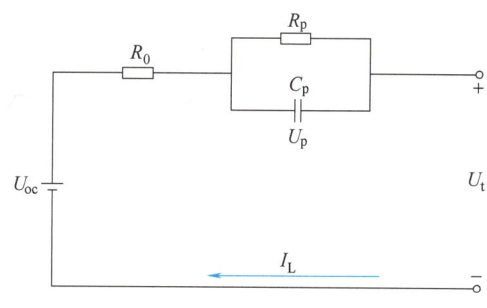

图 3-3　戴维南模型电路结构图

$$\begin{cases} \dot{U}_p = \dfrac{I_L}{C_p} - \dfrac{U_p}{R_p C_p} \\ U_t = U_{oc} - U_p - I_L R_0 \end{cases} \quad (3\text{-}3)$$

（3）双极化模型　双极化模型在戴维南模型的基础上又加入了一组 RC 网络来描述基于锂离子扩散效应的浓差极化，可以更准确地模拟电池在高倍率充放电过程中的动态电化学行为。由于增加了一组 RC 网络，电池的模型参数和状态空间方程的维数也随之增加，因此该模型的计算复杂度高于戴维南模型。

双极化模型的电路结构如图 3-4 所示。该模型使用两个 RC 环节描述动力电池极化特性。该电路模型的方程为

$$\begin{cases} \dot{U}_1 = \dfrac{I_L}{C_1} - \dfrac{U_1}{R_1 C_1} \\ \dot{U}_2 = \dfrac{I_L}{C_2} - \dfrac{U_2}{R_2 C_2} \\ U_t = U_{oc} - U_1 - U_2 - I_L R_0 \end{cases} \quad (3\text{-}4)$$

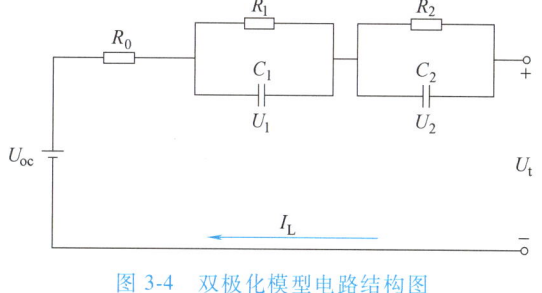

图 3-4　双极化模型电路结构图

为了便于 BMS 的应用，需要将模型进行离散化处理，下面就以 n-RC 模型为例推导模型的离散形式。

n-RC 模型的传递函数为

$$G(s) = \dfrac{U_t(s) - U_{oc}(s)}{I_L(s)} \quad (3\text{-}5)$$

$$= -\left(R_0 + \dfrac{R_1}{1 + R_1 C_1} + \dfrac{R_2}{1 + R_2 C_2} + \cdots + \dfrac{R_n}{1 + R_n C_n} \right)$$

令 $E_L(s) = U_t(s) - U_{oc}(s)$，则有

$$E_L(s) = -I_L(s) \left(R_0 + \dfrac{R_1}{1 + R_1 C_1} + \dfrac{R_2}{1 + R_2 C_2} + \cdots + \dfrac{R_n}{1 + R_n C_n} \right) \quad (3\text{-}6)$$

双线性变换法常被用来进行系统从 s 平面到 z 平面的映射，本书采用式（3-7）所示的双线性变换法，将基于 s 平面的方程映射到 z 平面。

$$s = \dfrac{2}{\Delta t} \dfrac{1 - z^{-1}}{1 + z^{-1}} \quad (3\text{-}7)$$

式中，Δt 为系统的采样间隔时间。基于 z 平面的方程为

$$G(z^{-1}) = \frac{c_{n+1} + \cdots + c_{2n+1}z^{-n}}{1 - c_1 z^{-1} - \cdots - c_n z^{-n}} \tag{3-8}$$

式中，$c_i(i=1,2,\cdots,2n+1)$ 为与模型参数相关的系数。式（3-8）可以转化到离散的时域中，结果为

$$E_{L,k} = c_1 E_{L,k-1} + \cdots + c_n E_{L,k-n} + c_{n+1} i_{L,k} + \cdots + c_{2n+1} i_{L,k-n} \tag{3-9}$$

由于动力电池的开路电压与 SOC、工作温度 T 和老化状态 A_{ge} 具有耦合性，定义 k 时刻的开路电压 $U_{oc,k}$ 为 SOC 值 z_k、温度值 T_k 和老化状态 $A_{ge,k}$ 的函数，即

$$U_{oc,k} = f(z_k, T_k, A_{ge,k}) \tag{3-10}$$

则 $U_{oc,k}$ 对时间的导数可以表示为

$$\frac{dU_{oc}}{dt} = \frac{\partial U_{oc}}{\partial z}\frac{dz}{dt} + \frac{\partial U_{oc}}{\partial T}\frac{dT}{dt} + \frac{\partial U_{oc}}{\partial A_{ge}}\frac{dA_{ge}}{dt} \tag{3-11}$$

为了简化计算，特进行以下假设：

【假设1】 动力电池在单位采样间隔 Δt 内消耗或者吸收的电量对其 SOC 的影响近似为零，即 $dz/dt=0$。

动力电池在单位采样间隔电量的变化对其 SOC 的影响可以表示为

$$\frac{dz}{dt} = \frac{\eta_i i_L \times \Delta t}{C_{max} \times 3600} \tag{3-12}$$

假设动力电池的平均工作电流倍率为 $1C$，当前状态的最大可用容量为 C_{max}，采样间隔 Δt 为 1s，动力电池的充放电倍率效率为 η_i，则式（3-12）可以计算为

$$\frac{dz}{dt} = \frac{1 \times C_{max} \times 1}{C_{max} \times 3600} = \frac{1}{3600} < 0.03\% \tag{3-13}$$

实际采样时间一般小于 1s，则该值会更小，因此该假设成立。

【假设2】 动力电池在单位采样间隔内温度不变，即 $dT/dt=0$。

具有良好通风设施和热管理的动力电池系统，动力电池的温度变化较为缓慢，在正常操作条件下，单位采样时间内温度的变化可以忽略不计。

【假设3】 动力电池在单位采样间隔内的老化状态不变，即 $dA_{ge}/dt=0$。

动力电池的老化是一个长期而缓慢的过程，因此在单位采样时间内可以认为其老化状态为不变。

基于以上假设，式（3-11）可以简化为

$$\frac{dU_{oc}}{dt} = \frac{\partial U_{oc}}{\partial z}\frac{dz}{dt} + \frac{\partial U_{oc}}{\partial T}\frac{dT}{dt} + \frac{\partial U_{oc}}{\partial A_{ge}}\frac{dA_{ge}}{dt} = 0 \tag{3-14}$$

在离散时域中，有

$$\Delta U_{oc,k} = U_{oc,k} - U_{oc,k-1} \approx 0 \tag{3-15}$$

则式（3-9）可以简化为

$$U_{t,k} = \left(1 - \sum_{i=1}^{n} c_i\right) U_{oc,k} + c_1 U_{t,k-1} + c_2 U_{t,k-2} + \cdots + c_n U_{t,k-n} + c_{n+1} i_{L,k} + \\ c_{n+2} i_{L,k-1} + \cdots + c_{2n+1} i_{L,k-n} \tag{3-16}$$

定义系统的数据矩阵和参数矩阵为

$$\begin{cases} \boldsymbol{\Phi}_{n,k} = \begin{pmatrix} 1 & U_{t,k-1} & U_{t,k-2} & \cdots & U_{t,k-n} & i_{L,k} & i_{L,k-1} & i_{L,k-2} & \cdots & i_{L,k-n} \end{pmatrix} \\ \boldsymbol{\theta}_{n,k} = \left(\left(1 - \sum_{i=1}^{n} c_i\right) U_{oc,k} \quad c_1 \quad c_2 \quad c_3 \quad \cdots \quad c_{2n+1} \right)^{T} \end{cases} \tag{3-17}$$

则系统状态可以简化为

$$y_k = \boldsymbol{\Phi}_{n,k} \boldsymbol{\theta}_{n,k} \tag{3-18}$$

基于参数矩阵辨识结果，即可实现模型参数的辨识。例如，OCV 可以解析为

$$U_{oc,k} = \frac{\theta_{n,k}(1)}{1 - \sum_{i=1}^{n} c_i} \tag{3-19}$$

3.1.2 基于电化学模型的电池建模

锂离子电池是一个复杂的系统，涉及的内容众多。作为一个电化学储能器件，锂离子电池是固态电化学与非水有机电化学的研究对象。锂离子电池中涉及离子在固体电极、界面中的储存与输运，这是固体离子学的重要内容。

如图 3-5 所示，电化学模型又称为电池机理模型，因为其能较好地描述锂离子在电解液中的迁移、扩散和浓度分布，因此被认为是精度最高的电池模型，也叫第一原理模型。但因为包含了数量庞大的偏微分方程和模型参数，其求解过程不仅消耗巨量计算资源，且部分方程无法求解，因此对机理模型进行简化就成了研究热点。目前，使用最为广泛的简化机理模型包括伪二阶模型和单粒子模型。1994 年，Fuller 假设电池极片上的电流密度处处相等，并首次提出了用于描述锂离子迁移现象的"三明治"模型，这成了伪二阶模型的基础。1996 年，Doyle 在该模型上增加了对锂离子扩散现象的描述，并通过实验证明该模型能较好地描述电池的充放电特征。由于伪二阶模型继承了机理模型的诸多优点，例如能精确表达电解液中的锂离子运动和法拉第效应，此外，其还大大降低了计算负担，因此受到广泛关注。

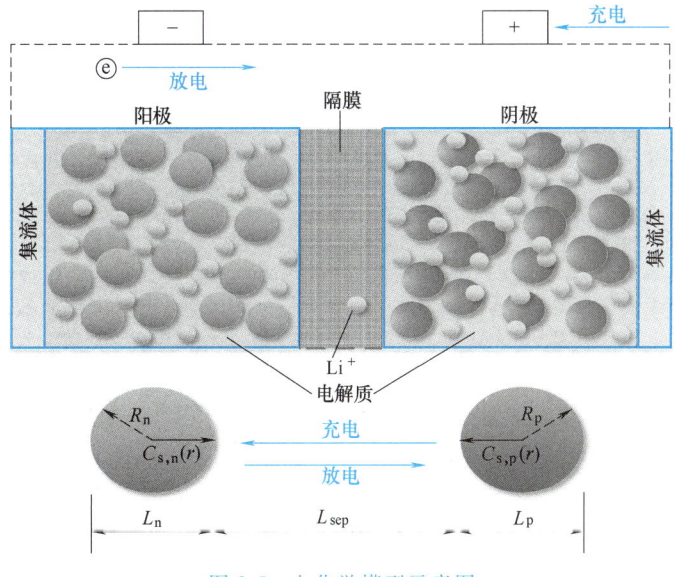

图 3-5 电化学模型示意图

电化学模型是在电化学研究发展成熟的基础上建立起来的以内部机理为依据的模型。其主要构建方式是通过对电池微观行为进行研究，明晰电池内部多现象的机理（包括电化学反应、传热、传质等）并将其数值化，通过数值方法实现对物理特征的联合计算，从而建立完整的锂离子电池理论模型。本节主要介绍伪二维（P2D）模型、单粒子（SP）模型和热模型。

锂离子电池在进行充放电时，其内部正负极上的活性物质会发生相应的氧化还原反应，从而使得锂离子发生脱出和嵌入，并经过电解液和隔膜发生转移过程。

锂离子在电池充放电时的离子反应方程式如下：

$$Li_{1-x}CoO_2 + xLi^+ + xe^- \underset{充电}{\overset{放电}{\rightleftharpoons}} LiCoO_2（正极）$$

$$Li_xC \underset{充电}{\overset{放电}{\rightleftharpoons}} C + xLi^+ + xe^-（负极）$$

以上电池反应离子方程式中，x 为该反应过程中转移的电子数。

1. 伪二维（P2D）模型

如图 3-6 所示，P2D 模型是由 Doyle 和 Newman 在 1993 年提出来的。其在过去的几十年里被广泛应用于多个电池技术领域。此模型是基于多孔电极理论和浓溶液理论建立，由于电极和隔膜表面反应对电池反应过程影响较小，并且在模型计算时会产生一定的麻烦，所以在建模过程中忽略了这一过程。电极和隔膜的固相微结构只需要考虑微孔粒子的体积分数，所以，利用锂离子浓度和电压可以计算体积平均值。基于多孔电极理论的电化学模型可以提供电池电化学反应宏观解释，采用 Butler-Volmer 动力学方程来描述正负电极与电解液界面的电化学反应过程；采用 Fick 定律描述电极内部锂离子扩散过程。该模型预测能力强，能够

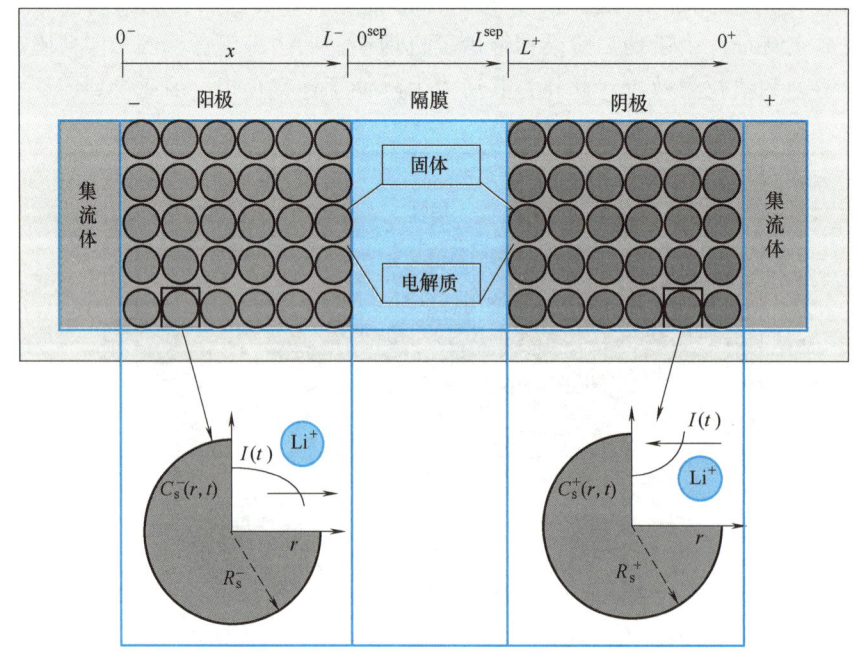

图 3-6　锂离子电池 P2D 模型示意图

预测锂离子浓度、液相电势、温度等变量的空间分布情况,这些变量有助于确定电池的荷电状态。在基本的伪二维模型中主要通过物质守恒方程(固相电极、电解液)和电子守恒方程(固相电极、电解液)来描述锂离子电池内部的动力学反应。此外,模型还通过 Butler-Volmer 方程来描述电池的电极动力学,从而将电池内部的电极反应电动势与反应电流建立联系。P2D 模型存在其理论基础和边界条件,也就是我们所说的假设条件。

P2D 模型的假设条件主要如下:

1)电池内部只有锂离子参与化学反应,无其他副反应的发生。
2)锂离子在固相、液相中的传递方式有且仅有扩散和迁移。
3)将正负电极的活性物质看作是半径相等的固体球形颗粒。
4)固相-液相交界面处的电化学反应规律符合 Butler-Volmer 动力学方程。
5)电池在工作过程中正负极液相体积分数保持包边。
6)充放电过程中内部产生的热量忽略不计,且电池体积恒定不变。
7)锂离子迁移数,固相、液相中的扩散系数保持不变。

同时,P2D 模型可以建立一系列偏微分方程和代数方程,用于从电化学角度描述动力电池特性。概括来说,P2D 模型可以总结为如下的 6 个方面:

1)锂离子在液相中的扩散方程,描述区域包括正极、负极及隔膜。
2)锂离子在固相中的扩散方程,描述区域包括正极和负极。
3)液相欧姆定律方程,描述区域包括正极、负极及隔膜。
4)固相欧姆定律方程,描述区域包括正极和负极。
5)电荷守恒方程,描述区域包括正极、负极及隔膜。
6)Butler-Volmer 动力学方程,描述区域为固相和液相交界面处。

根据模型的假设条件得到其约束条件,从而建立以下的方程,见表 3-1~表 3-3,各物理量代表的含义见表 3-4。对相关方程设置边界条件和初始条件,即可对其进行求解,获得相关的输出结果。

表 3-1 准二维模型负极方程

编号	方程	边界条件
1	$\varepsilon_{e,n}\dfrac{\partial c_e}{\partial t}=\dfrac{\partial}{\partial x}\left(D_{e,n}^{eff}\dfrac{\partial c_e}{\partial x}\right)+a_n(1-t_+^0)j_{r,n}$	$\begin{cases} D_{e,n}^{eff}\dfrac{\partial c_e}{\partial x}\bigg|_{x=0}=0 \\ D_{e,n}^{eff}\dfrac{\partial c_e}{\partial x}\bigg|_{x=x_n^-}=D_{e,sep}^{eff}\dfrac{\partial c_e}{\partial x}\bigg|_{x=x_n^+} \end{cases}$
2	$\dfrac{\partial c_s}{\partial t}=\dfrac{1}{r^2}\dfrac{\partial}{\partial r}\left(D_{s,n}r^2\dfrac{\partial c_s}{\partial r}\right)$	$\begin{cases} D_{s,n}\dfrac{\partial c_s}{\partial r}\bigg|_{r=0}=0 \\ D_{s,n}\dfrac{\partial c_s}{\partial r}\bigg|_{r=R_{s,n}}=-j_{r,n} \end{cases}$
3	$\kappa_n^{eff}\dfrac{\partial\phi_e}{\partial x}=-\dfrac{2RT\kappa_n^{eff}}{F}(t_+^0-1)\dfrac{\partial\ln c_e}{\partial x}-i_e$	$\begin{cases} \phi_e\big|_{x=0}=0 \\ \kappa_n^{eff}\dfrac{\partial\phi_e}{\partial x}\bigg|_{x=x_n^-}=\kappa_{sep}^{eff}\dfrac{\partial\phi_e}{\partial x}\bigg|_{x=x_n^+} \end{cases}$

(续)

编号	方程	边界条件
4	$\sigma_n^{eff}\dfrac{\partial \phi_s}{\partial x}=-i_s$	$\begin{cases}\sigma_n^{eff}\dfrac{\partial \phi_s}{\partial x}\Big|_{x=0}=-I\\ \sigma_n^{eff}\dfrac{\partial \phi_s}{\partial x}\Big|_{x=x_n}=0\end{cases}$
5	$\dfrac{\partial i_e}{\partial x}=a_n F j_{r,n}$	$\begin{cases}i_e\big|_{x=0}=0\\ \dfrac{\partial i_e}{\partial x}\Big|_{x=x_n}=0\end{cases}$
6	$\dfrac{\partial i_s}{\partial x}=-a_n F j_{r,n}$	$\begin{cases}i_s\big|_{x=0}=I\\ \dfrac{\partial i_s}{\partial x}\Big|_{x=x_n}=0\end{cases}$
7	$j_{r,n}=r_{k,n}(c_e)^{\alpha_{a,n}}(c_{s\max,n}-c_{se,n})^{\alpha_{a,n}}(c_{se,n})^{\alpha_{c,n}}\left[\exp\left(\dfrac{\alpha_{a,n}F}{RT}\eta_n\right)-\exp\left(\dfrac{-\alpha_{c,n}F}{RT}\eta_n\right)\right]$ $\eta_n=\phi_s-\phi_e-U_n(c_{se,n})$	

表 3-2 准二维模型正极方程

编号	方程	边界条件
1	$\varepsilon_{e,p}\dfrac{\partial c_e}{\partial t}=\dfrac{\partial}{\partial x}\left(D_{e,p}^{eff}\dfrac{\partial c_e}{\partial x}\right)+a_p(1-t_+^0)j_{r,p}$	$\begin{cases}D_{e,p}^{eff}\dfrac{\partial c_e}{\partial x}\Big|_{x=L}=0\\ D_{e,sep}^{eff}\dfrac{\partial c_e}{\partial x}\Big|_{x=x_p^-}=D_{e,p}^{eff}\dfrac{\partial c_e}{\partial x}\Big|_{x=x_p^+}\end{cases}$
2	$\dfrac{\partial c_s}{\partial t}=\dfrac{1}{r^2}\dfrac{\partial}{\partial r}\left(D_{s,p}r^2\dfrac{\partial c_s}{\partial r}\right)$	$\begin{cases}D_{s,p}\dfrac{\partial c_s}{\partial r}\Big|_{r=0}=0\\ D_{s,p}\dfrac{\partial c_s}{\partial r}\Big|_{r=R_{s,p}}=-j_{r,p}\end{cases}$
3	$\kappa_p^{eff}\dfrac{\partial \phi_e}{\partial x}=-\dfrac{2RT\kappa_p^{eff}}{F}(t_+^0-1)\dfrac{\partial \ln c_e}{\partial x}-i_e$	$\begin{cases}\phi_e\big|_{x=0}=0\\ \kappa_n^{eff}\dfrac{\partial \phi_e}{\partial x}\Big|_{x=x_p^-}=\kappa_p^{eff}\dfrac{\partial \phi_e}{\partial x}\Big|_{x=x_p^+}\end{cases}$
4	$\sigma_p^{eff}\dfrac{\partial \phi_s}{\partial x}=-i_s$	$\begin{cases}\sigma_p^{eff}\dfrac{\partial \phi_s}{\partial x}\Big|_{x=L}=-I\\ \sigma_p^{eff}\dfrac{\partial \phi_s}{\partial x}\Big|_{x=x_p}=0\end{cases}$
5	$\dfrac{\partial i_e}{\partial x}=a_p F j_{r,p}$	$\begin{cases}i_e\big|_{x=L}=0\\ \dfrac{\partial i_e}{\partial x}\Big|_{x=x_p}=0\end{cases}$
6	$\dfrac{\partial i_s}{\partial x}=-a_p F j_{r,p}$	$\begin{cases}i_s\big|_{x=L}=I\\ \dfrac{\partial i_s}{\partial x}\Big|_{x=x_p}=0\end{cases}$

(续)

编号	方程	边界条件
7	$j_{r,p} = r_{k,p}(c_e)^{\alpha_{a,n}}(c_{smax,p}-c_{se,p})^{\alpha_{a,p}}(c_{se,p})^{\alpha_{c,p}}\left[\exp\left(\dfrac{\alpha_{a,p}F}{RT}\eta_p\right) - \exp\left(\dfrac{-a_{c,p}F}{RT}\eta_p\right)\right]$ $\eta_p = \phi_s - \phi_e - U_p(c_{se,p})$	

表 3-3 准二维模型隔膜方程

编号	方程	边界条件
1	$\varepsilon_{e,sep}\dfrac{\partial c_e}{\partial t} = \dfrac{\partial}{\partial x}\left(D_{e,sep}^{eff}\dfrac{\partial c_e}{\partial x}\right)$	$\begin{cases} c_e\|_{x=x_n^-} = c_e\|_{x=x_n^+} \\ c_e\|_{x=x_p^-} = c_e\|_{x=x_p^+} \end{cases}$
2	$\kappa_{sep}^{eff}\dfrac{\partial \phi_e}{\partial x} = -\dfrac{2RT\kappa_{sep}^{eff}}{F}(t_+^0-1)\dfrac{\partial \ln c_e}{\partial x} - I$	$\begin{cases} \phi_e\|_{x=x_n^-} = \phi_e\|_{x=x_n^+} \\ \phi_e\|_{x=x_p^-} = \phi_e\|_{x=x_p^+} \end{cases}$

表 3-4 各物理量参数符号含义解释表

物理量参数符号	含义
c	物相中锂的平均浓度(mol/cm^3)
D	锂的扩散系数(cm^2/S)
F	法拉第常数,96487(C/mol)
i	电极反应交换电流密度(A/cm^2)
I	反应电流(A)
j	电化学反应电流密度(A/cm^2)
r	活性材料颗粒半径(cm)
R	通用气体常数,8.314[$J/(mol·K)$]
t	时间(s)
t_+^0	锂离子迁移数
x	负极到正极的距离(cm)
α_a, α_c	阳极、阴极电极反应转化系数
ε	体积分数
η	过电位(V)
κ	电解液电导率(S/cm)
a	单位体积活性材料的比表面积(cm^{-1})
ϕ	平均电势(V)
T	当前电池温度(K)
σ	电极活性物质固相电导率(S/cm)
L	厚度(cm)
U	电极开路电压(V)
各参数上下标含义	
e	电解液相
eff	有效
s	固相
n	负极
p	正极
se	隔膜

2. 单粒子（SP）模型

单粒子（SP）模型是最简单的锂离子电池电化学模型，它是通过P2D模型简化而来。如图3-7所示，单粒子模型采用两个球形颗粒分别表示锂离子电池的正极和负极，假设锂离子的嵌入脱出过程发生在球形颗粒上，且认为电解液的浓度及其内部电势恒定不变。

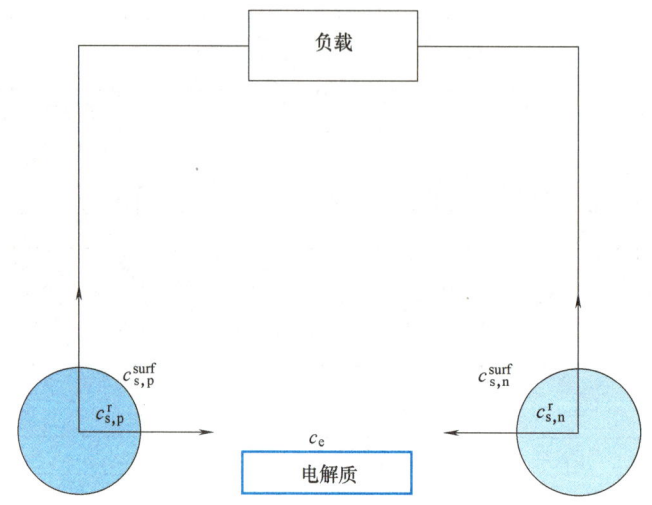

图3-7 锂离子电池P2D模型示意图

$c_{s,p}^{surf}$—阳极粒子表面浓度 $c_{s,n}^{surf}$—阴极粒子表面浓度 $c_{s,p}^{r}$—阳极粒子内部浓度

$c_{s,n}^{r}$—阴极粒子内部浓度 c_e—电解质粒子浓度

P2D模型在锂离子电池模拟中取得了巨大的成功，然而其模型中含有大量的非线性方程，引入先进的算法虽然能够一定程度上降低计算时间，但是对于多级串并联而形成的电池堆而言，计算效率仍然不能满足要求。为了在不降低计算精度的同时减少计算量和提高计算效率，就需要从电池的基本原理出发，向更低的模型尺度和计算维度前进，减少非线性方程的数量，建立更加简化的锂离子电池仿真模型。SP模型是利用单个粒子来代替活性物质中的所有粒子，忽略了电解液浓度梯度、液相扩散过电势、固相浓度在电极厚度方向上的浓度分布，并假设各电极内电化学反应均匀，各点反应率完全一致，从而减少了偏微分方程的个数，使计算过程得到简化。SP模型与P2D模型相比，计算过程得到简化，在中低倍率下能较好地描述电池工作状态。

由于单粒子模型假设电极内各处的反应离子流密度相等，则正/负极集流体边界处的反应离子流密度为

$$j_i = \frac{IR_i}{3AF(1-\varepsilon_i-\varepsilon_{f,i})l_i} \quad (i=p,n) \tag{3-20}$$

式中，I为电池工作电流，放电为正，充电为负；A为电极有效面积；R_i为活性粒子颗粒半径；l_i为极板厚度；ε_i为材料孔隙率；$\varepsilon_{f,i}$为填充物质体积分数；F为法拉第常数；p为正极，n为负极。

这里利用三参数抛物线近似法来简化固相扩散过程，进而求解得到固相粒子表面锂离子浓度。粒子表面锂离子浓度可以通过下式近似求解：

$$c_{s,\text{avg},i} = c_{s,0,i} - \int_0^t \frac{j_i}{R_i} dt \quad (i = \text{p}, \text{n}) \tag{3-21}$$

$$c_{s,\text{surf},i}(t) = \frac{[8D_{s,i} q_{i,\text{avg}}(t) - j_i] R_i}{35 D_{s,i}} + c_{s,\text{avg},i}(t) \quad (i = \text{p}, \text{n}) \tag{3-22}$$

式中，$c_{s,\text{avg},i}$ 为正/负极活性粒子内平均锂离子浓度；$c_{s,0,i}$ 为固相初始锂离子浓度；R_i 为正/负极活性粒子颗粒半径；j_i 为正/负极反应离子流密度；$c_{s,\text{surf},i}$ 为正/负极活性粒子表面锂离子浓度；$D_{s,i}$ 为正/负极固相扩散系数；$q_{i,\text{avg}}(t)$ 为是固相扩散过程中粒子内锂离子体积平均浓度流量；n 为负极区域，p 为正极区域。

在恒流放电工况下，$q_{i,\text{avg}}(t)$ 的计算式为

$$q_{i,\text{avg}}(t) = \frac{3j_i}{4D_{s,i}} \left[\exp\left(\frac{-t}{\tau_i^s}\right) - 1 \right] \tag{3-23}$$

$$\tau_i^s = \frac{R_i^2}{30 D_{s,i}} \quad (i = \text{p}, \text{n}) \tag{3-24}$$

在其他任何充放电工况下，$q_{i,\text{avg}}(t)$ 的计算式为

$$q_{i,\text{avg}}(t_{k+1}) = q_{i,\text{avg}}(t_k) - \left[\frac{45 j_i}{2 R_i^2} + 30 \frac{D_{s,i}}{R_i^2} q_{i,\text{avg}}(t_k) \right] (t_{k+1} - t_k) \tag{3-25}$$

活性粒子的表面浓度决定了锂电池的开路电压，如式（3-26）所示：

$$E = U_\text{p} \left(\frac{c_{\text{p,surf}}^s}{c_{\text{p,max}}^s} \right) - U_\text{n} \left(\frac{c_{\text{n,surf}}^s}{c_{\text{n,max}}^s} \right) \tag{3-26}$$

式中，U_p 为正极开路电压；U_n 为负极开路电压。根据 Butler-Volmer 方程，可以推导出反应极化过电势如式（3-27）所示：

$$\eta_{\text{act\_polarization}} = \frac{2RT}{F} \ln \frac{\sqrt{m_\text{p}^2 + 1} + m_\text{p}}{\sqrt{m_\text{n}^2 + 1} + m_\text{n}} \tag{3-27}$$

$$m_i = \frac{j_\text{p}}{2 k_i (c_{i,\text{max}}^s - c_{s,\text{surf},i})^{0.5} c_{s,\text{surf},i}^{0.5} c_e^{0.5}} \quad (i = \text{p}, \text{n}) \tag{3-28}$$

在单粒子模型中，认为电池的欧姆极化过电势主要是 SEI 膜欧姆极化过电势。欧姆极化过电势表示为

$$\eta_{\text{SEI}} = R_{\text{SEI,p}} F j_\text{p} - R_{\text{SEI,n}} F j_\text{n} \tag{3-29}$$

则电池端电压可以表示为

$$U = U_\text{p}(c_{s,\text{avg},\text{p}}) - U_\text{n}(c_{s,\text{avg},\text{n}}) - \eta_{\text{act\_polarization}} - \eta_{\text{SEI}} \tag{3-30}$$

本书中将 SOC 定义为

$$\text{SOC} = \frac{\dfrac{c_{s,\text{avg},\text{n}}}{c_{s,\text{max},\text{n}}} - \theta_{\text{n},0\%}}{\theta_{\text{n},100\%} - \theta_{\text{n},0\%}} \tag{3-31}$$

$$\text{SOC} = \frac{\dfrac{c_{s,\text{avg},\text{p}}}{c_{0,\text{max},\text{p}}} - \theta_{\text{p},0\%}}{\theta_{\text{p},100\%} - \theta_{\text{p},0\%}} \tag{3-32}$$

$$\theta_i = \frac{c_{s,avg,i}}{c_{s,max,i}} \quad (i=p,n) \tag{3-33}$$

式中，$c_{s,avg,i}$ 为正/负极固相平均锂离子浓度；$c_{s,max,i}$ 为正/负极固相最大锂离子浓度；$\theta_{100\%}$ 为荷电状态为 100% 时的化学计量比；$\theta_{0\%}$ 为荷电状态为 0% 时的化学计量比；n 为负极；p 为正极。

则式（3-30）可以记为

$$V = U_p(SOC) - U_n(SOC) + f(C) \tag{3-34}$$

式中，C 为放电倍率。

单粒子模型结构简单，计算量小，容易实现在线应用。目前，单粒子模型主要应用于锂离子电池的荷电状态诊断研究。但同时，锂离子电池单粒子模型仍存在一些不可避免的缺点，例如在大倍率充放电条件下，模型的假设并不合理，这会导致仿真偏差过大。

3. 热模型

图 3-8 所示为锂离子电池热模型图。温度对锂电池工作时的充放电性能、使用寿命和安全性都有重要影响。当温度较低时，电池内阻将显著增大，从而降低电池的可用容量和倍率性能。低温充电还易引发电池的析锂，从而埋下内短路的安全隐患。过高的使用温度将加速电池内部的副反应并加剧电池性能的衰减。此外，在高温下，由于制造缺陷或电池滥用行为，容易使电池产生局部过热，进而引发链式放热反应并最终导致热失控。为了保证电池的安全性，需要对电池进行热建模，从而准确监控电池温度状态，实现高效的热管理。另一方面，温度直接决定了电池内部的电化学反应速率，因此，为了提升电化学模型的精度和适用性，需通过温度对电化学参数进行修正。电池的热建模需要考

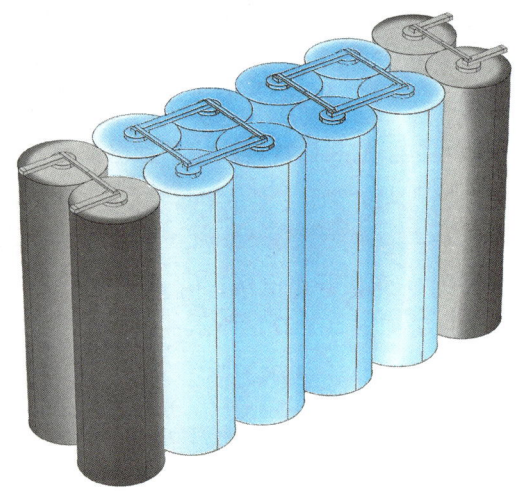

图 3-8 锂离子电池热模型图

虑温度分布维度和产热率的计算两个因素。根据温度分布维度的不同，电池热模型可分为零维模型（集中质量模型）、一维模型、二维模型和三维模型。

电池热模型除了温度的分布形式之外，另一个重要的因素是电池产热率的计算。锂电池作为一个电化学系统，其内部产热可以通过欧姆热、电化学反应热和极化热来进行计算，这在研究中也被称为机理产热。然而，机理产热计算需借助电池的电化学模型，且需要辨识多个产热相关的参数。

电池的生热、散热过程是一个典型的具有时变内热源的非稳态导热过程，其遵守的能量守恒方程为

$$\rho_k c_k \partial T / \partial t = \nabla (\lambda_k \nabla T) + \dot{q} \tag{3-35}$$

式中，$\dot{q}$ 为电池的生热率；ρ_k 为电池单元的密度；c_k 为电池单元的比热容；右侧第一项为通过界面的传热而使电池微元体在单位时间内增加的能量（扩散项）；λ_k 为电池单元在该方

向上的导热系数。

通过式（3-35）可以简单地将单体电池热模型的问题归为：生热率 q 的计算、决定电池热传导性能的电池材料导热系数 λ_k 和比热容 c_k 的计算，以及决定电池在一定工况下，散热情况的定解条件（初始温度和边界冷却条件）的确定。

锂离子电池热模型中应用的热量计算公式基本包括3个部分：化学反应产热（由化学反应产生）、浓度差异产热（由物质转移产生）和欧姆产热（带电粒子的焦耳热效应产生）。其中焦耳热与浓差极化产热为不可逆热，电化学反应产热为可逆热（又称 Peltier 热）。

现有的锂离子电池热模型中的热源基本都是基于 Bernardi 生热率模型。Bernardi 生热率为

$$\dot{q} = \sum_j I_j(U_j^{av} - T\partial U_j^{av}/\partial T) - IE + \dot{q}_{mixing} + \dot{q}_{phase\text{-}change} \tag{3-36}$$

式中，I_j 为电极反应产生的局部反应电流；$T\partial U_j^{av}/\partial T$ 为可逆热；U_j^{av} 为相应的平均开路电压；I 为总电流；E 为电池电压；$\dot{q}_{mixing}$ 为物质反应速率不均匀带来的生热率；$\dot{q}_{phase\text{-}change}$ 为相变反应产热率。式（3-36）右侧第一项为电化学反应焓；第二项为电池所做的电功；第三项为电池内由于各部分反应速率不一致，引起电池内部物质混合不均，造成的浓度梯度的产热率，当混合物质的热焓与其浓度的函数关系呈非线性时，这部分热量不可忽略；最后一项为化学反应中由于材料的相变反应产生的生热率。

在正常充放电情况下，可以提出如下假设：当研究对象为厚度方向很薄的电池极片，或者所研究的电池在厚度方向的温差可忽略时，由副反应带来的电池老化现象可被忽略，即忽略相变产热；通常在计算中认为模型中电化学系统有很好的传输特性，存在的浓度梯度是可忽略的，即这部分热源可忽略不计，即 $\dot{q}_{mixing}$ 和 $\dot{q}_{phase\text{-}change}$ 可以忽略，故上述热源模型被简化为

$$\dot{q} = I(U-E) - IT\partial U/\partial T \tag{3-37}$$

根据传热学可知热传递方式主要有热传导、热对流和热辐射三种。

对于电池内部而言，热辐射和热对流的影响很小，热量的传递主要由热传导决定，其大小与电池内部各部分材料的导热系数有关。在锂离子电池单体热模型中导热系数存在各向异性，以方形电池单体为例，其导热系数为

$$\lambda_x = \frac{L_x}{\sum_i \dfrac{L_{x_i}}{\lambda_i}} = \frac{L_x}{\dfrac{L_{x_p}}{\lambda_p} + \dfrac{L_{x_n}}{\lambda_n} + \dfrac{L_{x_s}}{\lambda_s} + \dfrac{L_{x_w}}{\lambda_w}} \tag{3-38}$$

$$\lambda_y = \lambda_z = \sum_i \frac{\lambda_i L_{x_i}}{L_x} = \frac{\lambda_p L_{x_p} + \lambda_n L_{x_n} + \lambda_s L_{x_s} + \lambda_w L_{x_w}}{L_x} \tag{3-39}$$

式中，λ_x、λ_y、λ_z 分别为单体电池厚度方向 x 和极片平面上的 y、z 方向上的导热系数；λ_p、λ_n、λ_s、λ_w 分别为电池正极、负极、隔膜、外壳的导热系数；L_{x_p}、L_{x_n}、L_{x_s}、L_{x_w} 分别为电池正极、负极、隔膜、外壳的厚度；L_x 为电池单体厚度。电池内部热传导服从傅里叶定律：

$$q_n = -\lambda_k \partial T/\partial n \tag{3-40}$$

式中，q_n 为热流密度；λ_k 为导热系数；$\partial T/\partial n$ 为电极等温面法线方向温度梯度。

电池表面的热量传递主要由热对流所决定，与冷却环境（表面传热系数、环境温度）有关。计算热流量 Q 的牛顿公式为

$$Q = hF\Delta T \tag{3-41}$$

式中，h 为表面传热系数；F 为电池表面与环境之间的接触面积；ΔT 为电池表面温度与流体温度之差。该项一般作为电池热模型求解的边界冷却条件。

锂离子电池热模型可模拟电池在各种条件下的热行为，为电池和电池组热管理系统设计与优化提供依据。热模型从质量集中模型发展到三维模型，从三维不分层结构发展到三维分层结构，从采用不变的生热速率到采用变化的生热速率，从单一的工况到耦合到具有环境参数的各种工况，逐渐贴近实际情况。

3.1.3　基于数据驱动模型的电池建模

数据驱动通过采集电池在充放电过程中的电压、电流、温度等数据建立相应模型来描述各变量间的对应关系，然后将这些数据输入机器学习或统计学算法中进行处理和分析，以建立电池的数学模型。这种做法避开了对电池内部电化学行为的研究，仅需要历史或在线测量数据就能展开工作，并且展现了相当好的效果。由于这种建模方法通常不需要了解电池的内部结构和化学反应机理，其建立的模型属于黑箱模型，因此可以适用于包括锂离子电池、铅酸电池和镍氢电池等在内各种类型的电池。当前运用最广泛的数据驱动模型主要是神经网络模型、支持向量机模型和模糊逻辑模型。

神经网络模型通过模仿人脑特征，建立了大量简单的神经元结构，这些处理单元彼此连接，传输和归纳信息，并最终实现有效的时间序列预测。基于该类模型强大的非线性映射能力，各类神经网络模型被先后运用到动力电池建模中来。2001 年，Grewal 第一次在电池建模中引入了反向传播神经网络，并验证了该方法的可行性。2009 年，Charkhgard 基于径向基神经网络和自适应扩展卡尔曼滤波方法实现了对 SOC 的实时估计。2016 年，三星电子的 You Gae-won 利用递归神经网络训练电池模型完成了对 SOH 的预测。由于神经网络模型的映射精度依赖于高质量的数据结构，因此除了增加模型层数外，在输入层方面进行拓展并加入多项相关数据成为提升模型精度的有效方法。例如，董广忠博士就曾在基于小波神经网络预测电池能量状态的研究中，通过在输入端添加温度和放电倍率来提升建模精度。

支持向量机（support vector machine，SVM）通过对输入量进行非线性变换，使之映射到一个高维特征空间内，得到相应的映射关系，从而完成建模过程。相较于神经网络模型，SVM 引入了风险最小化原则，在同等数据规模的前提下拥有更强的模型泛化能力和计算效率，在时间序列预测中展示了很高的精度。2012 年，Nuhic 在电池剩余使用寿命预测中第一次引入 SVM 并验证了该模型的有效性。为了探索输入层变量对于输出层的预测影响，除了常用的电流、电压和温度，Klass 在基于 SVM 的电池 SOH 估计中还引入了容量估计和温度依赖性。对于 SVM 模型来说，选取合适的输入模型特征能有效提升模型精度。例如，清华大学的冯旭宁博士采用了部分恒流充电曲线作为输入特征量来预测电池的健康状态，该方法可节省大量时间，但是对数据质量和仪器测量精度有较高要求。当前，有学者尝试将 SVM 模型和诸如自适应无迹卡尔曼滤波和粒子滤波等滤波观测器结合，以在状态预测精度和计算效率上达到更好的平衡。

模糊逻辑模型运用具有无穷连续值的模糊集合来建立面向对象的映射关系，其基础是多值逻辑。该模型结构较为简单，在小规模的时序预测中拥有较好的实时性和精度。1998 年，Salkind 第一次将模糊逻辑控制引入电池 SOC 的估计中，用来增强对阻抗谱的数据分析能力和改进库仑计数法。2005年，Singh基于模糊逻辑模型设计了一种利用放电脉冲快速估计锂电池荷电状态与循环寿命的测量仪。同年，李宜勋博士利用模糊逻辑理论优化传统的神经网络模型，并利用简化后的遗传算法调整网络参数，该方法在SOC估计中的精度优于传统的反向传播神经网络模型。除了电池状态估计领域，最近几年模糊逻辑模型也被陆续用于电池可用功率监测和模组均衡中。总体来看，模糊逻辑模型在电池管理中的应用偏少，这是因为该模型的预测效果与权重参数的选取有关，而这十分依赖于工程经验且需要大量时间调试。

3.2 动力电池模型参数辨识方法

动力电池模型参数辨识是电池管理系统中的重要研究方向。通过对电池模型的参数辨识，可以提高电池模型的准确性和可靠性，从而更好地预测电池的行为。动力电池模型参数辨识的基本原理是根据电池的特性和动力电池模型的基本结构，建立数学模型，并通过采集电池的实验数据，利用数学优化方法来确定模型中的各个参数。常用的优化算法包括最小二乘法、粒子群算法、遗传算法等。电池模型中常用的参数包括内阻、开路电压、放电曲线等。其中，内阻是动力电池模型中最重要的参数之一，它直接影响电池的输出电压和电流。通过对电池进行快速充放电实验，可以得到电池的放电曲线，并通过数学方法对放电曲线进行处理，得到电池的内阻参数。

动力电池模型参数辨识的主要步骤包括：电池测试数据采集、电池模型建立、优化算法选取、参数辨识等。在实际应用中，由于电池的复杂性和实验环境的不确定性，电池模型参数辨识是一个复杂的过程，需要进行多次试验和分析才能得出准确的参数结果。下面将介绍动力电池模型参数辨识的一些具体方法和应用实例，以及该领域的一些研究热点和挑战。

3.2.1 可变遗忘因子的递归最小二乘法

荷电状态（SOC）的准确估计对于电动汽车的能量管理至关重要，而模型参数的精确识别将直接影响SOC估计的结果。然而，传统的递归最小二乘法（recursive least-squares，RLS）不能准确地跟踪实际复杂条件下模型参数的变化。为了解决这些问题，本小节着重提出了一种结合实时可变遗忘因子的递归最小二乘法（variable forgetting factor recursive least-squares，VFFRLS）和自适应扩展卡尔曼滤波（adaptive extended Kalman filter，AEKF）的新的参数识别方法，并采用无迹卡尔曼滤波（unscented Kalman filter，UKF）方法实时计算SOC。RLS方法是参数识别中最常用的方法之一，它具有良好的实时性能、独特的最优解和良好的解析特性。但与遗传算法、卡尔曼滤波法和粒子滤波算法相比，RLS方法仍存在其自身的缺陷，即受异常值干扰的影响较大，对高斯噪声的滤波能力不足。随着数据的增加，RLS方法修正误差的能力逐渐降低，使得结果难以准确地跟踪模型参数的变化，导致数据饱和现象。为了解决这个问题，应降低旧数据的权重。通常，遗忘因子（forgetting factor，FF）被设置为一个略小于1的常数，这显然不适合复杂和多变的工作条件。本小节基于常用的RLS方法，根据当前变化和不同工况的噪声特性，采用可遗忘因子进行实时优化，将k时的估计电流与k时的预先估计相结合，更新模型参数的估计结果（$k-1$）。此外，在可变遗忘因子递归最小二乘方法中引入了一种自适应扩展卡尔曼滤波器，尽可能消除数据中的高斯噪声，提高系统的鲁棒性，提高识别精度。为了增强参数辨识性能，本小节的介绍中引入可变遗忘因子，设定可根据状态误差调节遗忘窗口，主动丢失一部分旧数据来减少数据饱和造成的影响。相关方程如下所示：

$$y_k = \varphi_n(k)\theta_n(k) + e(k) \tag{3-42}$$

$$e(k) = U_L(k) - \varphi_n(k)\hat{\theta}_n(k-1) \tag{3-43}$$

$$K(k) = \frac{P_n(k-1)\varphi_n^T(k)}{\lambda_n(k-1) + \varphi_n^T(k)P_n(k-1)\varphi_n^T(k)} \tag{3-44}$$

$$P_n(k) = \frac{P_n(k-1) - K(k)\varphi_n^T(k)P_n(k-1)}{\lambda_n(k-1)} \tag{3-45}$$

$$\lambda_n(k) = 1 - \frac{e^2(k)}{1 + K^T(k)P_n(k)K(k)} \tag{3-46}$$

$$\hat{\theta}_n(k) = \hat{\theta}_n^-(k) + K(k)e(k) \tag{3-47}$$

式中，$\hat{\theta}_n(k)$ 是参数矩阵，表示参数向量 $\theta_n(k)$ 的估计值；$\hat{\theta}_n^-(k)$ 是未更新遗忘因子的参数向量 $\theta_n(k)$ 的估计值；$e(k)$ 是预测误差矩阵；$K(k)$ 是卡尔曼增益矩阵；$P_n(k)$ 是协方差矩阵；$\lambda_n(k)$ 代表可变遗忘因子，它可以根据参数的变化和协方差矩阵的更新进行实时迭代和校正。实时且最优的遗忘因子是获得小范围误差的精确估计参数集的必要条件。

分析式（3-43）和式（3-46）可知，当系统状态发生显著变化时，相应地，预测误差 $e(k)$ 与 $\lambda_n(k)$ 也会产生相应的变化，在这个变化过程中，增加了有效的数据窗口长度，确保了系统具有更高的稳态精度。这样的一个过程会导致旧样本很快被遗忘，同时新样本也会建立一个新的学习模型，从而实现快速跟踪系统最新状态的目的。好处就是，随着新样本的连续输入，新的学习模型会逐渐收敛。VFFRLS-AEKF 联合识别算法框架的方案如图 3-9 所示，预设 θ_n、P_n 和 K 的初始值，然后可以根据 $U_L(k)$ 和 $I_L(k)$ 的样本调整 $\theta_n(k)$，此外，在下一小节中采用了二阶 RC 等效电路模型，验证了 VFFRLS-AEKF 方法的可行性和准确性，输入的向量应该根据该模型的特点，分别进行具体设置。

基于 VFFRLS-AEKF 方法的参数识别过程如下所示：

1）初始值设置：Fork = 0，设置：
$\hat{x}_0^+ = E_L[x_0]$，误差协方差 $P_0^+ = E_L[(x_0 - \hat{x}_0^+)(x_0 - \hat{x}_0^+)^T]$

2）初始噪声协方差，考虑到过程噪声方差矩阵，测量噪声方差矩阵，引入 Q_w、Q_v 用于协方差匹配的窗口大小。

$$\theta_n(k) = \left[\left(1 - \sum_{i=1}^{n} c_i\right) U_{oc}(k), c_1, c_2, c_3, \cdots, c_{2n+1}\right]^T$$

3）设置状态序列 x_k 和观测序列 y_k：

$$\begin{cases} x_k = f(x_{k-1}, u_{k-1}) + \omega_{k-1} = A_{k-1}x_{k-1} + B_{k-1}u_{k-1} + \omega_{k-1} \\ y_k = h(x_k, u_k) + v_k = C_k x_k + D_k u_k + v_k \\ U_t(k) = U_{oc}(k) - I_L(k)R_0 - U_1(k) - \cdots - U_n(k) \end{cases}$$

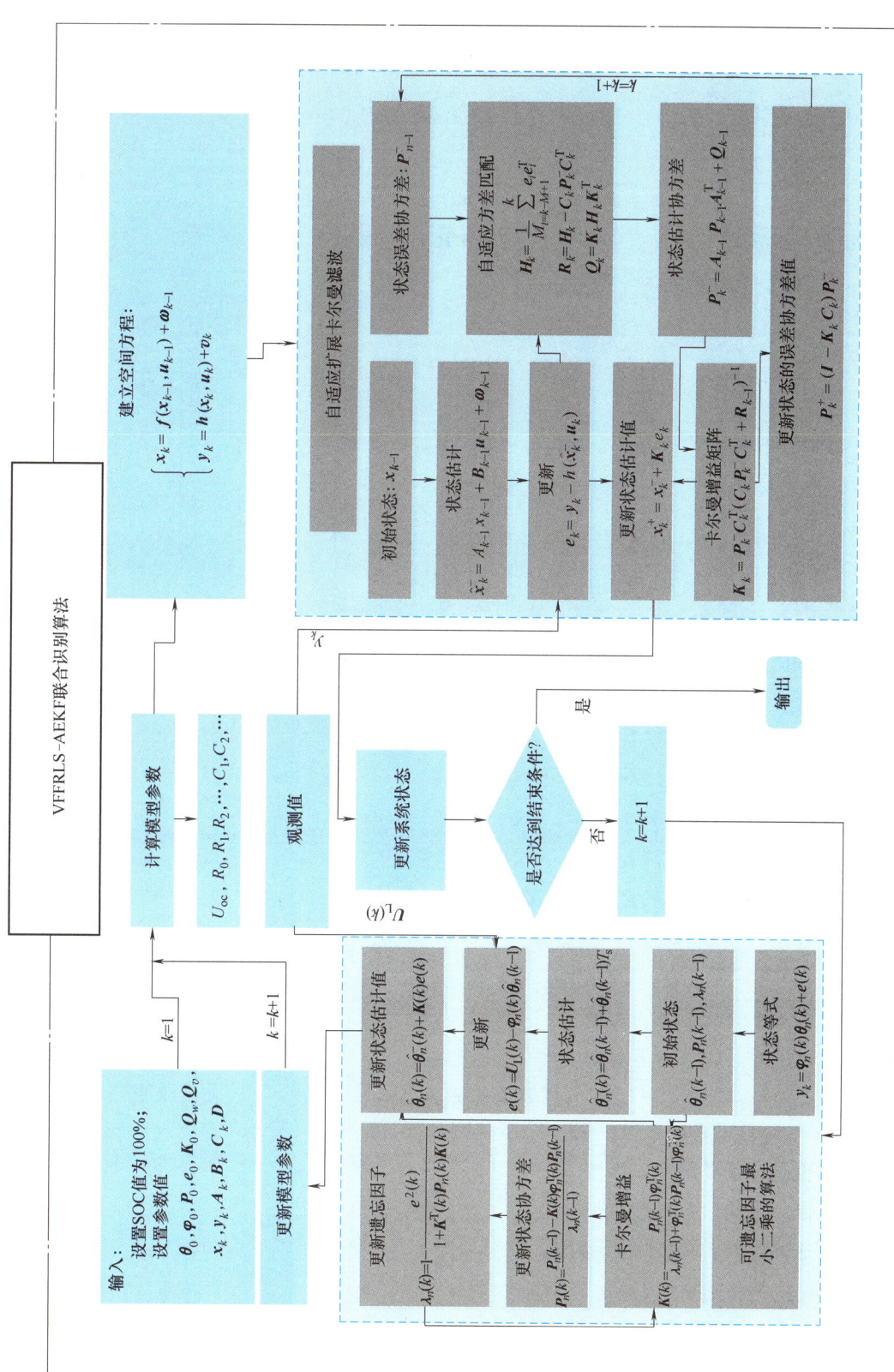

图 3-9 VFFRLS-AEKF 联合识别算法框架的方案

4) 线性化和离散化后的空间方程：

$$\begin{cases} U_1(k) = U_1(k-1)e^{-\Delta t/\tau_1} + I_L(k-1)R_1(1-e^{-\Delta t/\tau_1}) \\ U_2(k) = U_2(k-1)e^{-\Delta t/\tau_2} + I_L(k-1)R_2(1-e^{-\Delta t/\tau_2}) \\ \vdots \\ U_n(k) = U_n(k-1)e^{-\Delta t/\tau_n} + I_L(k-1)R_n(1-e^{-\Delta t/\tau_n}) \end{cases}$$

5) 设置：$x_k = [U_1(k), U_2(k), \cdots, U_n(k), SOC(k)]^T$

$y_k = U_t(k), u_k = I_L(k)$

6) 定义：$A_k = \begin{pmatrix} e^{-\Delta t/\tau_1} & 0 & \cdots & 0 & 0 \\ 0 & e^{-\Delta t/\tau_2} & \cdots & 0 & 0 \\ \vdots & \vdots & & \vdots & \vdots \\ 0 & 0 & \cdots & e^{-\Delta t/\tau_n} & 0 \\ 0 & 0 & \cdots & 0 & 1 \end{pmatrix}$, $B_k = \begin{pmatrix} R_1(1-e^{-\Delta t/\tau_1}) \\ R_2(1-e^{-\Delta t/\tau_2}) \\ \vdots \\ R_n(1-e^{-\Delta t/\tau_n}) \\ \dfrac{\eta_t \Delta t}{C_n} \end{pmatrix}$,

$C_k = \left.\dfrac{\partial U_t}{\partial x}\right|_{x=\hat{x}_k^-} = \left(-1, -1, \cdots, \dfrac{dU_{oc}(k)}{dSOC(k)}\right), D = -R_0$

基于 VFFRLS-AEKF 方法的参数识别的两个方面：

(1) 自适应拓展卡尔曼滤波

For $k=1, 2, \cdots,$ 计算如下：

状态估计：$\hat{x}_k^- = A_{k-1}x_{k-1} + B_{k-1}u_{k-1} + \omega_{k-1}$

状态估计协方差：$P_k^- = A_{k-1}P_{k-1}A_{k-1}^T + Q_{k-1}$

更新：$e_k = y_k - h(\hat{x}_k^-, u_k)$

卡尔曼增益矩阵：$K_k = P_k^- C_k^T (C_k P_k^- C_k^T + R_{k-1})^{-1}$

自适应协方差匹配：$H_k = \dfrac{1}{M}\sum_{i=k-M+1}^{k} e_i e_i^T, R_k = H_k - C_k P_k^- C_k^T, Q_k = K_k H_k K_k^T$

更新状态估计值：$\hat{x}_k^+ = \hat{x}_k^- + K_k e_k$

更新误差协方差：$P_k^+ = (I - K_k C_k)P_k^-$

需要注意的是，上角"+"表示更新加入遗忘因子，上角"-"表示未更新加入遗忘因子。

(2) 可变遗忘因子最小二乘法

状态方程：$y_k = \varphi_n(k)\theta_n(k) + e(k)$

状态估计：$\hat{\theta}_n^-(k) = \hat{\theta}_n(k-1) + \theta(k-1)T_s$

更新：$e(k) = U_L(k) - \varphi_n(k)\hat{\theta}_n(k-1)$

增益：$K(k) = \dfrac{P_n(k-1)\varphi_n^T(k)}{\lambda_n(k-1) + \varphi_n^T(k)P_n(k-1)\varphi_n^T(k)}$

更新状态协方差：$P_n(k) = \dfrac{P_n(k-1) - K(k)\varphi_n^{\mathrm{T}}(k)P_n(k-1)}{\lambda_n(k-1)}$

更新遗忘因子：$\lambda_n(k) = 1 - \dfrac{e^2(k)}{1 + K^{\mathrm{T}}(k)P_n(k)K(k)}$

更新状态估计值：$\hat{\boldsymbol{\theta}}_n(k) = \hat{\boldsymbol{\theta}}_n^-(k) + K(k)e(k)$

为了验证基于在线数据驱动的 RLS 方法的可行性，需要获取丰富的电池测试数据，本书研究中搭建的动力电池试验系统如图 3-10 所示，主要包括电池测试系统、上位机、电化学工作站、试验电池和环境试验箱。其中，电池测试系统型号为深圳新威 CT-4000 5V/0.6A，恒压电压范围控制在 25mV～5V 内，采样间隔设置为 100ms，满量程精度为±0.05%，单通道最大输出功率为 30W，在本研究中的记录频率为 10Hz；电化学工作站型号为东华 DH7000，电位测量范围为±10V，电流测量范围为±1A，测量精度为±0.1%；环境试验箱型号为昆山普明 YTH-080，温度范围为−20～100℃，解析精度为 0.01℃。所使用的试验电池为深圳卓能 18650 锂离子电池，正极材料为镍钴锰三元聚合物，额定容量为 2600mA·h，标准电压为 3.7V，上、下截止电压分别为 4.2V 和 2.8V。在高倍率特征电流下的电池容量衰退试验中，一个模组包含 16 个电池单体。

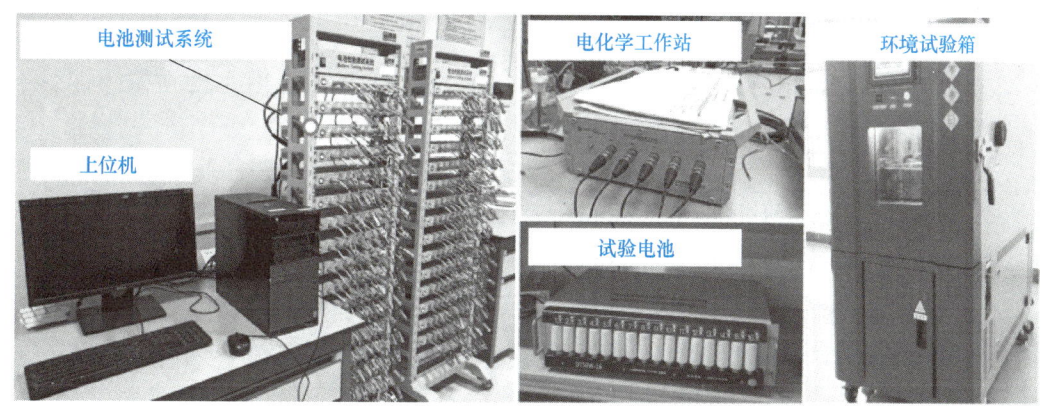

图 3-10 动力电池试验系统

动力电池测试流程如图 3-11 所示。温度测试范围为 0～40℃，每个特性测试流程包括静

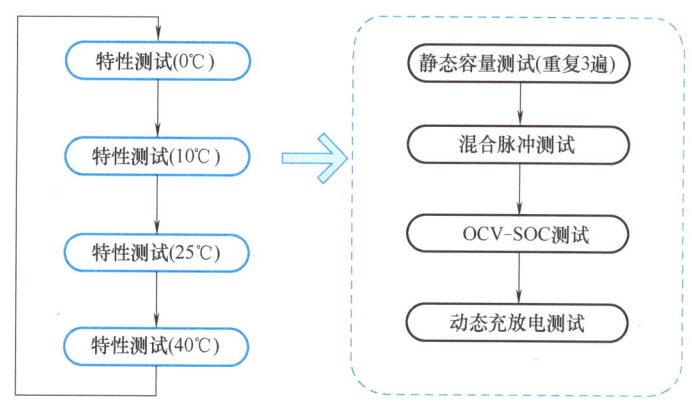

图 3-11 动力电池测试流程

态容量测试、混合脉冲测试、OCV-SOC 测试和动态充放电测试。

静态容量测试是为了确定当前电池的最大可用容量，其方法是先通过恒定电流将电池充满，在充分搁置 2~8h 后采用 $1C$ 倍率放电至截止电压，期间记录释放的容量。实际实验中，可连续重复测试 3 次取平均值以提高准确性；混合脉冲测试可测得电池的功率性能、开路电压、直流内阻等重要特性。通过对电池在某 SOC 下进行 10s 的脉冲放电，静置 40s，再进行 10s 的脉冲充电，以获得该 SOC 下的直流内阻。需要注意的是在不同的测试方法下得到的直流内阻会存在一定的差异；OCV-SOC 测试用于记录电池在不同温度、SOC 和老化程度下的开路电压特征，以便对动力电池进行相应的 SOC 标定。在测试过程中，电池以 $0.05C$ 的恒定电流充放电，当 SOC 变化 5% 左右时记录 OCV 的测量结果，且每次测量后需将试验电池低温静置 2h 以上，直到电量充满或放空。通常来说，电池在充电和放电下的 OCV 测试结果并不重合，因此常常取其平均值进行 OCV 模型拟合，并作为最终的 OCV-SOC 结果；动态充放电测试是为了模拟动力电池在实际车载工况下的运行情况，通过对电池模组注入高频且不规律的充放电电流，可以得到电池的端电压、温升、瞬时功率等性能数据。本研究所使用的动态充放电测试工况为动态压力测试（dynamic stress test，DST）工况和城市道路功率驾驶（urban dynamometer driving schedule，UDDS）工况。

3.2.2 等效电路模型的参数辨识

在参数辨识中所使用的 DST 工况载入电流和端电压测量数据如图 3-12 所示。整个过程放电时间为 2622s，采样间隔为 0.2s，试验对象为单体电池。

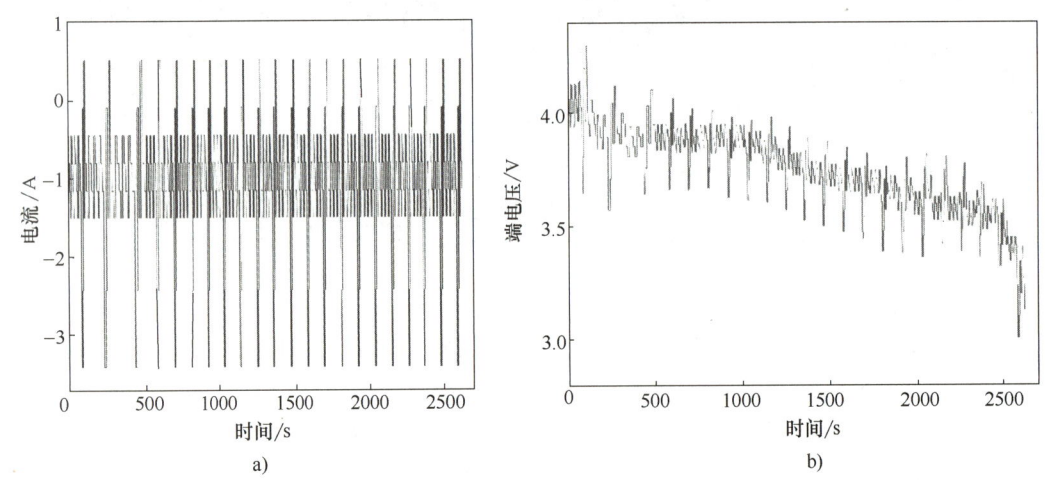

图 3-12 参数辨识中的 DST 输入工况
a）载入电流 b）测量端电压

为了探索数据驱动方法在二阶 RC 等效电路模型下的辨识效果，本研究在参数辨识中设置递归最小二乘法（RLS）和具有可变遗忘因子的 RLS（VFFRLS）进行对比验证。其中可变遗忘因子的初始值设置为 0.9。

模型参数辨识结果如图 3-13 所示。可以看到，二阶 RC 模型能够有效识别开路电压 U_{oc} 的变化，但模型精度相对较低，导致 RLS 和 VFFRLS 的整体电压波动较大。在二阶 RC 模型中，欧姆内阻 R_0 在整个辨识过程中会接近于一个定值，且随着输入电流的变化发生剧烈的

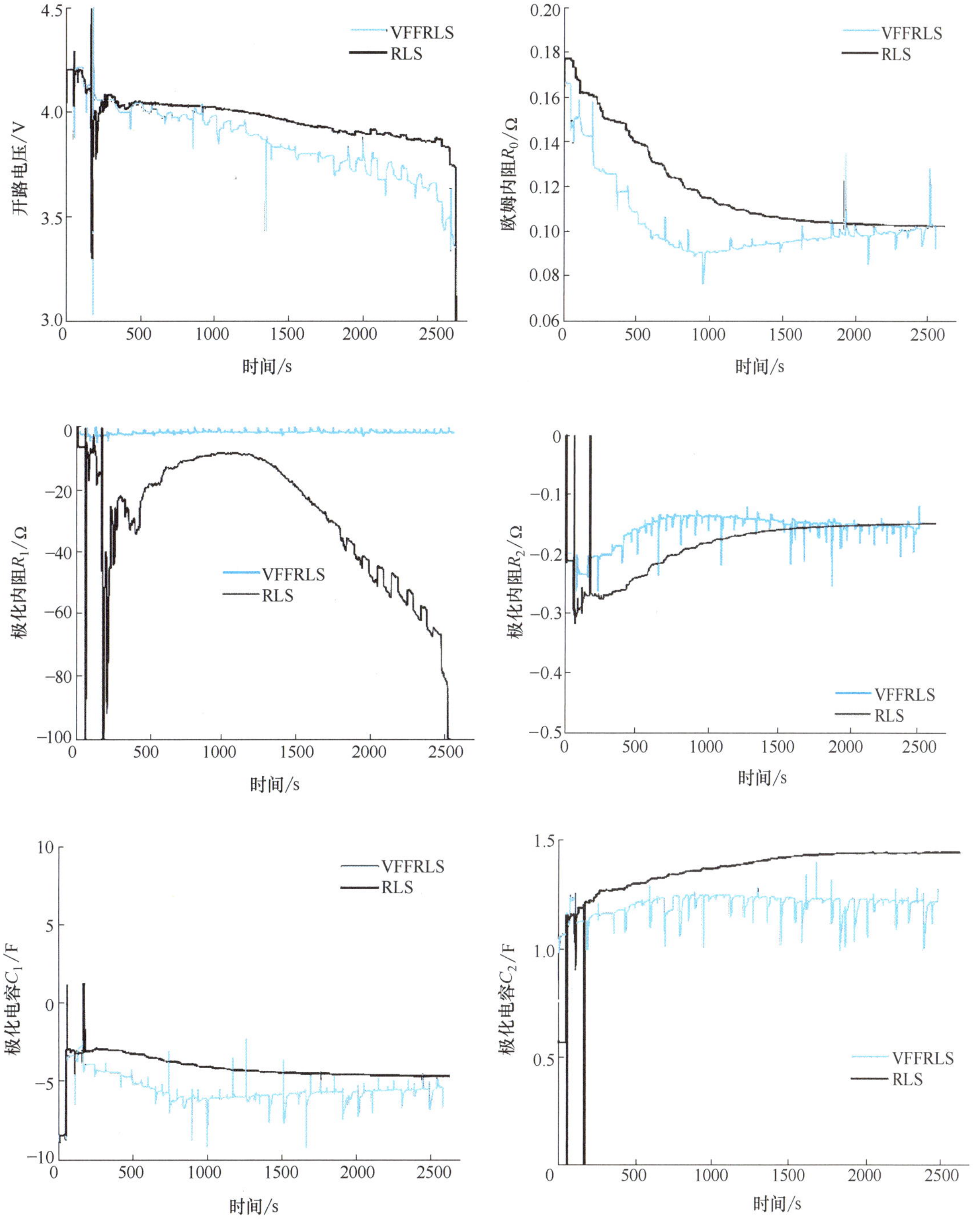

图 3-13 二阶 RC 等效电路模型参数辨识结果

波动。由 VFFRLS 的辨识结果可以看到，遗忘因子 λ 的引入不仅有效抑制了数据饱和现象，增强了 U_{oc} 的辨识能力，且基本消除了 R_0 在辨识过程中的剧烈波动现象。在经过 2500s 后，辨识后期的数据饱和现象逐渐明显，导致 RLS 的电压辨识误差在计算过程中难以收敛。

相较于 RLS 的辨识效果，VFFRLS 的开路电压辨识误差进一步减小并保持良好的一致性。对于 VFFRLS 来说,遗忘因子初始值 λ_0 带来的辨识影响很小,这是因为遗忘因子 λ 在迭代过程中能随着辨识误差发生改变,以达到动态调节遗忘窗口的目的。在戴维南模型中,由于 R_0 仅反映电池的欧姆电阻,其动态行为可通过包括 R_1 和 C_1 在内的极化分量来模拟,因此 R_0 的辨识结果能较真实地反映电池内阻变化。随着电池放电,其欧姆内阻呈现先下降、后上升的特点。对于极化电阻 R_1 和极化电容 C_1 的辨识,可以看到遗忘因子 λ 的加入同样提升了辨识的精度,辨识效果良好且变化相对平稳。

3.2.3 循环寿命模型的参数辨识

为了验证所使用的数据驱动方法对循环寿命模型参数的辨识效果,本书介绍的循环寿命模型的参数辨识。研究使用了马里兰大学 CALCE(center for advanced life cycle engineering,先进寿命周期工程中心)课题组公开的电池数据测试集。其参数辨识结果如图 3-14 所示。其试验电池的初始总容量为 0.92A·h,总循环次数为 260 次。其中,k 代表历史循环次数。当 k 设置为 60 时,辨识算法的输入即为历史循环次数和 1~k 次循环下的电池容量数据,算法利用该时间序列下的数据推导模型参数。

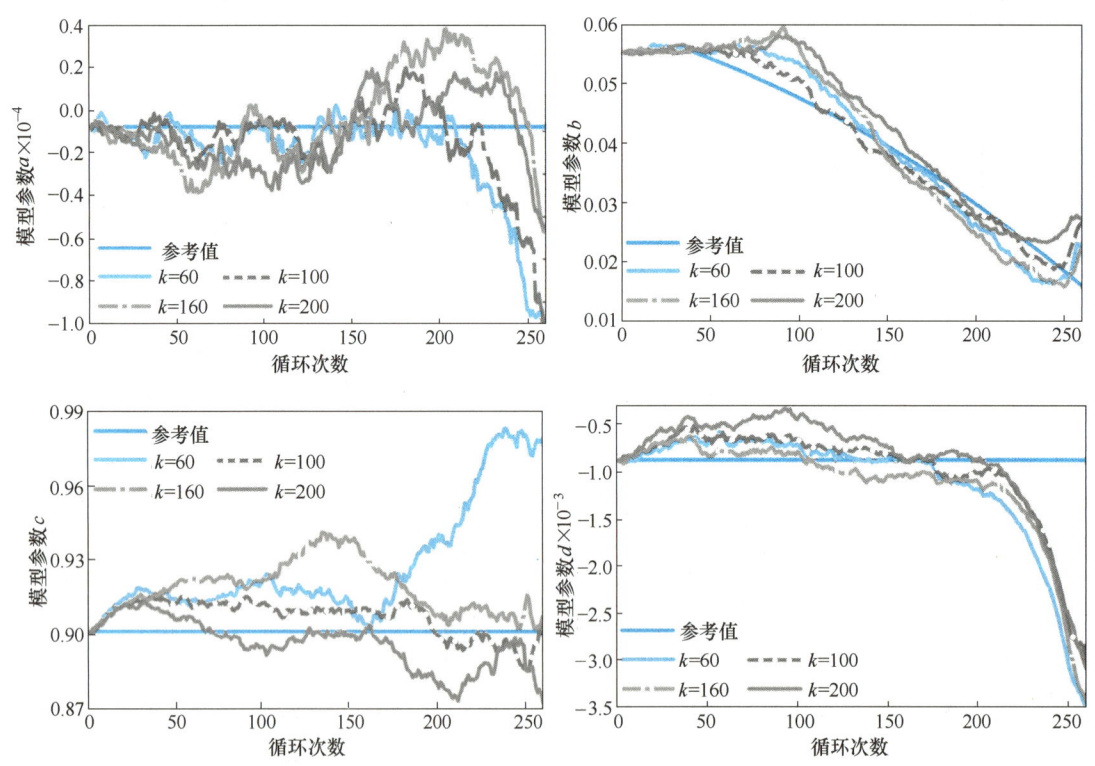

图 3-14 循环寿命模型参数辨识结果

循环寿命模型表示如下:

$$C_{n,k} = a \cdot \exp(b \cdot k) + c \cdot \exp(d \cdot k) \tag{3-48}$$

式中,k 为循环次数;$C_{n,k}$ 为 k 个周期后的电池剩余容量;a、b、c、d 为需要辨识的模型参数,其状态空间方程如下:

$$\boldsymbol{X}(k)=(a(k),b(k),c(k),d(k))^{\mathrm{T}} \tag{3-49}$$

$$\begin{cases} a(k+1)=a(k)+\omega_a(k),\omega_a \sim N(0,\sigma_a) \\ b(k+1)=b(k)+\omega_b(k),\omega_b \sim N(0,\sigma_b) \\ c(k+1)=c(k)+\omega_c(k),\omega_c \sim N(0,\sigma_c) \\ d(k+1)=d(k)+\omega_d(k),\omega_d \sim N(0,\sigma_d) \end{cases} \tag{3-50}$$

式中，ω 为状态噪声，在运算中由符合高斯分布（也称正态分布）的白噪声替代，均值设定为 4×10^{-9}。系统的观测方程表示如下：

$$C(k)=a(k)\cdot\exp[b(k)\cdot k]+c(k)\cdot\exp[d(k)\cdot k]+\nu(k) \tag{3-51}$$

式中，$C(k)$ 一般设置为额定容量的 80%；k 为电池达到失效阈值前的循环次数；$\nu(k)$ 为系统观测噪声。通过状态量 $\boldsymbol{X}(k)$ 和模型参数的迭代运算，k 得以求解并进一步推导电池容量 $C(k)$。对于循环寿命模型参数，使用的辨识方法为基于数据驱动的最小二乘方法。

在研究中，循环寿命模型参数 a、b、c、d 的初始值分别设置为 -8.3×10^{-6}、0.055、0.9 和 -8.86×10^{-4}。为了对比数据驱动方法在不同历史循环次数 k 下的辨识效果，分别设置了 k 为 60、100、160 和 200 次的对照组。其中，所有的参考值由实际电池容量衰退数据拟合得到。由图 3-14 可知，对于模型参数 a 来说，其历史循环次数 k 造成的影响主要在辨识后期。随着 k 的增加，其辨识结果越贴近其参考值，这说明通过增加历史循环次数可以提升该模型参数的辨识精度。对于模型参数 b 来说，随着历史循环次数 k 的增加，其整体辨识精度呈现先上升、后下降的特性，在 k 为 100 时取得最高的辨识精度。对于模型参数 c，当 k 为 60 时，其辨识误差在后期显著上升；当 k 为 100 时，其整体辨识误差处在较低的水平；当 k 超过 100 后，其带来的辨识精度提升却相当有限，甚至在一些循环区间内（例如 160~200 循环次数）的表现不如较低 k 值下的效果。

对于基于数据驱动的辨识方法，例如 RLS，采集数据量的增加有利于状态量的误差修正和协方差迭代。同时，当采集数据量超过某一个阈值时，其数据饱和现象和辨识误差积累又会使得整体的计算精度下降。可以看到，对于模型参数 d，当 k 为 100 时后期的辨识效果最佳。因此，对于不同种类和规格的电池，在对其循环寿命进行建模时，通过大量实验确定最合适的历史循环次数是有必要的。

3.3 动力电池模型参数对电动汽车性能和管理系统的影响

动力电池模型参数是电动汽车电池管理系统的核心，对电动汽车的性能和管理系统都有重要影响。在电动汽车的运行过程中，管理系统通过检测和分析电池的状态，对电池进行控制和管理，以保证电池的安全、寿命和性能。而动力电池模型参数则是电池管理系统对电池状态进行检测和分析的依据之一。例如，电动汽车控制系统可以利用电池模型参数对电池充电和放电进行控制，以确保电池的安全和稳定性；管理系统可以利用模型参数对电池的状态进行监测和评估，以提高电池的使用寿命和性能。此外，模型参数还可以用于电动汽车设计和研发中，以预测电池的性能和寿命，优化电池的设计和制造过程。

动力电池模型参数的意义在于可以通过对电池的建模来更好地理解电池的行为和性能，以优化电动汽车的性能和电池的管理系统。具体来说，模型参数可以用于以下方面：

1)预测电池的行为。通过模型参数,可以预测电池在不同工况下的电性能、温度响应、剩余使用寿命等特性,帮助优化电池系统的设计和控制策略。

2)评估电池的性能。模型参数可以用于评估电池的性能,如电化学反应的速率、内阻、容量、循环寿命等指标。这些参数可以作为电池的质量评估指标,帮助制造商选择更好的电池材料和设计。

3)优化电池管理系统。通过模型参数,可以设计更加智能和高效的电池管理系统。例如,通过估计电池的 SOC、SOH 和 SOE 等状态,可以优化电池充放电策略和控制算法,延长电池寿命并提高性能。

总之,动力电池模型参数的意义在于通过对电池的建模和分析,提高电动汽车的性能、安全性和可靠性,同时也为电池制造商和研究人员提供了更好的研究工具。动力电池模型参数包括但不限于以下几个方面:

1)电池容量。电池的储能量大小,单位为安时(A·h),决定了电动汽车可以行驶的里程。

2)内阻。电池的内部阻力大小,单位为欧姆(Ω),内阻越大,电池在高负荷下的性能就越差。

3)开路电压。开路电压指电池未连接负载时的电压大小,单位为伏特(V),用于电池电量的粗略估计。

4)循环寿命。循环寿命指电池经过多少次完整的充放电循环后,仍能保持一定的容量,也就是电池的使用寿命。

5)温度特性。电池在不同温度下的性能表现,一般来说,温度越高,电池性能越好,但过高的温度也会加速电池的老化。

等效电路模型参数,包括电池的电化学参数、内部电阻等,可以用来建立电池的等效电路模型,用于电池管理系统的控制。

3.3.1 模型参数对电动汽车性能的影响

动力电池模型参数对电动汽车的性能有直接影响。在电池模型参数确定的情况下,可以通过模拟计算等方法预测电池的性能,包括电池容量、电池电压、电池内阻、电池温度等。这些参数直接影响着电动汽车的续驶里程、加速性能和驾驶体验等方面。因此,电池模型参数的预测精度对电动汽车的性能有着重要的影响。电动汽车的性能通常包括以下方面:

1)加速性能。加速性能指车辆从静止状态到达一定速度的时间和速度表现,常用的指标为 0~100km/h 加速时间。

2)最高速度。最高速度指车辆能够达到的最大速度。

3)续驶里程。续驶里程指车辆在单次充电状态下能够行驶的最长里程数。

4)充电时间。充电时间指车辆电池从低电量状态充电到满电状态所需的时间。

5)能量回收效率。能量回收效率指制动或减速时能量回收系统回收的能量与车辆消耗的能量之间的比例。

6)稳定性。稳定性指车辆行驶时的稳定性和操控性能。

7)噪声和振动。噪声和振动指车辆行驶时产生的噪声和振动水平。

8)安全性。安全性指车辆的安全性能,包括主动安全和被动安全。

9) 舒适性。舒适性指车辆行驶时的舒适程度，包括座椅舒适性、悬架系统舒适性等。

动力电池模型参数对电动汽车性能的影响主要表现在以下几个方面：

(1) 续驶里程 动力电池的能量密度是指单位体积或单位质量电池所能存储的电能量，而电池容量的大小又决定了电池能够储存的能量总量，因此，模型参数电池容量和能量密度的提高能够延长电动汽车的续驶里程。能量密度越高，电池体积或质量相同情况下，储存的电能就越多，电动汽车的续驶里程也会相应提高。续驶里程也会受到电动汽车的能量转换效率的影响，电动汽车的能量转换效率同样是一个复杂的问题，需要综合考虑各个部分的效率和损失，例如电池的内阻会对电池的放电性能产生重要影响，内阻越大，电池在放电过程中就会产生更多的热量，从而导致电池放电效率降低，电动汽车的续驶里程也会相应减少。电动汽车的能量转换效率还会受到多种因素的影响，如电池的健康状况、车辆的驾驶条件、行驶的路段和速度等。电动汽车的能量转换包括了多种转换过程，如电池内部的化学反应、电池与电机之间的电能转换、电机机械能转换等，这些转换过程中的能量损耗同样会影响电动汽车的续驶里程。通常，电动汽车的能量转换效率存在差异，具体取决于车型和使用条件。

电池的工作温度对电动汽车性能也有很大影响，工作温度过高或过低都会影响电池的性能和寿命，从而影响电动汽车的续驶里程。在低温环境下，电池的化学反应速率会变慢，电池的输出电压会降低，电动汽车的续驶里程会减少；在高温环境下，电池的健康状态受到影响，也会影响电动汽车的续驶里程。

(2) 动力性 在电动汽车中，动力性能也与动力电池的输出能力密切相关。动力电池的放电能力、输出功率等参数的提高可以增强电动汽车的加速性能，放电能力的提高可以使电机获得更高的电流输出，提高电机的输出功率，从而提高车辆加速的能力；输出功率的提高可以使电机获得更大的功率输出，从而提高车辆加速的能力；除此之外，电池的重量和体积也会影响车辆的加速性能，因为较轻的电池可以降低车辆的总重量，从而提高车辆的加速性能。

(3) 安全性 动力电池的温度、压力和振动等因素对电池的安全性影响很大，因此电池的参数设计也需要考虑电池的安全性能，动力电池在过充电、过放电、高温、外力撞击等情况下容易发生热失控，进而引发电池内部的爆炸或火灾。因此，动力电池模型参数中的热特性参数（如比热容、导热系数、热膨胀系数等）的准确性和精度对电动汽车的安全性能具有重要影响。动力电池在实际使用过程中容易受到过充电、过放电等因素的影响，过度充电和过度放电会导致电池的化学反应失衡，进而产生电池膨胀，导致电池寿命的缩短，甚至发生热失控。动力电池模型参数中的寿命参数（如容量衰减系数、循环寿命等）的准确性和精度对电动汽车的安全性能也具有重要影响。所以，准确地预测动力电池模型参数可以使电池在工作时安全可靠。

动力电池模型参数对电动汽车性能的影响非常重要，通过调整电池的化学成分、结构设计和管理系统等参数，可以提高电池能量密度、放电能力、输出功率、充电速度、安全性等方面的性能。这些改进可以显著提高电动汽车的续驶里程、加速性能、行驶稳定性和安全性等方面的性能表现，满足消费者对高性能、高效率和高可靠性的需求，促进电动汽车技术的发展和应用。对于电动汽车制造商来说，需要通过不断地优化电池参数，提高电动汽车的性能表现。

3.3.2 模型参数对管理系统的影响

电动汽车的管理系统是指对电动汽车各种系统进行综合管理和控制的系统，包括电池管理系统、动力控制系统、制动系统、空调系统等。它可以监测车辆各项参数，并根据实时数据对电动汽车的运行进行调节和控制，从而达到优化性能、延长寿命、提高安全性和降低能耗的目的。在电动汽车中，电池管理系统是最为重要的一环。动力电池模型参数的预测精度直接影响到电池管理系统的性能和效率。确切的动力电池模型参数可以提供更准确的电池状态估计和预测，从而帮助电池管理系统更好地控制电池的充放电过程，延长电池寿命，提高安全性能。此外，准确的模型参数也可以帮助电池管理系统更好地评估电池的健康状况，及时发现异常情况并采取相应措施，从而保证电池的稳定性和可靠性。如果模型参数不准确或者误差较大，可能会导致电池管理系统的控制策略出现偏差或者误判，从而对电池的健康状态造成损害。另外，模型参数的预测精度还可以影响电池管理系统的优化算法的收敛速度、稳定性和优化结果，同时影响管理系统的效率。

因此，动力电池模型预测参数对电动汽车的管理系统有着重要的影响。

通过对电池模型参数的准确测量和分析，可以为管理系统提供更准确的电池状态估计信息，从而实现更精确的电池管理和优化控制。动力电池模型参数的准确性和精度直接影响到电池管理系统的性能和效率。如果模型参数不准确，管理系统可能会出现错误的判断和控制，导致电池的过度充电或过度放电，进而缩短电池寿命甚至损坏电池。

电池模型参数的改善也可以提高电池管理系统的性能和效率，减少系统的能耗和损失。首先，更准确的电池模型参数可以提高管理系统的预测能力，使其能够更准确地估计电池的剩余使用寿命和可用能量，从而提高电动汽车的驾驶安全性和可靠性。其次，电池模型参数的改善可以提高管理系统的控制能力，使其能够更好地控制电池的放电和充电过程，从而延长电池的寿命并提高电动汽车的续驶里程。提高电池模型参数的预测精度，可以实现更精细的电池充放电控制，延长电池使用寿命，减少电池的损耗和故障率。此外，电池模型参数的改进还可以提高电池的安全性，避免过充电、过放电等异常情况的发生，从而保障电动汽车的行驶安全。因此，对动力电池模型参数的研究和优化对电动汽车管理系统的性能提升和安全保障具有重要的意义。

第4章 锂离子动力电池荷电状态估计方法

作为新能源汽车的关键部件,电池在经济性、动力性能和安全性方面发挥着重要作用。动力电池荷电状态(SOC)估计是动力电池管理系统(BMS)的核心功能之一,精确的 SOC 估计可以保障动力电池系统安全、可靠地工作,优化动力电池参数,并为电动汽车的能量管理和安全管理等提供依据。然而,动力电池具有可测参数量有限且特性耦合、即用即衰、强时变、非线性等特征,车载环境应用又面临串并联成组的复杂系统、全工况、全气候应用需求,获取高精度、强鲁棒性的动力电池 SOC 极具挑战,一直是行业技术攻关的难点和国际学术界研究的前沿热点。本章将系统阐述介绍 SOC 的基础理论及相关估计方法,详细介绍基于卡尔曼滤波和基于高斯过程回归的动力电池 SOC 估计方法,提供了实现 SOC 估计的详细算法流程。

4.1 动力电池荷电状态

4.1.1 荷电状态估计方法分类

荷电状态(SOC)用来反映电池的剩余容量,其数值上定义为剩余容量占电池容量的比值,常用百分数表示。其取值范围为 0~1,当 SOC=0 时表示电池完全放电,当 SOC=1 时表示电池完全充满。电池 SOC 不能直接测量,只能通过电池端电压、充放电电流及内阻等参数来估算其大小。而这些参数还会受到电池老化、环境温度变化及汽车行驶状态等多种不确定因素的影响,因此准确的 SOC 估计已成为电动汽车发展中亟待解决的问题。

新能源汽车动力电池的 SOC 相当于普通燃油汽车的燃油表,SOC 作为能量管理的重要决策因素之一,对于优化整车能量管理、提高动力电池容量和能量利用率、防止动力电池过充电和过放电、保障动力电池在使用过程中的安全性和长寿命等起着重要作用。本节将详细阐述动力电池静态容量已知情况下的 SOC 估计方法。动力电池结构复杂,电化学反应过程和反应阶段复杂且难以确定,而且车载工况恶劣、多变,作为隐性状态量的 SOC 精确值难以得到,常见的动力电池 SOC 估计方法大致可分为四类:基于表征参数的方法、安时积分法、基于模型的方法以及基于数据驱动的方法,如图 4-1 所示。

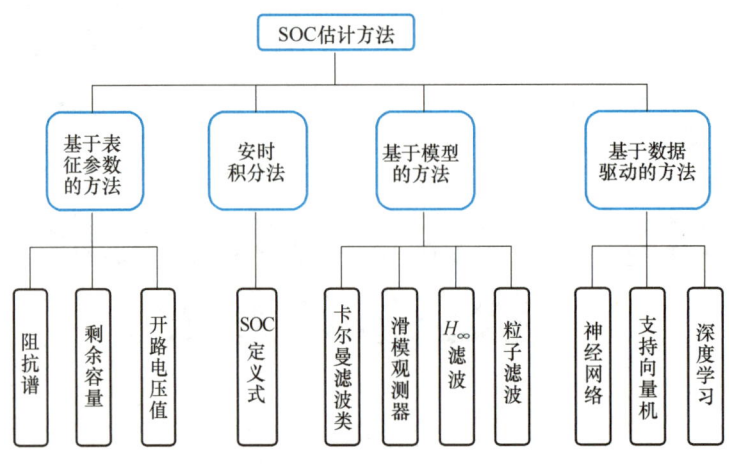

图 4-1　SOC 估计方法分类

1. 基于表征参数的方法

该方法主要分为两步：
1) 建立动力电池表征参数与 SOC 的离线关系。
2) 实时计算动力电池表征参数值，并以之标定动力电池 SOC。

该方法的应用需满足两个前提：所建立表征参数与 SOC 的离线关系应该相对稳定，所选表征参数应该是易获取的。可选表征参数包括当前剩余容量、阻抗谱、OCV 等。

当前剩余容量可通过放电实验法得到，该方法被认为是确定动力电池 SOC 最为直接的方法。但是新能源汽车在运行中难以进行长时间的恒流放电来确定剩余容量，使得该方法仅适用于实验室等特定环境。基于阻抗谱的方法则需要借助电化学工作站来测试动力电池不同 SOC 值的阻抗，并制定 SOC 和参数的映射关系，进而采用查表的方式完成 SOC 的标定。相对稳定的 OCV-SOC 关系常被工业界用来标定动力电池 SOC，大量的 BMS 产品也使用这一关系来标定动力电池初始 SOC，但 OCV 的准确直接测量要求动力电池静置足够长的时间，因而在实际中往往需要与 OCV 在线辨识方法结合使用。

2. 安时积分法

该方法又称为库仑计数法，即利用 SOC 定义估计动力电池 SOC：

$$z(t) = z(t_0) - \frac{\int_{t_0}^{t} \eta_i i_L(\tau) d\tau}{C_{max}} \tag{4-1}$$

式中，$z(t)$ 为 t 时刻下的动力电池 SOC 估计值；$z(t_0)$ 为动力电池 SOC 初始值；η_i 为动力电池充放电库仑效率，其值通过实验确定，对于锂离子动力电池而言，放电效率通常视为 1，充电效率为 0.98~1（充电电流 3C 以内）；i_L 为 t 时刻下动力电池充放电电流；C_{max} 为当前条件下动力电池的最大可用容量。

作为目前动力电池 SOC 计算的核心方法，安时积分法经典易用，应用最为广泛。但它主要存在三个缺陷：
1) 动力电池初始 SOC 的精确值难以获得。
2) 该方法对于电流传感器的精度要求很高。但在实际应用中，电流传感器的精度经常受噪声、温度漂移及其他未知随机扰动的影响。在积分计算中，这些随机量容易造成累加误差，控制器的四舍五入计算也会产生一定的影响。

3) 动力电池性能衰退造成其静态容量的退化，从而影响 SOC 的计算精度。

以上三个因素相互影响，进一步降低了该方法的可靠性。为避免以上因素的制约并提高计算精度，需要进行复杂烦琐的定期标定。为此，该方法经常与其他方法综合使用。例如，使用 OCV 确定动力电池初始 SOC，使用安时积分法计算后续的 SOC 轨迹。

3. 基于模型的方法

该方法利用模型和状态估计方法完成动力电池的 SOC 估计，因此该方法首先需要建立可靠的性能模型，本章主要以等效电路模型为例介绍基于模型的动力电池 SOC 估计方法。基于建立的动力电池等效电路模型及其状态方程，应用滤波法和观测器，搭建基于模型的 SOC 估计方法框架，具体实施流程如图 4-2 所示，包括：

1) 先验估计。基于上一时刻的 SOC 值或初始 SOC 与电流测量值，利用安时积分来计算当前时刻的 SOC 预估值。

2) 模型参数获取。基于模型参数和 SOC 关系式计算此时模型参数值，如 OCV-SOC 关系。

3) 模型端电压获取。基于模型端电压和参数关系式计算此时模型端电压。

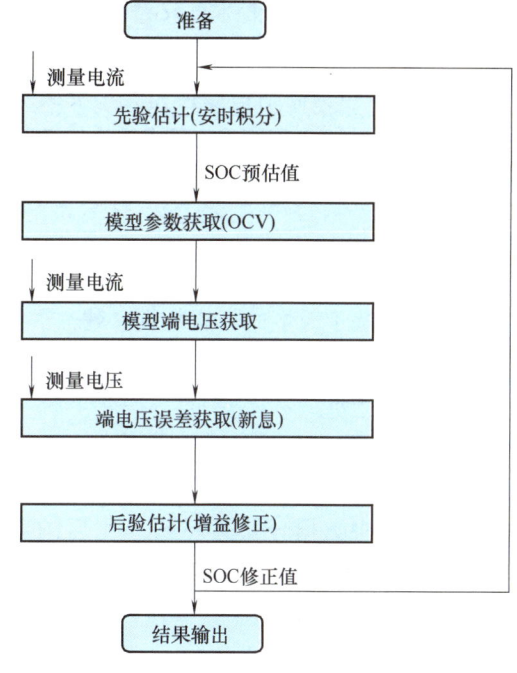

图 4-2 基于模型的方法实现流程图

4) 端电压误差获取。基于电压测量值，获取模型端电压误差，即新的信息，简称新息。

5) 后验估计。以新息的一定增益（倍率）来修正上述 SOC 预估值，从而获取最终的 SOC 修正值，并将其用于下一时刻的输入。

步骤 5) 中增益的表现形式取决于所采用的状态估计方法。显然，基于模型的方法是一种闭环的方法，它通过不断地修正 SOC 估计值，使得方法具有一定的鲁棒性。

一般来说，基于模型的方法估计精度由预估过程与修正过程两部分共同决定，当信任安时积分的估计结果（SOC 预估值较准）时，可适当地减小增益修正；否则应增大增益修正。但是过大的修正会使得 SOC 值波动剧烈，具体应该根据实际情况调整。

基于模型的估计方法的性能同时取决于模型与状态估计方法两者的性能。卡尔曼滤波（Kalman filter，KF）类方法是动力电池 SOC 估计中使用最多的方法。KF 是由美国学者卡尔曼（Kalman）在 20 世纪 60 年代初提出的一种最小方差意义上的最优估计方法。它提供了直接处理随机噪声干扰的解决方案，将参数误差看作噪声以及把预估计量作为空间状态变量，充分利用测量数据，用递推法将系统及随机测量噪声滤掉，得到准确的空间状态值。但是，最初的 KF 仅适用于线性系统，扩展卡尔曼滤波（extended Kalman filter，EKF）方法的提出使其推广到了非线性系统。EKF 方法应用泰勒展开将动力电池模型线性化，但在线性化的过程中会带来截断误差，进而增大 SOC 估计误差，在某些初值设置不当的情况下甚至会造成发散。为此，需要对动力电池模型进行改进和优化，或者使用改进后的卡尔曼滤波算法提高状态估计系统的精度和鲁棒性。尽管 EKF 考虑了实际过程中的噪声，但其仍然存在两点问题：

1）该方法假设噪声不变，这显然与实际不符，而噪声信息协方差匹配算法的提出致力于解决这一问题，从而使得滤波算法中的噪声统计特性能随着估计结果的变化而自适应更新，如自适应扩展卡尔曼滤波（adaptive EKF，AEKF）。

2）假设噪声为高斯白噪声，为了突破这一假设，人们使用基于最小化估计误差原则的 H_∞ 滤波（H_∞ filter，HIF）来完成动力电池的 SOC 估计，它承认实际过程中噪声统计特性未知，并基于此求得噪声统计特性使得估计结果最差时的状态估计最优解，保证最优状态估计。

4. 基于数据驱动的方法

该方法指基于大量的离线数据，建立并训练动力电池电流、电压、温度等数据与动力电池 SOC 的直接映射关系模型。具体实现流程图如图 4-3 所示，主要分为 3 步：

1）离线数据的预处理，即将数据整理为符合所建模型的输入输出要求的数据格式，包括数据清洗、归一化、数据分块等。其中数据分块指将归一化后的数据按照一定比例分为训练集、验证集与测试集。

2）模型的建立与训练。根据数据量的大小，初步确定模型的结构，进而采用训练集训练所建模型，并以验证集验证结果为训练截止条件。

3）模型的测试。采用测试集来测试模型，判断精度是否符合要求，若符合则判断训练完成；否则返回第 1）步重新进行设计与规划。

基于数据驱动的方法对解决强非线性问题有特别的优势，估计精度高，但是往往需要大量的实验数据作为先验知识，且所用实验数据应能充分反映动力电池特性；否则极易造成模型的过拟合。同时，所建模型的复杂度、所选训练函数与训练截止条件等也会直接影响模型的估计精度与泛化能力。

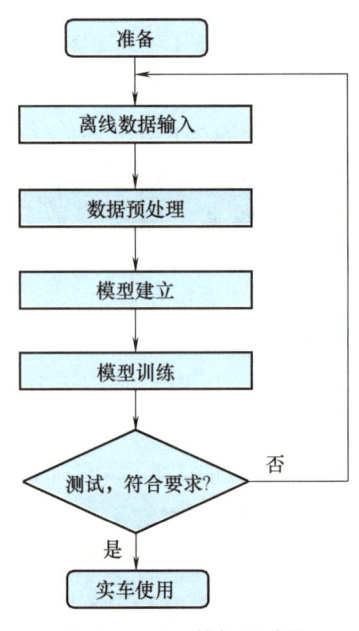

图 4-3　基于数据驱动的方法实现流程图

这类方法的典型代表是神经网络模型，该方法几乎不需要考虑动力电池的内部化学反应细节，同时它的拟合能力极强，理论上适用于任何种类动力电池的 SOC 估计。但是近年来，人们发现单一地增加神经网络的隐藏层层数或单层神经元个数，会使得模型参数飞速增加，进而导致模型出现过拟合现象，因此神经网络的研究也逐渐转移到了泛化能力更强的深度学习网络上。同时，训练完成的神经网络模型结构较为复杂，计算量较大，在实车应用时往往需要高性能芯片，因此大量的神经网络/深度学习专用芯片也逐渐被投入市场。

四类方法的优缺点以及在精度与鲁棒性方面的表现见表 4-1。

表 4-1 四类 SOC 估计方法的优缺点及估计精度和鲁棒性的评价

方法	优点	缺点	精度	鲁棒性
基于表征参数的方法	●简单易实现 ●计算成本低 ●实时性好	●易受不确定性因素影响，比如：温度、工况、老化程度等 ●需要定期校准 OCV 或者 EIS 信息 ●需要精密的测量仪器	差	好
安时积分法	●简单易实现 ●计算成本低 ●实时性好	●对准确 SOC 初值的依赖 ●开环计算方法需要定期的修正 ●容易受到电流漂移、噪声、老化因素的影响	一般	差
基于模型的方法	●估计精度高 ●采用闭环反馈控制 ●实时性好 ●自适应性强	●对模型的准确度依赖性强 ●计算成本比较高 ●初值不当会造成估计结果发散	优秀	优秀
基于数据驱动的方法	●估计精度高 ●善于处理非线性问题	●算法复杂度高 ●对训练数据的依赖程度高	优秀	差

基于模型的状态估计方法在电动汽车动力电池系统中有较大的应用前景，下一小节将详细描述基于模型的 SOC 估计方法。

4.1.2 基于模型的 SOC 估计方法

该方法集成了安时积分法和表征参数映射法，其中 SOC 与 OCV 的关系曲线是最为常用的参数表征映射，借助状态估计方法实现两类方法的最优融合，即不准确的 SOC 初值会直接得到错误的 OCV，从而增加了模型的电压偏差，只有通过不断地调整 SOC 初值，使得下一时刻 SOC 映射出的 OCV 为准确值才可以将模型误差降到最低，实现 SOC 的闭环修正。具体实施细节如下。

以戴维南模型为例，其工作方程为

$$\begin{cases} \dot{U}_D = -\dfrac{1}{C_D R_D} U_D + \dfrac{1}{C_D} i_L \\ U_t = U_{oc} - U_D - i_L R_i \end{cases} \quad (4\text{-}2)$$

假设动力电池模型参数在单位采样时间内可视为固定值，则在单位采样时间 Δt 内可将动力电池模型线性化并看作时变定常系统进行相应的简约化计算，则式（4-2）的基本解为

$$U_D(t) = e^{-\frac{1}{C_D R_D}(t-t_0)} U_D(t_0) + \int_{t_0}^{t} e^{-\frac{1}{C_D R_D}(t-\tau)} \frac{1}{C_D} i_L(\tau) d\tau \quad (4\text{-}3)$$

式中，t 为当前时刻；t_0 为初始时刻。

取 $t_0 = k\Delta t$，$t = (k+1)\Delta t$，$k = 0, 1, 2 \cdots$，则有

$$U_D[(k+1)\Delta t] = e^{-\frac{\Delta t}{C_D R_D}} U_D(k\Delta t) + \int_{k\Delta t}^{(k+1)\Delta t} e^{-\frac{1}{C_D R_D}[(k+1)\Delta t - \tau]} \frac{1}{C_D} i_L(\tau) d\tau \quad (4\text{-}4)$$

式中，τ 在 $k\Delta t$ 和 $(k+1)\Delta t$ 之间，且 $i_L(\tau) = i_L[(k+1)\Delta t] = $ 常数。

这是由于在离散化操作中认为单位采样时间内动力电池工作电流具有采样保持特性,故输入 $i_L\tau[(k+1)\Delta t]$ 可以放到积分符号之外,从而可以得到

$$U_D[(k+1)\Delta t] = e^{-\frac{\Delta t}{C_D R_D}} U_D(k\Delta t) + \int_{k\Delta t}^{(k+1)\Delta t} e^{-\frac{1}{C_D R_D}[(k+1)\Delta t-\tau]} d\tau \cdot \frac{1}{C_D} i_L \tau[(k+1)\Delta t] \tag{4-5}$$

令 $t=(k+1)\Delta t-\tau$,则 $dt=-d\tau$,积分下限 $\tau=k\Delta t$,$t=(k+1)\Delta t-k\Delta t=\Delta t$。当积分上限 $\tau=(k+1)\Delta t$ 时,$t=(k+1)\Delta t-\tau=0$,故式(4-5)可简化为

$$U_D[(k+1)\Delta t] = e^{-\frac{\Delta t}{C_D R_D}} U_D(k\Delta t) + \int_0^{\Delta t} e^{-\frac{1}{C_D R_D}t} dt \frac{1}{C_D} i_L[(k+1)\Delta t] \tag{4-6}$$

然后,可以计算得到动力电池模型中的极化电压为

$$U_D[(k+1)\Delta t] = e^{-\frac{\Delta t}{\tau}} U_D(k\Delta t) + R_D i_L[(k+1)\Delta t](1-e^{-\frac{\Delta t}{\tau}}) \tag{4-7}$$

式中,$\tau=R_D C_D$。以 $U_{D,k+1}$ 表示 $U_D[(k+1)\Delta t]$、$i_{L,k+1}$ 表示 $i_L[(k+1)\Delta t]$,则有

$$U_{D,k} = e^{-\frac{\Delta t}{\tau}} U_{D,k-1} + (1-e^{-\frac{\Delta t}{\tau}}) i_{L,k} R_D \tag{4-8}$$

同时,由安时积分法可得到动力电池 SOC 的离散化计算方程为

$$z_k = z_{k-1} - \eta_i i_{L,k} \Delta t / C_{max} \tag{4-9}$$

式中,下标 k 表示 t_k 时刻;Δt 为电流采集间隔。

以上为戴维南模型的线性化方程组,将其代入滤波算法,即能实现 SOC 的实时估计。

4.2 卡尔曼滤波

4.2.1 卡尔曼滤波原理

在许多工程实践中,往往不能直接得到所需要的状态变量的真实值。例如,雷达在探测空中目标的时候,根据反射波等信息能算出目标的距离,但是雷达探测过程中存在随机干扰的问题,导致在观测得到的信号中往往夹杂有随机噪声。我们要从夹杂有随机噪声的观测信号中分离出飞机或导弹的运动状态量,要准确地得到所需的状态变量是不可能的,只能根据观测信号来估计或预测这些状态变量。卡尔曼滤波器就是能有效降低噪声影响的利器。在线性系统中,卡尔曼滤波器是最优滤波器。随着计算机技术的发展,卡尔曼滤波的计算要求与复杂性已不再成为其应用的障碍,它越来越受到人们的青睐。目前,卡尔曼滤波理论已经广泛应用在国防、军事、跟踪、制导等许多高科技领域。

在几何上,卡尔曼滤波器可以看作状态变量在由观测生成的线性空间上的射影。因此射影定理是卡尔曼滤波推导的基本工具。在介绍线性离散系统的卡尔曼滤波方程之前,先介绍射影定理。

【定义 4-1】 由 $m\times 1$ 维随机向量 $\boldsymbol{y}\in\mathbf{R}^m$ 的线性函数估计 $n\times 1$ 维随机变量 $\boldsymbol{x}\in\mathbf{R}^n$,记估值为

$$\hat{\boldsymbol{x}} = \boldsymbol{b} + \boldsymbol{A}\boldsymbol{y}, \boldsymbol{b}\in\mathbf{R}^n, \boldsymbol{A}\in\mathbf{R}^{n\times m} \tag{4-10}$$

若估值 $\hat{\boldsymbol{x}}$ 极小化性能指标为 J,即

$$J = E[(\boldsymbol{x}-\hat{\boldsymbol{x}})^T(\boldsymbol{x}-\hat{\boldsymbol{x}})] \tag{4-11}$$

则称 $\hat{\boldsymbol{x}}$ 为随机变量 $\boldsymbol{x}$ 的线性最小方差估计,其中,E 为均值号,T 为转置号。

由观测值 y 求随机变量 x 的线性最小方差估计的表达式为

$$\hat{x} = Ex + \text{Cov}(x,y) \text{Var}(y)^{-1}(y - Ey) \tag{4-12}$$

线性最小方差估计 $\hat{x}$ 具有如下性质。

1) 无偏性，即 $E\hat{x} = Ex$。
2) 正交性，即 $E[(x-\hat{x})y^T] = 0$。
3) $x-\hat{x}$ 与 y 是不相关的随机变量。

【定义 4-2】 称 $x-\hat{x}$ 与 y 不相关为 $x-\hat{x}$ 与 y 正交（垂直），记为 $(x-\hat{x}) \perp y$，并称 $\hat{x}$ 为 x 在 y 上的射影，记为 $\hat{x} = \text{proj}(x \mid y)$。

【定义 4-3】 基于随机变量 $y(1), y(2), \cdots, y(k) \in \mathbf{R}^m$，对随机变量 $x \in \mathbf{R}^m$ 的线性最小方差估计 $\hat{x}$ 定义为

$$\hat{x} = \text{proj}(x \mid w) \triangleq \text{proj}(x \mid y(1), y(2), \cdots, y(k)) \tag{4-13}$$

也称 $\hat{x}$ 为 x 在线性流型 $L(w)$ 或 $L(y(1), \cdots, y(k))$ 上的射影。

【定义 4-4】 设 $y(1), y(2), \cdots, y(k) \in \mathbf{R}^m$ 是存在二阶矩的随机序列，它的新息序列（新息过程）定义为

$$\varepsilon(k) = y(k) - \text{proj}(y(k) \mid y(1), y(2), \cdots, y(k-1)) \quad (k=1,2,\cdots) \tag{4-14}$$

并定义 $y(k)$ 的一步最优预报估值为

$$\hat{y}(k \mid k-1) = \text{proj}(y(k) \mid y(1), y(2), \cdots, y(k-1)) \tag{4-15}$$

因而新息序列可定义为

$$\varepsilon(k) = y(k) - \hat{y}(k \mid k-1) \quad (k=1,2,\cdots) \tag{4-16}$$

式中，规定 $\hat{y}(1 \mid 0) = Ey(1)$，这保证了 $E\varepsilon(1) = 0$。

【推论 4-1】 设随机变量 $x \in \mathbf{R}^n$，则有

$$\text{proj}(x \mid y(1), y(2), \cdots, y(k)) = \text{proj}(x \mid \varepsilon(1), \varepsilon(2), \cdots, \varepsilon(k)) \tag{4-17}$$

由于新息序列的正交性，这一定理将大大简化射影的计算。

【定理 4-1】（递推射影定理） 设随机变量 $x \in \mathbf{R}^n$，随机序列 $y(1), y(2), \cdots, y(k) \in \mathbf{R}^m$，且它们存在二阶矩，则有递推射影公式

$$\begin{aligned}\text{proj}(x \mid y(1), y(2), \cdots, y(k)) = &\text{proj}(x \mid y(1), y(2), \cdots, y(k-1)) + \\ &E[x\varepsilon^T(k)][E(\varepsilon(k)\varepsilon^T(k))]^{-1}\varepsilon(k)\end{aligned} \tag{4-18}$$

证明：引入合成向量 $\varepsilon = \begin{pmatrix} \varepsilon(1) \\ \vdots \\ \varepsilon(k) \end{pmatrix}$，运用式（4-17）和射影公式，并由 $E\varepsilon(i) = 0$，得到

$$\begin{aligned}\text{proj}(x \mid y(1), y(2), \cdots, y(k)) &= \text{proj}(x \mid \varepsilon(1), \varepsilon(2), \cdots, \varepsilon(k)) \\ &= \text{proj}(x \mid \varepsilon) = Ex + E[(x-Ex)(\varepsilon^T(1), \varepsilon^T(2), \cdots, \varepsilon^T(k))] \times \\ &\quad \begin{pmatrix} E[\varepsilon(1)\varepsilon^T(1)]^{-1} & \cdots & 0 \\ \vdots & & \vdots \\ 0 & \cdots & E[\varepsilon(1)\varepsilon^T(1)]^{-1} \end{pmatrix} \begin{pmatrix} \varepsilon(1) \\ \vdots \\ \varepsilon(k) \end{pmatrix} \\ &= Ex + \sum_{i=1}^{k-1} E[x\varepsilon^T(i)][E\varepsilon(i)\varepsilon^T(i)]^{-1}\varepsilon(i) + \\ &\quad E[x\varepsilon^T(k)][E\varepsilon(k)\varepsilon^T(k)]^{-1}\varepsilon(k)\end{aligned}$$

$$= \text{proj}(\boldsymbol{x} | \boldsymbol{\varepsilon}(1), \boldsymbol{\varepsilon}(2), \cdots, \boldsymbol{\varepsilon}(k-1)) +$$
$$E[\boldsymbol{x}\boldsymbol{\varepsilon}^{\text{T}}(k)][E[\boldsymbol{\varepsilon}(k)\boldsymbol{\varepsilon}^{\text{T}}(k)]^{-1}\boldsymbol{\varepsilon}(k)$$
$$= \text{proj}(\boldsymbol{x} | \boldsymbol{y}(1), \boldsymbol{y}(2), \cdots, \boldsymbol{y}(k-1)) +$$
$$E[\boldsymbol{x}\boldsymbol{\varepsilon}^{\text{T}}(k)][E[\boldsymbol{\varepsilon}(k)\boldsymbol{\varepsilon}^{\text{T}}(k)]^{-1}\boldsymbol{\varepsilon}(k)$$

递推射影定理是推导卡尔曼滤波器的递推算法的出发点。

4.2.2 卡尔曼滤波器

考虑用如下状态空间模型描述的动态系统：

$$\boldsymbol{X}(k+1) = \boldsymbol{\Phi}\boldsymbol{X}(k) + \boldsymbol{\Gamma}\boldsymbol{W}(k) \tag{4-19}$$

$$\boldsymbol{Y}(k) = \boldsymbol{H}\boldsymbol{X}(k) + \boldsymbol{V}(k) \tag{4-20}$$

式中，k 为离散时间；$\boldsymbol{X}(k) \in \mathbf{R}^n$ 为系统在时刻 k 的状态；$\boldsymbol{Y}(k) \in \mathbf{R}^m$ 为对应状态的观测信号；$\boldsymbol{W}(k) \in \mathbf{R}^r$ 为输入的白噪声；$\boldsymbol{V}(k) \in \mathbf{R}^m$ 为观测噪声。

称式（4-19）为状态方程，式（4-20）为观测方程。称 $\boldsymbol{\Phi}$ 为状态转移矩阵，$\boldsymbol{\Gamma}$ 为噪声驱动矩阵，$\boldsymbol{H}$ 为观测矩阵。

【假设1】 $\boldsymbol{W}(k)$ 和 $\boldsymbol{V}(k)$ 是均值为零、方差阵各为 $\boldsymbol{Q}$ 和 $\boldsymbol{R}$ 的不相关白噪声，$E\boldsymbol{W}(k) = 0$，$E\boldsymbol{V}(k) = 0$，$E\boldsymbol{W}(k)\boldsymbol{W}^{\text{T}}(j) = \boldsymbol{Q}\delta_{kj}$，$E\boldsymbol{V}(k)\boldsymbol{V}^{\text{T}}(j) = \boldsymbol{R}\delta_{kj}$，$\boldsymbol{W}(k)$ 和 $\boldsymbol{V}(k)$ 互不相关，因此有 $E\boldsymbol{W}(k)\boldsymbol{V}^{\text{T}}(j) = 0$，$\forall k, j$，其中 $\delta_{kk} = 1$，$\delta_{kj} = 0$，$\forall$ 表示"任意"。

【假设2】 初始状态 $\boldsymbol{X}(0)$ 不相关于 $\boldsymbol{W}(k)$ 和 $\boldsymbol{V}(k)$，$E[\boldsymbol{X}(0)] = \boldsymbol{\mu}_0$，$E[(\boldsymbol{X}(0) - \boldsymbol{\mu}_0)(\boldsymbol{X}(0) - \boldsymbol{\mu}_0)^{\text{T}}] = \boldsymbol{P}_0$。

卡尔曼滤波问题是：基于观测信号 $\{\boldsymbol{Y}(1), \boldsymbol{Y}(2), \cdots, \boldsymbol{Y}(k)\}$，求状态 $\boldsymbol{X}(j)$ 的线性最小方差估计值 $\hat{\boldsymbol{X}}(j|k)$，它的极小化性能指标为

$$J = E[(\boldsymbol{X}(j) - \hat{\boldsymbol{X}}(j|k))^{\text{T}}(\boldsymbol{X}(j) - \hat{\boldsymbol{X}}(j|k))] \tag{4-21}$$

对于 $J = k$、$J > k$、$J < k$ 的情况，分别称 $\hat{\boldsymbol{X}}(j|k)$ 为卡尔曼滤波器、预报器和平滑器。滤波器一般是对当前状态噪声的处理。预报器即为状态预测，通常在导弹拦截、卫星回收等问题上涉及导弹和卫星轨道预测；目前还可以用于动力电池的状态预测。平滑器主要用在解决卫星入轨初速度估计或卫星轨道重构问题。

在性能指标式（4-21）下，问题归结为求射影

$$\hat{\boldsymbol{X}}(j|k) = \text{proj}(\boldsymbol{X}(j) | \boldsymbol{Y}(1), \boldsymbol{Y}(2), \cdots, \boldsymbol{Y}(k)) \tag{4-22}$$

由【定理4-1】得到递推关系

$$\hat{\boldsymbol{X}}(k+1|k+1) = \hat{\boldsymbol{X}}(k+1|k) + \boldsymbol{K}(k+1)\boldsymbol{\varepsilon}(k+1) \tag{4-23}$$

$$\boldsymbol{K}(k+1) = E[\boldsymbol{X}(k+1)\boldsymbol{\varepsilon}^{\text{T}}(k+1)][E\boldsymbol{\varepsilon}(k+1)\boldsymbol{\varepsilon}^{\text{T}}(k+1)]^{-1} \tag{4-24}$$

称 $\boldsymbol{K}(k+1)$ 为卡尔曼滤波器增益。

对式（4-19）两边取射影有

$$\hat{\boldsymbol{X}}(k+1|k) = \boldsymbol{\Phi}\hat{\boldsymbol{X}}(k|k) + \boldsymbol{\Gamma}\text{proj}(\boldsymbol{W}(t) | \boldsymbol{Y}(1), \boldsymbol{Y}(2), \cdots, \boldsymbol{Y}(k)) \tag{4-25}$$

由式（4-19）迭代有

$$\boldsymbol{X}(k) \in L(\boldsymbol{W}(k-1), \cdots, \boldsymbol{W}(0), \boldsymbol{X}(0))$$

且应用式（4-20）有

$$\boldsymbol{Y}(k) \in L(\boldsymbol{V}(k), \boldsymbol{W}(k-1), \cdots, \boldsymbol{W}(0), \boldsymbol{X}(0))$$

因此有

$$L(Y(1),\cdots,Y(k)) \subset L(V(k),\cdots,V(1),W(k-1),\cdots,W(0),X(0))$$

根据式（4-25）、【假设1】和【假设2】，有

$$W(k) \perp L(Y(1),\cdots,Y(k))$$

应用射影公式及 $EW(k)=0$ 可得

$$\text{proj}(W(k) \mid Y(1),Y(2),\cdots,Y(k)) = \mathbf{0} \tag{4-26}$$

于是有

$$X(k+1|k) = \boldsymbol{\Phi}\hat{X}(k|k) \tag{4-27}$$

同理对式（4-20）两边取射影有

$$\hat{Y}(k+1|k) = H\hat{X}(k+1|k) + \text{proj}(V(k+1) \mid Y(1),Y(2),\cdots,Y(k)) \tag{4-28}$$

因为 $V(k+1) \perp L(Y(1),Y(2),\cdots,Y(k))$，故有

$$\text{proj}(V(k+1) \mid Y(1),Y(2),\cdots,Y(k)) = \mathbf{0}$$

于是有

$$\hat{Y}(k+1|k) = H\hat{X}(k+1|k) \tag{4-29}$$

在这里引出新息的表达式为

$$\boldsymbol{\varepsilon}(k+1) = Y(k+1) - \hat{Y}(k+1|k) \tag{4-30}$$

记滤波器和预报估值误差及方差阵为

$$\widetilde{X}(k|k) = X(k) - \hat{X}(k|k) \tag{4-31}$$

$$\widetilde{X}(k+1|k) = X(k+1) - \hat{X}(k+1|k) \tag{4-32}$$

$$P(k|k) = E[\widetilde{X}(k|k)\widetilde{X}^{\mathrm{T}}(k|k)] \tag{4-33}$$

$$P(k+1|k) = E[\widetilde{X}(k+1|k)\widetilde{X}^{\mathrm{T}}(k+1|k)] \tag{4-34}$$

则由式（4-20）、式（4-29）和式（4-30），有

$$\boldsymbol{\varepsilon}(t+1) = H\widetilde{X}(k+1|t) + V(k+1) \tag{4-35}$$

由式（4-19）和式（4-29）有

$$\widetilde{X}(k+1|k) = \boldsymbol{\Phi}\widetilde{X}(k|k) + \boldsymbol{\Gamma}W(k) \tag{4-36}$$

由式（4-23）得

$$\widetilde{X}(t+1|k+1) = \widetilde{X}(k+1|k) - K(k+1)\boldsymbol{\varepsilon}(k+1) \tag{4-37}$$

将式（4-35）代入式（4-37）得到

$$\widetilde{X}(t+1|k+1) = [\boldsymbol{I}_n - K(k+1)H]\widetilde{X}(k+1|k) - K(k+1)\boldsymbol{\varepsilon}(k+1) \tag{4-38}$$

式中，$\boldsymbol{I}_n$ 为 $n \times m$ 单位阵。因为

$$\widetilde{X}(k|k) = X(k) - \widetilde{X}(k|k) \in L(V(k),\cdots,V(1),W(k-1),\cdots,W(0),X(0))$$

故有 $W(k) \perp \widetilde{X}(k|k)$，则 $E[W(k)\hat{X}^{\mathrm{T}}(k|k)] = \mathbf{0}$。

于是由式（4-36）得到

$$P(k+1|k) = \boldsymbol{\Phi}P(k|k)\boldsymbol{\Phi}^{\mathrm{T}} + \boldsymbol{\Gamma}Q\boldsymbol{\Gamma}^{\mathrm{T}} \tag{4-39}$$

因为

$$\widetilde{X}(k+1|k) = X(k+1) - \hat{X}(k+1|k) \in L(V(k), \cdots, V(1), W(K), \cdots, W(0), X(0))$$

故有 $V(k+1) \perp \widetilde{X}(k+1|k)$，则 $E[V(k+1) \perp \widetilde{X}^{\mathrm{T}}(k+1|k)] = \mathbf{0}$。

由式（4-35）得到新息方差阵为

$$E[\boldsymbol{\varepsilon}(k+1)\boldsymbol{\varepsilon}^{\mathrm{T}}(k+1)] = \boldsymbol{H}\boldsymbol{P}(k+1|k)\boldsymbol{H}^{\mathrm{T}} + \boldsymbol{R} \tag{4-40}$$

由式（4-38）可得

$$\boldsymbol{P}(k+1|k+1) = E[\boldsymbol{\varepsilon}(k+1)\boldsymbol{\varepsilon}^{\mathrm{T}}(k+1)]$$
$$= [\boldsymbol{I}_n - \boldsymbol{K}(k+1)\boldsymbol{H}]\boldsymbol{P}(k+1|k)[\boldsymbol{I}_n - \boldsymbol{K}(t+1)\boldsymbol{H}]^{\mathrm{T}} + \boldsymbol{K}(k+1)\boldsymbol{R}\boldsymbol{H}^{\mathrm{T}}(k+1) \tag{4-41}$$

下面需要求卡尔曼滤波器的增益 $\boldsymbol{K}(k+1)$，为此先求 $E[\boldsymbol{X}(k+1)\boldsymbol{\varepsilon}^{\mathrm{T}}(k+1)]$，即

$$E[\boldsymbol{X}(k+1)\boldsymbol{\varepsilon}^{\mathrm{T}}(k+1)] = E[(\hat{\boldsymbol{X}}(k+1|k) + \widetilde{\boldsymbol{X}}(k+1|k))(\boldsymbol{H}\widetilde{\boldsymbol{X}}(k+1) + \boldsymbol{V}(k+1))^{\mathrm{T}}] \tag{4-42}$$

因为射影的正交性 $\hat{\boldsymbol{X}}(k+1|k) \perp \widetilde{\boldsymbol{X}}(k+1|k)$，且注意到 $\boldsymbol{V}(k+1) \perp \widetilde{\boldsymbol{X}}(k+1|k)$，$\boldsymbol{V}(k+1) \perp \hat{\boldsymbol{X}}(k+1|k)$，于是有

$$E[\boldsymbol{X}(k+1)\boldsymbol{\varepsilon}^{\mathrm{T}}(k+1)] = \boldsymbol{P}(k+1|k)\boldsymbol{H}^{\mathrm{T}} \tag{4-43}$$

将式（4-40）和式（4-43）代入式（4-24），有增益

$$\boldsymbol{P}(k+1|k) = \boldsymbol{\Phi}\boldsymbol{P}(k|k)\boldsymbol{\Phi}^{\mathrm{T}} + \boldsymbol{\Gamma}\boldsymbol{Q}\boldsymbol{\Gamma}^{\mathrm{T}} \tag{4-44}$$

现在用 $\boldsymbol{K}(k+1)$ 的表达式简化 $\boldsymbol{P}(k+1|k+1)$ 的式（4-41），暂时略去式（4-41）右端的时标，将式（4-44）代入式（4-41），有

$$\boldsymbol{P}(k+1|k+1) = [\boldsymbol{I}_n - \boldsymbol{KH}]\boldsymbol{P} - \boldsymbol{PH}^{\mathrm{T}}\boldsymbol{K}^{\mathrm{T}} + \boldsymbol{KHPH}^{\mathrm{T}}\boldsymbol{K}^{\mathrm{T}} + \boldsymbol{KRK}^{\mathrm{T}}$$
$$= [\boldsymbol{I}_n - \boldsymbol{KH}]\boldsymbol{P} - \boldsymbol{PH}^{\mathrm{T}}\boldsymbol{K}^{\mathrm{T}} + \boldsymbol{K}(\boldsymbol{HPH}^{\mathrm{T}} + \boldsymbol{R})\boldsymbol{K}^{\mathrm{T}}$$
$$= [\boldsymbol{I}_n - \boldsymbol{KH}]\boldsymbol{P} - \boldsymbol{PH}^{\mathrm{T}}\boldsymbol{K}^{\mathrm{T}} + \boldsymbol{PH}^{\mathrm{T}}\boldsymbol{K}^{\mathrm{T}}$$
$$= [\boldsymbol{I}_n - \boldsymbol{KH}]\boldsymbol{P}$$

即

$$\boldsymbol{P}(k+1|k+1) = [\boldsymbol{I}_n - \boldsymbol{K}(k+1)\boldsymbol{H}]\boldsymbol{P}(k+1|k) \tag{4-45}$$

至此，卡尔曼滤波方程组推导完毕，可以将推导结果概括为如下定理。

【定理4-2】（卡尔曼滤波器） 系统式（4-19）和式（4-20）在【假设1】和【假设2】下，递推卡尔曼滤波器如下。

状态一步预测：

$$\hat{\boldsymbol{X}}(k+1|k) = \boldsymbol{\Phi}\hat{\boldsymbol{X}}(k|k) \tag{4-46}$$

状态更新：

$$\hat{\boldsymbol{X}}(k+1|k+1) = \hat{\boldsymbol{X}}(k+1|k) + \boldsymbol{K}(k+1)\boldsymbol{\varepsilon}(k+1) \tag{4-47}$$

其中，$\boldsymbol{\varepsilon}(k+1) = \boldsymbol{Y}(k+1) - \boldsymbol{H}\hat{\boldsymbol{X}}(k+1|k)$。

滤波增益矩阵：

$$\boldsymbol{K}(k+1) = \boldsymbol{P}(k+1|k)\boldsymbol{H}^{\mathrm{T}}[\boldsymbol{H}\boldsymbol{P}(k+1|k)\boldsymbol{H}^{\mathrm{T}} + \boldsymbol{R}]^{-1} \tag{4-48}$$

一步预测协方差阵：

$$\boldsymbol{P}(k+1|k) = \boldsymbol{\Phi}\boldsymbol{P}(k|k)\boldsymbol{\Phi}^{\mathrm{T}} + \boldsymbol{\Gamma}\boldsymbol{Q}\boldsymbol{\Gamma}^{\mathrm{T}} \tag{4-49}$$

协方差阵更新：

$$P(k+1|k+1) = [I_n - K(k+1)H]P(k+1|k) \quad (4\text{-}50)$$

其中，$\hat{X}(0|0) = \mu_0$，$P(0|0) = P_0$。

在一个滤波周期内，从卡尔曼滤波在使用系统信息和观测信息的先后次序来看，卡尔曼滤波具有两个明显的信息更新过程：时间更新过程和观测更新过程。式（4-46）说明了根据 $k-1$ 时刻的状态估计预测 k 时刻状态的方法，式（4-49）对这种预测的质量优劣做了定量描述。该两式的计算中仅使用了与系统的动态特性有关的信息，如状态一步转移矩阵、噪声输入阵、过程噪声方差阵。从时间的推移过程来看，该两式将时间从 $k-1$ 时刻推进至 k 时刻，描述了卡尔曼滤波的时间更新过程。其余各式用来计算对时间更新值的修正量，该修正量由时间更新的质量优劣（$P(k|k-1)$）、观测信息的质量优劣（R）、观测与状态的关系（H）以及具体的观测信息 $Y(k)$ 所确定，所有这些方程围绕一个目的，即正确、合理地利用观测 $Y(k)$，所以这一过程描述了卡尔曼滤波的观测更新过程。

4.2.3 卡尔曼滤波的参数处理

1. 噪声矩阵的处理

对于如式（4-19）和式（4-20）描述的系统，$W(k)$ 和 $V(k)$ 分别表示过程噪声和测量噪声。一般假设它们为高斯白噪声（white Gaussian noise），它们的方差分别是 Q 和 R（一般假设它们不随系统状态变化而变化）。

在实际应用中，读者会问，如何知道系统的过程噪声 Q 和观测噪声 R 呢？对于观测噪声，也叫测量噪声，它是跟传感器测量精度息息相关的。例如，一个温度计的测量误差是 ±0.1℃；学生常用刻度尺测量距离，它的误差是 ±1mm，体重计测量体重的误差是 ±1g，根据这些信息，我们可以大致知道它们的测量噪声大小。一般地，观测噪声方差 R 是一个统计意义上的参数，可以理解为：对传感器测量的数据经过长期的概率统计，得出它的测量方差。例如，用温度计测量100次房间温度，这100次温度数据的方差为 $\hat{R}$，这与该传感器真实方差 R 是非常接近的。同理，对于过程噪声 Q，它是过程噪声的方差。例如，在目标跟踪系统中，过程噪声往往是路面摩擦、空气阻力等因素造成的，在温度测量系统中，过程噪声是由于人体干扰、阳光照射、风等因素造成的，在电池状态估计中，过程噪声是由温度、传感器精度等因素造成的，要准确获取 Q 是比较困难的，可以通过对比试验获得。例如，机器人小车在光滑的玻璃上行驶与在粗糙的路上面行驶，两者对比就可以获得在路面上的阻力因素，从而测得阻力噪声方差 Q。

2. 特殊情况的处理

已经知道式（4-19）和式（4-20）中的滤波递推方法，对于一些与该系统形式不一致的特殊情况，需要重新讨论怎样把它转化为形同式（4-19）和式（4-20）的最优滤波的问题。

1) A、H 不确定。线性卡尔曼滤波是严格要求系统为线性系统，噪声模型为高斯模型。对于不同系统，它的系统模型 A、H，状态变量 $X(k)$，噪声 Q、R 都是不一样的，要利用卡尔曼滤波处理噪声，首先要建立好系统的数学模型。当考虑到在某些系统中 A、H 事先不确定，并且噪声 $W(k)$、$V(k)$ 的统计特性发生变化，首先要估计变化了的参数，进而调整滤波器的增益阵。在这种情况下，一般应用自适应滤波。

2) 含有控制量的系统描述。考虑如下系统：

$$\begin{cases} X(k) = AX(k-1) + BU(k-1) + \Gamma W(k-1) \\ Y(k) = HX(k) + V(k) \end{cases} \tag{4-51}$$

式中，$U(k)$ 为控制量。这种情况同式（4-19）和式（4-20）的处理方法是相同的，只需要将控制量 $BU(k)$ 加到预测式中，增益阵和误差阵的递推式完全一致。

3）形同式（4-19）和式（4-20），但系统噪声为有色噪声，即有

$$W(k) = \Pi W(k-1) + \xi(k-1)$$

式中，$\xi(k)$ 为白噪声。

处理的办法是将 $W(k)$ 也列为状态，则增广后的状态为

$$X^a(k) = \begin{pmatrix} X(k) \\ W(k) \end{pmatrix}$$

增广后的系统方程和观测方程可写为

$$\begin{pmatrix} X(k) \\ W(k) \end{pmatrix} = \begin{pmatrix} A & \Gamma \\ O & \Pi \end{pmatrix} \begin{pmatrix} X(k-1) \\ W(k-1) \end{pmatrix} + \begin{pmatrix} O \\ I \end{pmatrix} \xi(k)$$

$$Z(k) = \begin{bmatrix} H & O \end{bmatrix} \begin{pmatrix} X(k) \\ W(k) \end{pmatrix} + V(k)$$

可以简写为

$$\begin{cases} X^a(k) = A^a X^a(k-1) + \Gamma^a W(k-1) \\ Z^a(k) = H^a X^a(k) + V(k) \end{cases} \tag{4-52}$$

此时即符合式（4-19）和式（4-20）所描述的一般形式。

卡尔曼滤波算法具有如下特点。

1）由于卡尔曼滤波算法被估计的信号看作在白噪声作用下一个随机线性系统的输出，并且其输入/输出关系是由状态方程和输出方程在时间域内给出的，因此这种滤波方法不仅适用于平稳随机过程的滤波，而且特别适用于非平稳或平稳马尔可夫序列或高斯-马尔可夫序列的滤波，所以其应用范围是十分广泛的。

2）卡尔曼滤波算法是一种时间域滤波方法，采用状态空间描述系统。系统的过程噪声和测量噪声并不是需要滤除的对象，它们的统计特性正是估计过程中需要利用的信息，而被估计量和观测量在不同时刻的一、二阶矩却是不必要知道的。

3）由于卡尔曼滤波的基本方程式时间域内的递推形式，其计算过程是一个不断"预测-修正"的过程，在求解时不要求存储大量数据，并且一旦观测到了新的数据，随即可以算得新的滤波值，因此这种滤波方法非常适合于实时处理、计算机实现。

4）由于滤波器的增益矩阵与观测无关，因此它可预先离线算出，从而可以减少实时在线计算量。在求滤波器增益矩阵时，要求一个矩阵的逆，它的阶数只取决于观测方程的维数，而该维数通常很小，这样，求逆运算是比较方便的。另外，在求解滤波器增益的过程中，随时可以算得滤波器的精度指标 P，其对角线上的元素就是滤波误差向量各分量的方差。

4.3 基于卡尔曼滤波的动力电池 SOC 估计

4.3.1 建立电池模型

考虑到计算复杂度和精度，以二阶 RC 模型为例，其结构如图 4-4 所示，在模型中，

OCV 表示开路电压，R_0 表示欧姆电阻，R_1 和 C_1 表示电路的电化学特性，R_2 和 C_2 表示浓差极化特性，U_1 表示电化学极化电压，U_2 表示浓差极化电压，I_L 表示充放电电流，U_t 表示输出端电压。

电池模型方程式为非线性离散系统，需要将电池模型方程式通过泰勒级数展开，对非线性系统进行线性化处理。

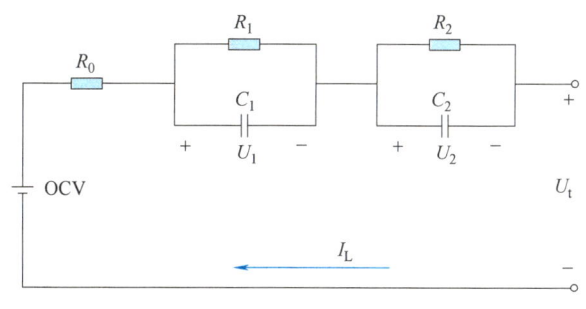

图 4-4 二阶 RC 模型

4.3.2 状态方程公式递推

二阶等效电路模型具体的数学表达式为

$$U_t = \text{OCV} - I_L R_0 - U_1 - U_2 \tag{4-53}$$

$$\begin{cases} I_L = \dfrac{U_1}{R_1} + C_1 \dfrac{dU_1}{dt} \\ I_L = \dfrac{U_2}{R_2} + C_2 \dfrac{dU_2}{dt} \end{cases} \tag{4-54}$$

将式（4-53）和式（4-54）在 k 时刻进行离散化，可得

$$\begin{cases} U_1(k) = \left(1 - \dfrac{t}{\tau_1}\right) U_1(k-1) - \dfrac{t}{C_1} I_L(k-1) \\ U_1(k) = \left(1 - \dfrac{t}{\tau_2}\right) U_2(k-1) - \dfrac{t}{C_2} I_L(k-1) \\ U_t(k) = U_{oc}(k) - U_1(k) - U_2(k) - R_0 I_L(k) \end{cases} \tag{4-55}$$

式中，τ_1 和 τ_2 为 RC 网络时间常数；t 为时间。

根据电池包 SOC 的计算方法得到

$$\text{SOC}(k) = \text{SOC}(k_0) - \int_{k_0}^{k} \eta I_L(\tau) \, d(\tau) / C_N \tag{4-56}$$

式中，η 为库仑效率；C_N 为电池标称容量。

进一步可以得到空间状态方程为

$$\begin{pmatrix} U_{1,k} \\ U_{2,k} \\ \text{SOC}_k \end{pmatrix} = \begin{pmatrix} \exp(-T/\tau_1) & 0 & 0 \\ 0 & \exp(-T/\tau_2) & 0 \\ 0 & 0 & 1 \end{pmatrix} \begin{pmatrix} U_{1,k-1} \\ U_{2,k-1} \\ \text{SOC}_{k-1} \end{pmatrix} + \begin{pmatrix} T/C_1 \\ T/C_2 \\ -T/C_N \end{pmatrix} I_{L,k-1} + w_{k-1} \tag{4-57}$$

式中，w_{k-1} 为过程噪声，根据式（4-53）得到观测方程为

$$U_{t,k} = (-1 \quad -1 \quad 0) \begin{pmatrix} U_{1,k-1} \\ U_{2,k-1} \\ \text{SOC}_k \end{pmatrix} - I_{L,k-1} R_0 + \text{OCV} + v_{k-1}$$

式中，v_{k-1} 为测量噪声。w_{k-1} 和 v_{k-1} 都是均值为 0 的高斯白噪声。

通过以上状态方程和观测方程，得到卡尔曼滤波所需的矩阵为

$$X_k = \begin{pmatrix} U_{1,k} \\ U_{2,k} \\ SOC \end{pmatrix}; A_k = \begin{pmatrix} \exp(-T/\tau_1) & 0 & 0 \\ 0 & \exp(-T/\tau_2) & 0 \\ 0 & 0 & 1 \end{pmatrix}; B_k = \begin{pmatrix} -T/C_1 \\ -T/C_2 \\ -T/C_N \end{pmatrix}; C_k = \frac{\partial U_t}{\partial x}$$

下面根据上一小节介绍的卡尔曼滤波算法，构建滤波递推公式。

（1）初始条件 确定状态初始值 $\hat{X}_0$ 以及误差协方差初始值 P_0。

$$\begin{cases} \hat{X}_0 = E(X_0) \\ P_0 = \mathrm{Var}(X_0) \end{cases}$$

（2）状态预测 由系统状态方程确定状态估计值 $\hat{X}_{k|k-1}$ 和误差协方差估计矩阵 $P_{k|k-1}$。

$$\begin{cases} \hat{X}_{k|k-1} = A_{k-1}\hat{X}_{k-1|k-1} + B_{k-1}I_{k-1} \\ P_{k|k-1} = A_{k-1}P_{k-1|k-1} + \Gamma_{k-1}Q_{k-1}\Gamma_{k-1}^{\mathrm{T}} \end{cases}$$

式中，$\hat{X}_{k|k-1}$ 为状态估计值；$\hat{X}_{k-1|k-1}$ 为状态滤波值；$P_{k|k-1}$ 为误差协方差估计矩阵；$P_{k-1|k-1}$ 为滤波协方差矩阵。

（3）增益系数

$$K_k = P_{k|k-1}C_k^{\mathrm{T}}(C_k P_{k|k-1}C_k^{\mathrm{T}})^{-1}$$

（4）测量更新

$$\begin{cases} \hat{X}_{k|k} = \hat{X}_{k|k-1} + K_k[U_{t,k} - g(\hat{X}_{k|k-1}, I_k)] \\ P_k = (I - K_k C_k)P_{k|k-1} \end{cases}$$

循环步骤（1）~（4）进行状态估计。估计流程如图4-5所示。

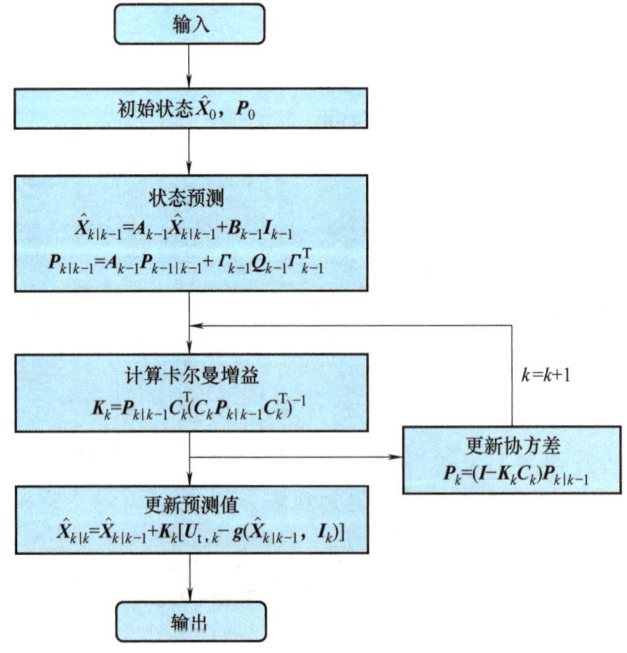

图4-5 卡尔曼滤波估计SOC流程

4.3.3 估计流程与示例演示

通过 MATLAB，模拟动态道路测试（dynamic stress test，DST）、城市道路循环工况（urban dynamometer driving schedule，UDDS）测试和混合脉冲功率特性（hybrid pulse power characterization，HPPC）测试。DST 用于通过不同电流率的循环充放电来模拟汽车实际运行过程中的起停、加速、减速等情况。UDDS 循环模拟了 12.07km 的城市道路状况，包含了频繁的停车情况，最高车速是 91.2km/h，平均车速是 31.5km/h。HPPC 测试的目的是确定电池包在电流脉冲工况中的动态功率能力，包括电池包 10s 充电功率与 10s 放电功率等。另外，通过数据处理 HPPC 测试数据的电流、电压曲线，可以得到电芯的欧姆电阻与极化阻抗和 SOC 之间的关系。

图 4-6 所示是在 DST 测试条件下通过 MATLAB 仿真的电流与电压曲线，图 4-7 是 UDDS 测试条件下的电流与电压曲线。将图中所示的电流与电压输入到二阶 RC 模型中，记录输出的 SOC 值。

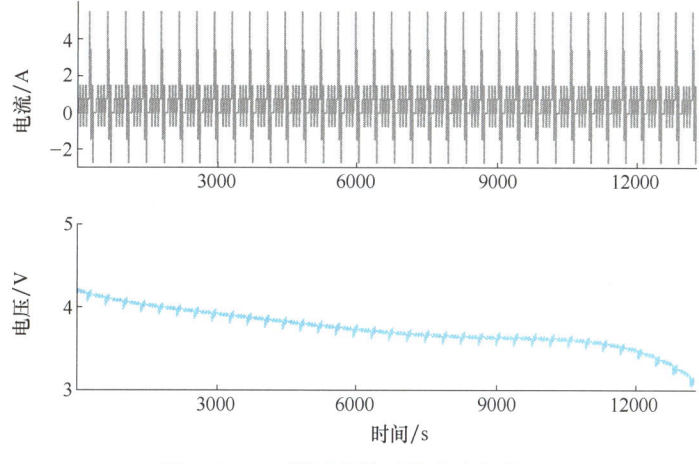

图 4-6　DST 测试条件下的电流与电压

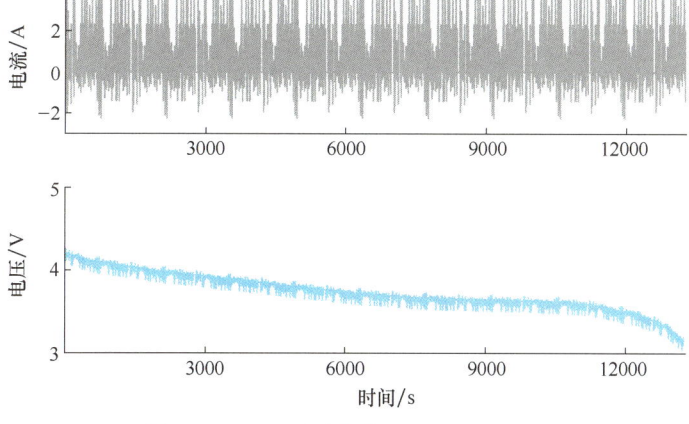

图 4-7　UDDS 测试条件下的电流与电压

接下来用卡尔曼滤波法对电池在 DST 测试条件、UDDS 测试条件、HPPC 测试条件下进行 SOC 估计，下面是估计结果与误差展示。

图 4-8~图 4-10 分别是三种不同测试条件下的卡尔曼滤波估计结果，黑色线条表示 SOC 真实值，灰色线条表示卡尔曼滤波的估计值，从误差图中可以看出不同工况下估计误差均能保持在 3% 以内。

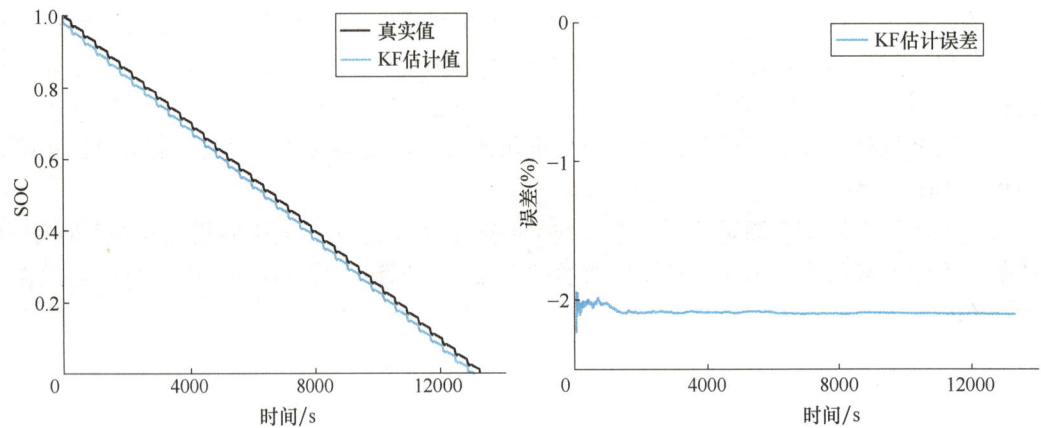

图 4-8　DST 测试条件下卡尔曼滤波估计 SOC 结果与误差

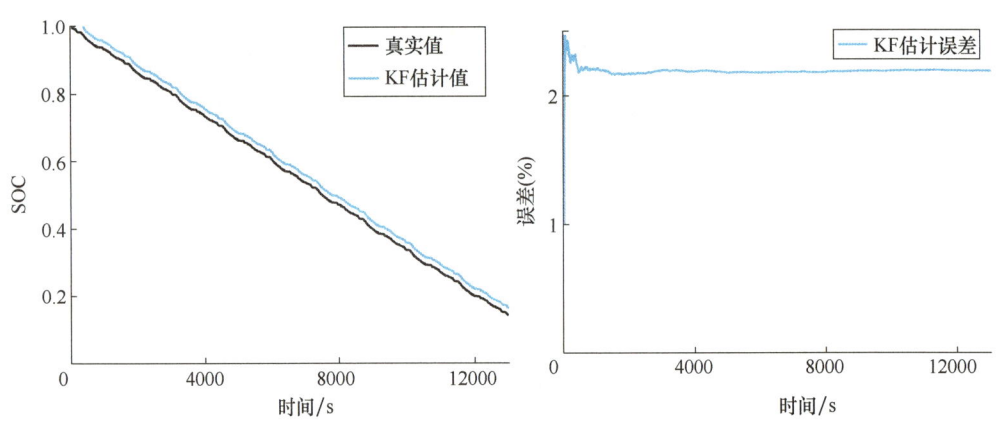

图 4-9　UDDS 测试条件下卡尔曼滤波估计 SOC 结果与误差

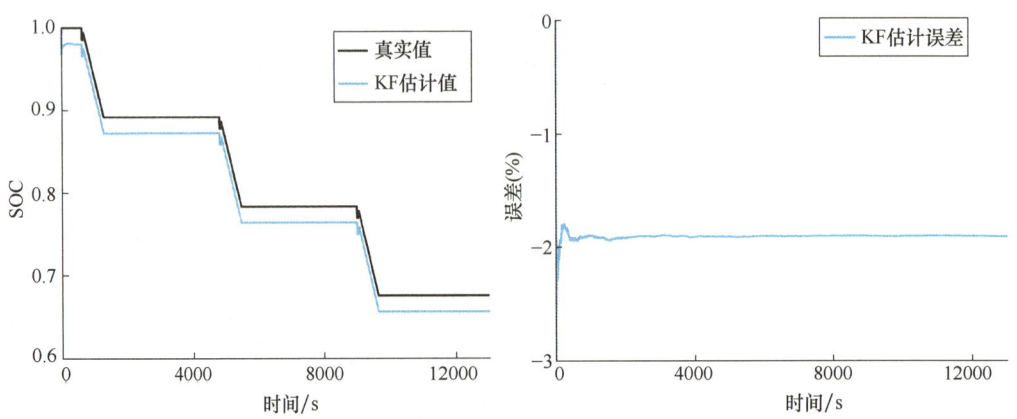

图 4-10　HPPC 测试条件下卡尔曼滤波估计 SOC 结果与误差

4.4 基于高斯过程回归的动力电池 SOC 估计

4.4.1 高斯过程回归原理

高斯过程回归是近几年发展的一种机器学习方法，相比于神经网络和向量机，它在处理小样本、非线性等问题上具有很强的自适应功能，因此，高斯过程回归在动力电池 SOC 估计上有一定的优势。

首先，选择一个训练集 $D = (\boldsymbol{X}, \boldsymbol{y})$，其中 $\boldsymbol{X} = \{x_i\}$，$\boldsymbol{y} = \{y_i\}$，x_i 表示第 i 个输入样本，y_i 是相应的第 i 个输出值，$\boldsymbol{X}$ 和 $\boldsymbol{y}$ 都是向量集合。假设存在一个隐藏函数 f，将其构成一个 $f(x_1), f(x_2), \cdots, f(x_n)$ 集合，该随机集合由均值 $\boldsymbol{u}^*$ 和核函数 $K(\boldsymbol{X}_i, \boldsymbol{X}_j)$ 决定，且符合高斯分布，则此过程为高斯回归过程，定义为

$$y = f(x_n) + \xi_n \tag{4-58}$$

式中，ξ_n 为噪声，服从均值为 0、方差为 σ_n^2 的高斯分布，由于 $f(x_n)$ 服从与 ξ_n 不相关的整体分布，因此，y 服从高斯分布：

$$\boldsymbol{y} \sim N[0, K(\boldsymbol{X}, \boldsymbol{X}) + \sigma^2 \boldsymbol{I}] \tag{4-59}$$

式中，$K(\boldsymbol{X}, \boldsymbol{X})$ 为相应的核函数；$\boldsymbol{I}$ 为相应的单位矩阵。给定一个新的样本输入 $\boldsymbol{x}^*$，则相应的输出为 $\boldsymbol{y}^*$，根据贝叶斯原理，输出值 $\boldsymbol{y}^*$ 与训练集样本 $\boldsymbol{y}$ 的联合分布为

$$\begin{pmatrix} \boldsymbol{y} \\ \boldsymbol{y}^* \end{pmatrix} = N\left(0, \begin{pmatrix} K(\boldsymbol{X}, \boldsymbol{X}) + \sigma^2 \boldsymbol{I} & K(\boldsymbol{X}, \boldsymbol{x}^*) \\ K(\boldsymbol{x}^*, \boldsymbol{X}) & K(\boldsymbol{x}^*, \boldsymbol{x}^*) \end{pmatrix}\right) \tag{4-60}$$

因此，可以计算出相应的后验分布 $\boldsymbol{y}^*$，预测的输出 $\boldsymbol{y}^*$ 可以表达为

$$\boldsymbol{y}^* | \boldsymbol{X}, \boldsymbol{y}, \boldsymbol{x}^* \sim N(\boldsymbol{\mu}, \boldsymbol{\Sigma}) \tag{4-61}$$

其中

$$\boldsymbol{\mu} = K(\boldsymbol{x}^*, \boldsymbol{X})[K(\boldsymbol{X}, \boldsymbol{X}) + \sigma^2 \boldsymbol{I}]^{-1} \boldsymbol{y} \tag{4-62}$$

$$\boldsymbol{\Sigma} = K(\boldsymbol{x}^*, \boldsymbol{x}^*) - K(\boldsymbol{x}^*, \boldsymbol{X})[K(\boldsymbol{X}, \boldsymbol{X}) + \sigma^2 \boldsymbol{I}]^{-1} K(\boldsymbol{X}, \boldsymbol{x}^*) \tag{4-63}$$

式 (4-61) 中预测分布的均值，实际上是测试输出的估计值，一般可以用平方指数协方差函数通过极大似然估计来求解核函数中的超参数，包括 σ、σ_f 和 l。核函数的定义如下：

$$K(\boldsymbol{x}_i, \boldsymbol{x}_j) = \sigma_f^2 e^{-\frac{|x_i - x_j|^2}{2l^2}} \tag{4-64}$$

4.4.2 案例展示与分析

基于高斯过程回归的 SOC 估计方法的电池模型如图 4-11 所示。其中输入是采样时刻 k 的电池的电压 $V(k)$、电流 $I(k)$ 和温度 $T(k)$，输出是预测的 $SOC(k)$。

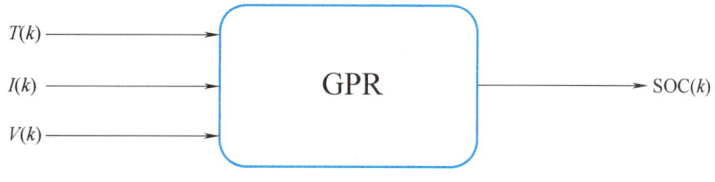

图 4-11 GPR 电池模型

该方法由两部分组成。首先，利用电池的离线数据，训练 GPR 模型，建立电压、电流、温度和 SOC 之间的关系，利用基于训练数据集的梯度下降法确定所选核函数中超参数的最优值，在此之前，需要将训练集中的电流、电压、温度和 SOC 值标准化，通过减去样本均值得出零均值。然后，根据电池的电压、电流和温度测量值，对电池进行在线 SOC 估计。特别是，预测分布的均值即为 SOC 的估计值。为了表示估计中的不确定性，用预测分布的方差构造一个置信区间，如式（4-65）所示：

$$[\mu_* - \frac{z(1-\alpha)}{2}\Sigma_E^{\frac{1}{2}}, \mu_* + \frac{z(1-\alpha)}{2}\Sigma_E^{\frac{1}{2}}] \tag{4-65}$$

其中，$\alpha \in [0, 1]$，$z(1-\alpha)/2$ 是标准高斯分布的临界值。当置信区间的宽度越来越小，证明 SOC 的估计值精度更加准确。相比神经网络、支持向量机而言，GPR 所拥有的置信区间是其中一个最大的优势。估计流程如下：

1. 训练部分

1）通过不同的工况收集样本集。

2）选取训练集 $D = (X, y)$，其中 X 是电池的电压、电流和温度的测量值，y 是相应的 SOC 值。

3）采用均值法，将所选的数据进行归一化处理。

4）初始化 GPR 模型的超参数 σ、σ_f 和 l。

5）利用梯度下降法，求解超参数的极大似然估计方程，得到最优超参数。

2. 验证部分

获取最优的超参数 σ、σ_f 和 l 后，选取验证集 x^*，进行 SOC 估计，μ 是 SOC 的估计值。

$$\mu = K(x, X)[K(X, X) + \sigma^2 I]^{-1} y$$

为了验证基于 GPR 的 SOC 估计结果，本小节引用了来自马里兰大学的 A123 电池数据集，电池的额定容量为 4.2A·h，额定电压为 3.8V，先取前半段时间的数据作为训练集供 GPR 训练，后半段时间为 GPR 估计的结果，如图 4-12 所示。

图中阴影部分表示 95% 的置信区间，估计值能够保持在置信区间以内，并且与测量值保持很好的拟合，估计误差保持在 2% 以内。因此，高斯过程回归有较优秀的 SOC 估计能力。

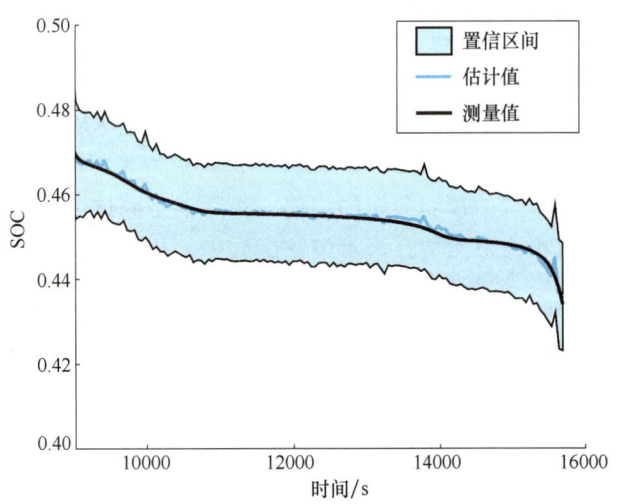

图 4-12 GPR 的 SOC 估计结果

第5章 锂离子动力电池健康状态估计方法

5.1 动力电池健康状态概述

5.1.1 健康状态定义及评价指标

动力电池存储能源并提供驱动车辆所需的动力,但是随着使用时间增长,动力电池的性能会逐渐下降,这可能导致电动车辆的续驶里程变短,引起加速和行驶速度减缓等问题。因此,了解动力电池的老化程度对电动车辆的性能和可靠性至关重要。动力电池的老化程度可以通过电池健康状态(state of health,SOH)进行量化评价。SOH 可以评估电池的存储能力和快速充放电能力,了解 SOH 的值可以帮助预测动力电池的寿命,并且可以指导采取适当的维护措施,以延长电池的使用寿命。此外,由于动力电池老化程度会影响其容量和充电能力,SOC 的准确估计也依赖于精确的 SOH 值。因此,准确地评估动力电池的 SOH 值,可以更精确地估计 SOC 值,这对电动车辆的驾驶和维护非常有帮助。总之,动力电池的健康状态是电动汽车可靠性和续驶里程的重要保证,对电动汽车的性能和经济性等方面都有着重要的影响,因此需要准确评估动力电池的健康状态。

电池的健康状态是一个综合性概念,包括电池容量、内阻、能量效率、电化学稳定性、安全性以及寿命等多个方面。这些因素相互作用,共同影响着电池的性能和寿命。电池容量是电池能够储存的电能量大小,是评估电池健康状态的重要指标之一。随着电池使用时间和循环次数的增加,电池容量会逐渐降低,因此电池容量的损失程度可以用来评估电池的健康状态。此外,电池内阻是指电池内部电化学反应过程中的电阻,电池内阻的增加会导致电池的能量损失、发热和安全风险增加。电池的能量效率是指电池在充放电过程中的能量损失比例,电池的能量效率越高,电池的续航能力就越好,这也是评估电池健康状态的一个重要指标。此外,电池的电化学稳定性是指电池在使用过程中的化学变化是否稳定,如果电池的电化学稳定性不好,电池就容易发生过热、爆炸等安全事故。另外,循环次数、充放电速率、温度等因素,也是评估电池健康状态的重要指标。

许多研究者提出了相应的指标来表示 SOH,通常以电池当前可用容量与初始容量的比值作为电池 SOH,认为全新状态时电池 SOH 为 100%,并且一般以电池衰退至初始容量的

80%作为动力电池系统退役的判断依据。其中，电池容量下降与其模型构建相对容易理解，因此SOH通常用剩余总容量与初始容量的比值表示：$SOH(k) = C_{n,k}/C_{n,0}$，其中$C_{n,k}$表示k循环时的当前总容量，$C_{n,0}$表示电池出厂的标称容量，$SOH(k)$是k循环时的SOH。

由于电池电化学体系的复杂性，选取单一参数无法正确地评价电池的健康状态。为了更全面地评估电池的健康状况，需要从多个参数出发，综合考虑电池容量、能量等表征参数随电池老化状态的变化特性。因此，提出了五大表征参数：放电容量保持率、放电能量保持率、能量效率保持率、峰值功率保持率和直流内阻变化率，这些参数能够全面反映电池的健康状态。放电容量保持率是指电池在不同充电和放电条件下，其容量相对于初始容量的保持程度。随着电池使用时间的增长，其放电容量会逐渐下降，放电容量保持率就会降低。放电能量保持率是指电池在不同充电和放电条件下，其能量相对于初始能量的保持程度。能量效率保持率是指电池在不同充电和放电条件下，其能量输出与输入之比的保持程度。峰值功率保持率是指电池在不同充电和放电条件下，其最大功率输出与初始状态下的最大功率输出之比的保持程度。直流内阻变化率是指电池内部阻力随着使用时间的变化率，直流内阻的变化率越小，电池的健康状态越好。另外，电池一致性状态也会对可用容量和可用能量造成一定的影响，而电池系统的电压极差变化和电压方差变化率与电池不一致性以及单体老化路径密切相关。因此，为了更加科学全面地评价电池健康状态，在五大主要表征参数的基础上，提出了以电压极差与方差的变化率作为电池健康状态的标准辅助性判断参数，从而构建涵盖不同层面满足不同应用需求的电池健康评价指标体系。电压极差是指电池系统中最高电压和最低电压之间的差异，电压方差是指电池系统电压波动的程度。随着电池使用时间的增长，电池内部单体之间的差异会逐渐扩大，导致电压极差和方差增大。因此，电压极差与方差的变化率是评估电池一致性和健康状态的重要参数之一。因此，了解电池健康状态的估计方法，可以帮助我们更好地使用和维护电池，延长电池的使用寿命，提高电池的性能和安全性。

5.1.2　健康状态估计方法分类

在实际应用中，动力电池的健康状态会不断发生变化，因此对其健康状态的监测和估计也必须是实时的、精确的。由于电池的性质和应用环境的差异，电池老化的方式和速度也会有所不同，因此，需要根据具体情况选择适合的健康状态估计方法。目前电池的健康状态估计策略主要可以归纳为两类：模型驱动方法和数据驱动方法，其中模型驱动方法建立了电池容量与循环次数或吞吐容量之间的确定关系，数据驱动方法没有明确定义的数学表达式，使用大量数据构建近似关系估计电池可用容量。

模型驱动方法的建模主要分为：基于等效电路模型的估计方法和基于电化学模型构建系统状态空间表达式，并将表征电池老化程度的量化指标（如电池容量、内阻等）与其他参数一块作为系统的状态变量，同时结合现代滤波器或观测器技术进行SOH估计的方法。

等效电路模型通过一种等效电路对电池进行建模，对模型中参数的演变过程进行追踪，并利用映射关系表征模型参数与可用容量的相关性。等效电路模型通过建立电池模型和识别相关参数的变化（如外部电阻）来估计SOH。然而，电池退化的估计结果高度依赖于所选模型的鲁棒性和稳定性。此外，随着电池的老化，该方法的鲁棒性和估计精度会逐渐下降。此外，这些参数在识别过程中容易受到传感器噪声的影响，影响了SOH估计的精度，因此，等效电路模型通常与滤波算法相结合，如卡尔曼滤波、粒子滤波，以提高SOH估计精度。

电化学模型通过物理化学方程描述电池性能的演化过程。然而，不同老化因素的相互作用促使电池老化现象的发生，增加了建立一个精确而可靠电化学模型的复杂性。这类方法的目的是清晰地理解在电池使用中电池内部发生的物理和化学现象。此方法由于具有一定的自修正能力，能够有效解决开环估计方法的缺点，且运算复杂度低、估计精度高、鲁棒性强、实时性好，因而比较适合应用于电动汽车电池管理系统。

数据驱动法不需要了解电池内部的反应机理，主要通过大量电池测试数据进行训练的方式，挖掘深层隐含信息，建立输入变量与电池容量或内阻之间的非线性映射关系，并将所得模型用于在线估计电池的 SOH。通常使用的方法主要有支持向量机、神经网络、随机森林、稀疏贝叶斯学习等。与基于模型的估计方法相比，基于机器学习的数据驱动方法不依赖于电池本身模型，可以通过提取高质量的特征和增加数据的数量来提升电池 SOH 估计的精确度。然而，这类方法的估计精度过度依赖于训练数据的数量和质量，通常是在一定的操作条件下，如恒流、恒温等，对这些方法进行了验证。这不同于实际的电池操作且运算复杂度对车载电池管理系统来说过高，导致这类方法离实际应用还有很大的差距。

电池的 SOH 估计是电池管理系统中的一个关键问题，准确估计 SOH 可以提高电池的使用效率和安全性，同时也可以降低电池维护成本。因此，对于不同类型电池的 SOH 估计方法的研究和优化，对于电动汽车、混合动力汽车的电池应用系统的发展具有重要意义。

5.2 基于粒子滤波的电池健康状态估计

5.2.1 基本原理

粒子滤波（particle filter，PF）是一种基于蒙特卡洛仿真的近似贝叶斯滤波算法，广泛应用于状态估计、目标跟踪等领域。与其他滤波算法相比，粒子滤波不依赖于系统的线性或高斯分布假设，可以解决复杂非线性系统的状态估计问题。在粒子滤波中，系统的状态由一个向量表示，其随时间步长变化。在每个时间步长中，根据系统的状态转移方程，预测下一个状态。由于存在随机噪声，系统的状态无法完全确定，因此需要根据当前的测量值来修正预测的状态。此时，粒子滤波的核心思想就是通过一些离散的随机采样点来近似系统随机变量的概率密度函数，以样本均值代替积分运算，从而获得状态的最小方差估计。这些离散采样点被称为粒子，每个粒子都有一个权重，用于表示它对概率密度函数的贡献。权重的大小是通过测量值与状态预测值之间的差异来计算的，即权重越大的粒子与实际状态越接近。在每个时间步长中，根据预测状态和权重，可以计算出后验概率分布，从而获得状态的估计值。在实际应用中，粒子滤波中的重采样过程对估计结果的精度有着重要的影响。常用的重采样方法包括残差重采样、多项式重采样和系统重采样等。这些重采样方法各有优缺点，选择合适的方法可以提高算法的性能。需要注意的是，粒子滤波的计算复杂度随着粒子数的增加而增加，因此需要在计算复杂度和精度之间做出权衡。此外，粒子滤波也存在一些问题，例如粒子退化和样本偏移等，需要通过一些技术手段来解决。

5.2.2 系统建模

在粒子滤波中，需要对系统进行建模，以便对其进行状态估计。具体地，需要建立系统的状态方程和观测方程,以及对系统的状态和观测进行噪声建模。系统的状态方程和观测方程可以根据具体的问题而定,例如,对于一个机器人运动的问题,可以使用运动学方程和传感器测量方程来描述。在建立系统模型时,需要考虑系统的动态性和不确定性。系统的动态性指的是系统的状态随着时间的推移而发生变化,而不确定性则是由系统的噪声引起的,噪声可以是内部噪声或外部噪声。因此,在对系统进行建模时,需要考虑系统的动态性和不确定性,并对其进行建模,以便在后续的状态估计中考虑这些因素。对于系统的状态方程和观测方程,需要将它们表示为非线性函数的形式。这是因为在实际的问题中,许多系统都是非线性的,因此必须使用非线性方程来描述系统的动态性和不确定性。对于非线性系统,可以使用状态转移函数来描述状态的演变,使用观测函数来描述观测的产生。这些函数可以是任意的非线性函数,但需要满足一些基本要求,例如,需要保证函数的可微性,以便在后续的状态估计中进行优化求解。对于系统的噪声建模,需要对系统的内部噪声和外部噪声进行建模。内部噪声是由系统本身引起的噪声,例如,传感器的精度误差、机器人的运动误差等。外部噪声是由系统周围环境引起的噪声,例如,风、气温、湿度等。为了对噪声进行建模,可以使用高斯噪声或者其他分布来描述噪声的统计特性,例如,噪声的均值和方差等。系统状态方程一般表示为

$$X(k) = f(X(k-1), W(k)) \tag{5-1}$$

式中,$X(k)$ 为系统 k 时刻的状态;$X(k-1)$ 为系统 $k-1$ 时刻的状态;$W(k)$ 为系统的过程噪声,高斯噪声服从均值为 0、方差为 Q 的高斯分布,即 $W(k) \sim N(0, Q)$;映射函数 f 表达了当前时刻与上一时刻状态之间的联系。

5.2.3 重采样

粒子滤波建模的关键步骤有权重计算和重采样,经过权重计算,可以重新指导粒子空间分布的依据,进而最终影响滤波结果:

$$\overline{X} = E(X_{\text{data}}) = \frac{1}{N} \sum_{i=1}^{N} \omega_i x_i \tag{5-2}$$

式中,X_{data} 为粒子滤波的粒子集合,$X_{\text{data}} = \{x_1, x_2, \cdots, x_N\}$;$N$ 为粒子总数;ω_i 为粒子权重。在粒子滤波的迭代过程中,由于粒子数目的限制,粒子集合中的一些粒子可能会在权重计算的过程中被淘汰,从而导致估计结果的偏差。为了解决这个问题,我们需要对粒子集合进行重采样,即根据各个粒子的权重重新生成一个新的粒子集合,以尽可能地保留原始粒子集合的分布特征。根据权重大小大量复制更能表达数据信息的最优粒子,而对其他权重数值小的粒子进行淘汰,以保证在下一时刻的状态估计中具有更好的代表性和多样性。

残差重采样是粒子滤波中常用的一种重采样方法,它可以在保证复杂度较低的同时,尽可能地保留原始粒子集合的分布特征。残差重采样的主要思想是通过计算每个粒子的残差来进行采样和插值操作,从而生成新的粒子集合。在进行残差重采样时,我们首先需要根据粒子集合的权重,使用轮盘赌算法进行采样,这样可以保证每个粒子被抽中的概率与其权重成正比。接着,根据每个粒子的权重计算出它需要复制的个数。由于每个粒子的权重可能是小数,因此需要将其转化为整数才能进行复制操作。在计算每个粒子需要复制的个数后,我们可以通过对每个粒子进行插值操作来生成新的粒子集合。具体来说,我们可以首先将每个粒子的权重分类,将它们均匀地分配到各个粒子中。然后,根据每个粒子的权重和位置信息,

生成新的粒子集合。这里的插值操作可以使用线性插值、高斯插值等方法来实现。需要注意的是，由于残差重采样只是对每个粒子进行了一次插值操作，因此可能存在一些重采样误差。为了减小误差的影响，我们可以使用多次重采样的方法，即对每个粒子进行多次采样和插值操作。多次重采样可以提高重采样的精度，但也会增加计算复杂度。因此，我们需要在计算精度和计算复杂度之间进行权衡，选择合适的重采样次数。

多项式重采样是一种高效且准确的重采样方法，它通过将［0，1］区间分成若干个均匀子区间，使每个粒子被选中的概率尽可能相等，从而避免了残差重采样中的重采样误差。

在进行多项式重采样时，离散随机变量 X 的分布函数为概率累计形式：

$$F(x) = P(X \leqslant x) = \sum_{x_i < x} p(x_i) \tag{5-3}$$

根据式（5-3）产生［0，1］均匀分布随机数：

$$\begin{cases} u_i = u_i(\widetilde{u}_i)^{\frac{1}{i}}, i = 1, \cdots, N-1 \\ u_N = (\widetilde{u}_N)^{\frac{1}{N}} \end{cases} \tag{5-4}$$

式中，$\widetilde{u} \sim U[0, 1]$，$\{u_j\}_{j=1:N}$ 满足独立同分布。

多项式重采样首先确定均匀子区间的个数 N，通常取值较大，例如 $N = 1000$。然后，我们将［0，1］区间分成 N 个均匀子区间，并将每个子区间分别分配给每个粒子。这样，每个粒子就对应了一个子区间。接下来，我们根据每个粒子的权重，将对应的子区间进行等分，以生成新的粒子集合。具体来说，对于第 i 个粒子，它的权重为 w_i，对应的子区间为 $[u_i, u_{i+1}]$，其中 $u_i = i/N$，$u_{i+1} = (i+1)/N$。我们可以将 $[u_i, u_{i+1}]$ 等分为 $w_i \times N$ 份，即将其分成 $w_i \times N$ 个长度为 $1/N$ 的子区间。然后，我们在每个子区间中随机生成一个数，作为新生成的粒子的位置。重复这个过程 M 次，即可得到新的粒子集合。需要注意的是，多项式重采样需要对每个粒子进行 N 次插值操作，因此计算复杂度较高。为了降低计算复杂度，可以采用系统重采样方法，它可以在一定程度上减少插值操作的次数。系统重采样方法将原始粒子集合分为 M 个小组，每组包含 N/M 个粒子，然后对每组进行一次多项式重采样，从而得到 M 个新的粒子集合。最后，将这 M 个新的粒子集合合并成一个新的粒子集合。系统重采样方法可以减少插值操作的次数，从而降低计算复杂度。

相对于残差重采样和多项式重采样，系统重采样需要进行多次循环，并且涉及大量的计算，但其在重采样误差方面表现更加优异，因此在一些精度要求较高的应用中较为常用。系统重采样的基本思路是，根据粒子集合的权重，将［0，1］区间分成若干个不重叠的区间，并将每个区间分别分配给每个粒子。然后，我们可以通过一系列的循环操作，从粒子集合中随机选取一些粒子，用它们的权重信息来判断该粒子是否需要进行复制。具体来说，在每一轮循环中，我们可以随机选取一个初始值，并将该值逐步累加，然后将其映射到［0，1］区间上。根据该值所在的区间，我们可以确定该粒子的位置，并计算出其复制数目。需要注意的是，在进行系统重采样时，由于要进行多次循环操作，因此计算复杂度较高，但可以通过一些优化手段来减少计算量，提高运行效率。

蒙特卡洛采样是一种基于随机采样的近似贝叶斯滤波方法，用于对系统状态进行估计。其基本思想是用一些离散的随机采样点来近似系统的概率密度函数，以样本均值代替积分运算，从而获得状态的最小方差估计。蒙特卡洛采样方法由于其随机性和灵活性，能够在非线性、非高斯情况下应用，因此在粒子滤波中被广泛使用。首先从后验概率分别采集带权重的粒子集，用粒子集表示后验分布，将积分转化为求和形式：

$$\hat{p}(X_{0:k} \mid Z_{1:k}) = \frac{1}{N} \sum_{i=1}^{N} \delta_{X_{0:i}}(\mathrm{d}X_{0:k}) \tag{5-5}$$

式中，$\{X_{0:k}: i=1, 2, \cdots, N\}$ 是从后验概率分布采集的随机样本集；$\delta(\mathrm{d}X_{0:k})$ 为 Dirac-delta 函数，因此状态序列的函数 $g_k: R^{(t+1)n} \rightarrow R^n$ 的期望为

$$E[g_k(X_{0:k})] = \int g_k(X_{0:k}) p(X_{0:k} \mid Z_{1:k}) \mathrm{d}X_{0:k} \tag{5-6}$$

可近似为

$$\overline{E[g_k(X_{0:k})]} = \frac{1}{N} \sum_{i=1}^{N} g_k(X_{0:k}^{(i)}) \tag{5-7}$$

式中，需要假设粒子 $\{X_{0:k}: i=1, 2, \cdots, N\}$ 服从独立同分布，根据大数定律，在 $N \rightarrow \infty$ 时 $\overline{E[g_k(X_{0:k})]}$ 几乎确定收敛到 $E[g_k(X_{0:k})]$。而且如果 $\mathrm{var}[g_k(X_{0:k})] < \infty$，那么由中心极限定理，当 $N \rightarrow \infty$ 时，有

$$\sqrt{N} [\overline{E[g_k(X_{0:k})]} - E[g_k(X_{0:k})]] \rightarrow N[0, \mathrm{var}(g_k(X_{0:k}))] \tag{5-8}$$

简单来说，蒙特卡洛采样分为两个步骤：一是根据先验概率密度函数生成一组随机粒子，通常使用随机数发生器来实现，生成的粒子应该覆盖整个状态空间，并且越接近真实状态的概率越大；二是根据测量值计算每个粒子的权重，即对于每个粒子，计算其与实际状态之间的差异，并根据先验概率密度函数和测量值的概率密度函数计算其后验概率密度函数，然后将其作为粒子的权重，从而进行粒子滤波实验。

5.2.4　粒子滤波仿真实例

本小节选用 NASA（美国航空航天局）公开电池数据集进行粒子滤波仿真，预测电池 SOH。四组数据分别被标记为 B5、B6、B7 和 B18。实验对象来自一系列容量为 2A·h 的商用 18650 电池，在标称容量从 2A·h 下降到 1.4A·h 期间，即在电池失效之前，每个电池经历连续循环并形成容量衰减曲线。每个循环一般要经过三个环节：充电、放电和电化学阻抗谱测量。电池 B5、B6、B7 和 B18 在充电过程中先以 1.5A 恒流模式充电，当电压上升到 4.2V 时将以恒压模式充电，直到充电电流降至 20mA，电池停止充电。在放电过程中，B5、B6、B7 和 B18 以 2A 恒流放电，当电压分别降至 2.7V、2.5V、2.2V、2.5V 时停止放电。此外，环境温度控制在室温 24℃ 左右。四组容量退化曲线如图 5-1 所示。

通过历史容量的数据长度对循环寿命模型进行参数辨识，基于粒子滤波评估动力电池 SOH 估计精度，设置初始 SOH 值为 90%，不同电池的 SOH 估计曲线以及对应的误差曲线如图 5-2 所

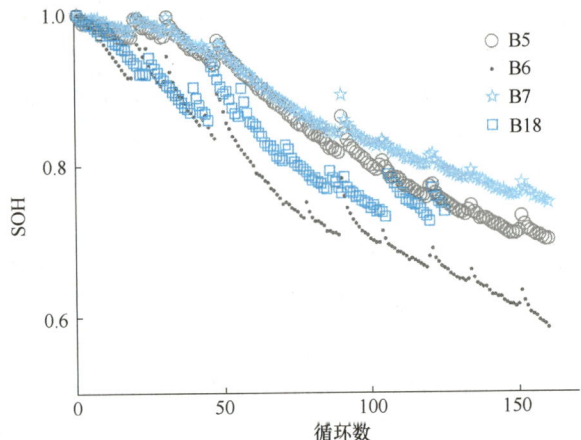

图 5-1　电池 B5、B6、B7 和 B18 的容量退化曲线

示，其中参考容量值由容量退化数据拟合得到。

可以看到，基于粒子滤波的 SOH 估计值从 0.9 开始预测，然后快速上升趋于参考值，在 10 循环左右能够开始反映真实容量的退化趋势，四种电池的估计曲线总体上都能贴近参考曲线。从误差图来看，不同电池的误差值都是从 -0.1 开始，快速收敛至 0 左右，并在接下来的循环中能够大体维持在 -0.03~0.02 区间中，预测效果良好。因为不同的初始 SOH 值可能影响预测方法的估计精度和收敛速度，本小节为验证粒子滤波的鲁棒性和收敛速度，另设置 60% 的初始 SOH 值和 30% 的初始 SOH 值来进行 SOH 估计，相关的预测结果以及误差结果如图 5-3 和图 5-4 所示。

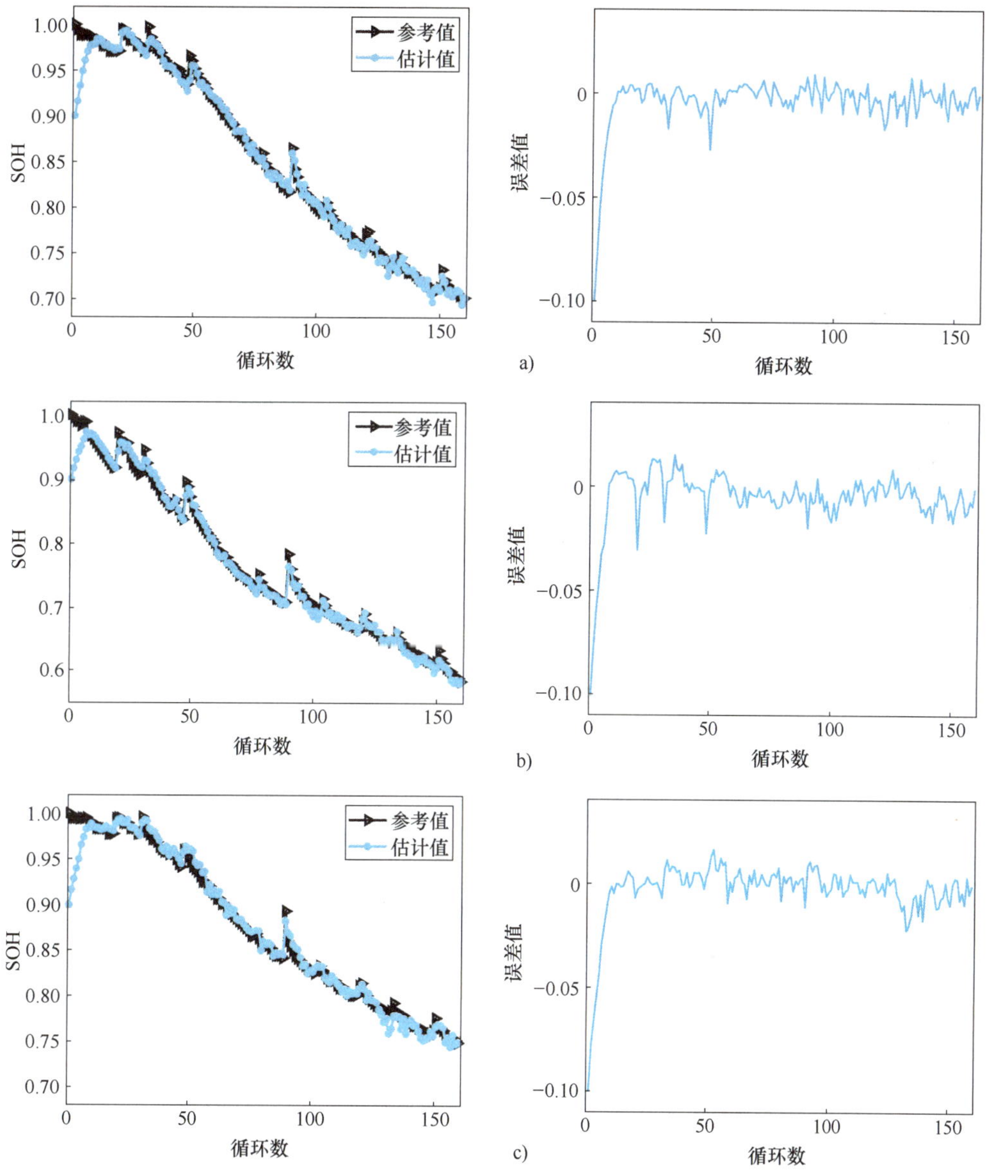

图 5-2　90% 初始 SOH 值下不同电池的容量预测曲线及误差曲线

a) B5　b) B6　c) B7

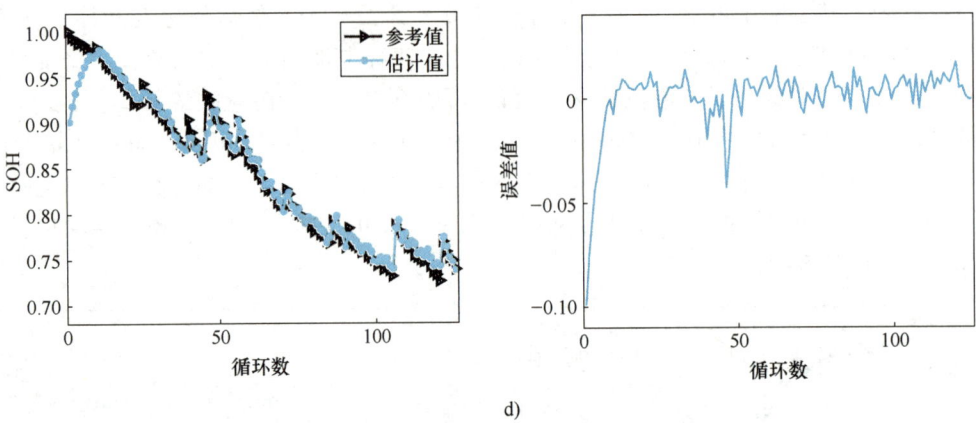

d)

图 5-2　90%初始 SOH 值下不同电池的容量预测曲线及误差曲线（续）

d）B18

a)

b)

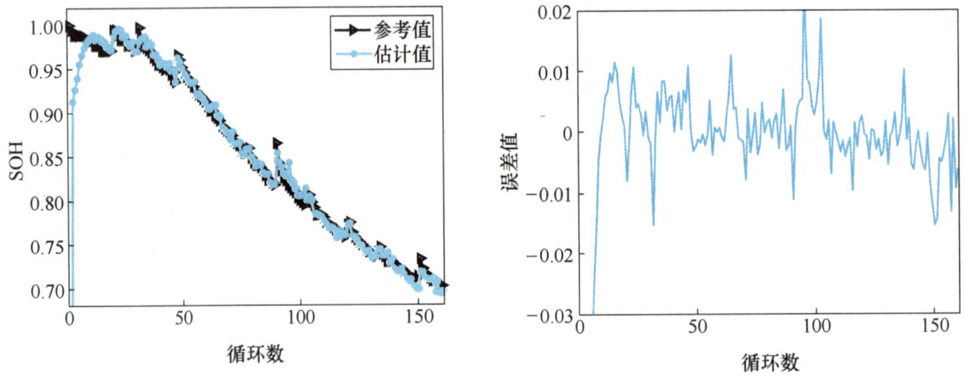

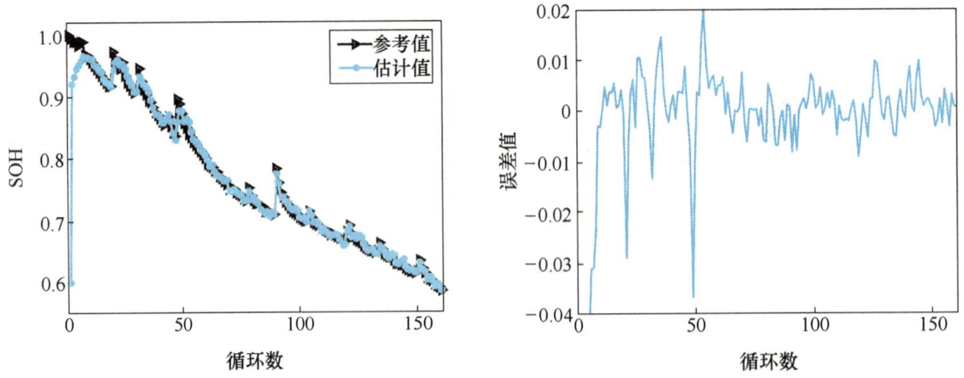

图 5-3　60%初始 SOH 值下不同电池的容量预测曲线及误差曲线

a）B5　b）B6

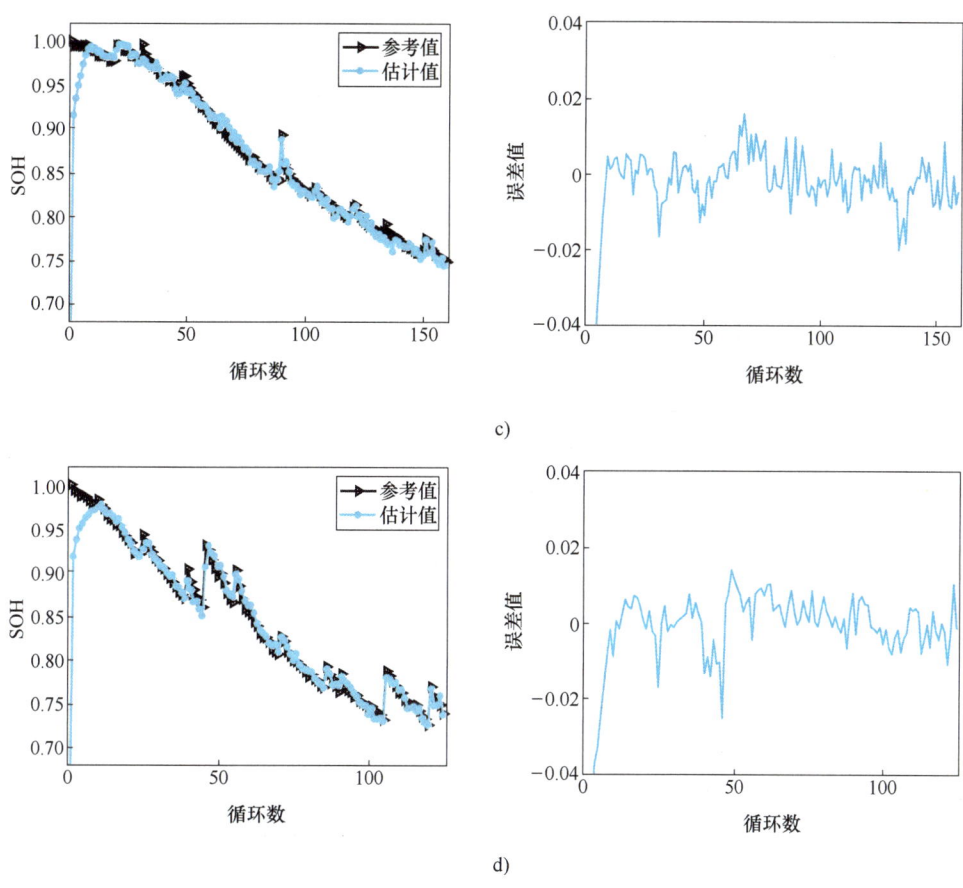

图 5-3 60%初始 SOH 值下不同电池的容量预测曲线及误差曲线（续）

c）B7 d）B18

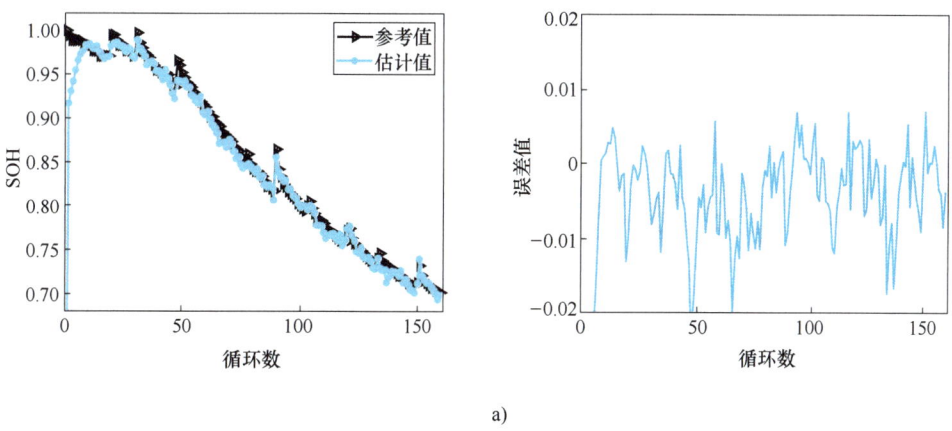

图 5-4 30%初始 SOH 值下不同电池的容量预测曲线及误差曲线

a）B5

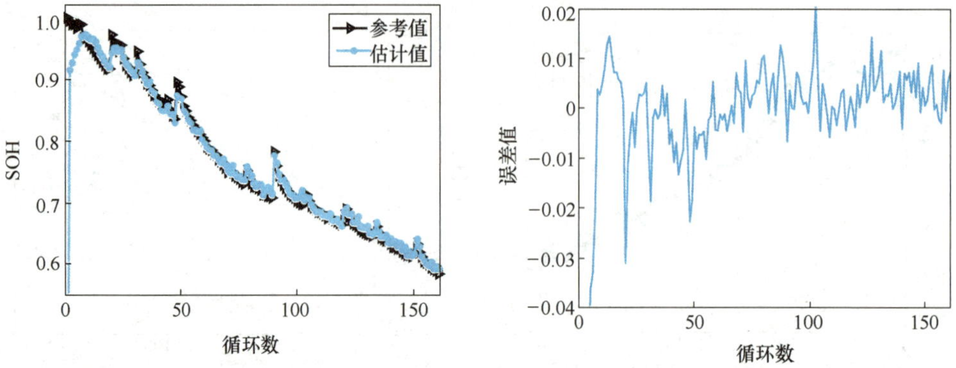

图 5-4 30%初始 SOH 值下不同电池的容量预测曲线及误差曲线（续）
b) B6　c) B7　d) B18

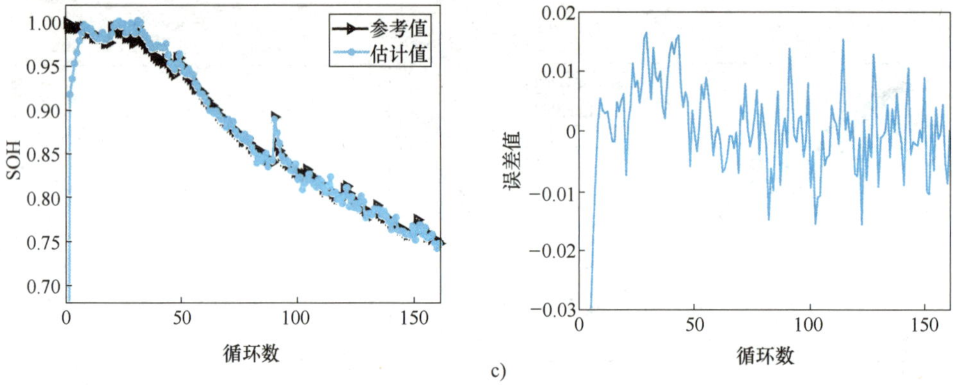

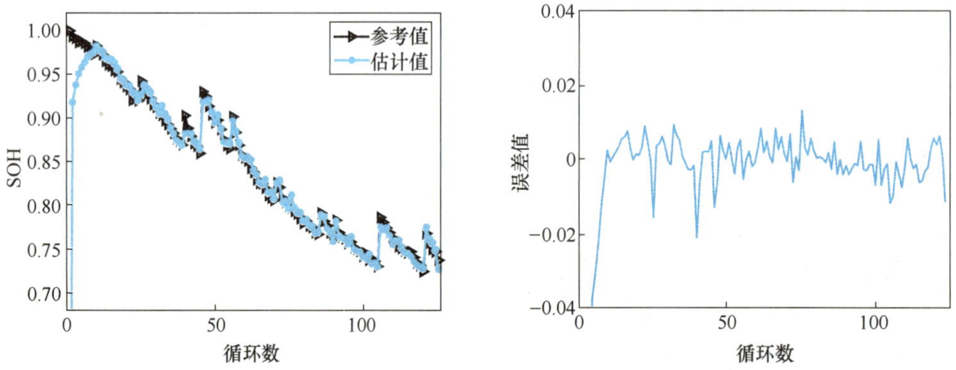

可以看到，即使在初始 SOH 值不同的情况下，基于粒子滤波的 SOH 估计方法仍然具有良好的预测效果。从图中可以看到，四种电池的预测曲线与参考曲线基本重合，误差值也都集中在 -0.02~0.02 的范围内。结果表明，粒子滤波方法在 SOH 预测中不仅预测精度较高，还具有较强的鲁棒性和可靠性。

不同电池在三种初始 SOH 值下的估计数值结果见表 5-1。可以看到，随着初始 SOH 值与真实值的误差越大，总体的平均绝对误差越大，其中最大的误差则是由初始误差造成,并且由于初始误差分别是 0.1、0.4 和 0.7,误差数值过大造成均方根误差也不断增大,但可以看到不同电池在不同条件下收敛速度相近,均可以在 10 循环左右开始反映真实容量的退化趋势,说明了粒子滤波方法在收敛速度方面对于初始 SOH 值并不敏感,鲁棒性较好。

表 5-1 基于粒子滤波在不同初始 SOH 值下的 SOH 估计误差

数据	初始 SOH 值	平均绝对误差(%)	均方根误差(%)	收敛速度/循环次数
B5	30%	1.08	5.65	11
	60%	1.04	3.37	9
	90%	0.61	1.32	10
B6	30%	1.13	5.65	8
	60%	0.91	3.36	8
	90%	0.72	1.45	8
B7	30%	1.05	5.64	8
	60%	0.96	3.35	9
	90%	0.76	1.45	9
B18	30%	1.24	6.36	12
	60%	1.06	3.82	10
	90%	0.87	1.64	9

5.3 基于支持向量回归的电池健康状态估计

5.3.1 优化目标及求解

相较于传统基于模型的电池 SOH 估计方法,基于数据驱动的估计方法是一种不需要对电池内部的电化学反应进行建模和解释的新型估计方法,通过构建输入和输出之间的映射关系来进行健康状态估计,因此可以更好地应对复杂的电池行为和环境变化,并且通常展现出极高的预测精度。

支持向量机(SVM)是一种基于统计学习理论的分类方法,最初主要应用于模式识别领域。随着相关理论的不断完善和发展,支持向量机的应用范围也得到了快速扩展。除了在分类领域的应用,支持向量机还具备在解决非线性、小样本、维数灾难和局部极小问题方面的优势,同时具备更强的泛化能力。支持向量机将原问题求解转化为凸规划问题,并采用优化方法解决二次规划问题。在处理非线性问题时,支持向量机采用将通过内积函数定义的非线性变换将低维输入空间变换到高维空间,并在该空间中寻找最优分类面,将本来线性不可分的问题转化为线性可分问题。此外,使用核函数替代高维映射导致的高维内积可以降低计算的复杂程度,并且能够有效解决可能存在的维数灾难和局部极小问题。相对于其他机器学习模型,支持向量机更适合有限样本情况。其目标是获得现有样本信息下的最优解,而不是样本趋于无穷大情况下的最优值。此外,支持向量机采用结构风险最小化原则,而不是传统方法的经验风险最小化原则。这种方法使支持向量机具备更加优良的泛化能力,即使在样本较少的情况下，也能得到良好的回归分析结果。

支持向量回归（support vector regression，SVR）近年来越来越受到关注，因为它具有很强的时序预测能力和鲁棒性。与 SVM 相比，SVR 只有一种类型输出，这是与 SVM 的主要区别，SVR 使用最小二乘线性系统作为损失函数替代传统回归方法中的二次规划，以简化计算和提高运算速度。同时 SVR 可以自适应地调整模型参数，以更好地适应不同的电池类型和工作条件。此外，SVR 还可以通过选择不同的核函数来处理非线性关系，从而进一步提高预测精度。总之，基于数据驱动的电池状态估计方法在精度和适应性方面具有优势，而 SVR 作为其中的一种方法，已经被广泛应用于电池管理系统和智能电网等领域。本节基于 SVR 进行电池健康状态估计，支持向量回归的计算原理如下所示：

$$\hat{y}=f(\boldsymbol{x})=\boldsymbol{\beta}^{\mathrm{T}}\boldsymbol{K}(\boldsymbol{x})+\boldsymbol{\mu}=\sum_{k=1}^{N}\beta_k\boldsymbol{K}(\boldsymbol{x}_k,\boldsymbol{x})+\boldsymbol{\mu} \tag{5-9}$$

式中，$\boldsymbol{\beta}$ 为相关系数；$\boldsymbol{\mu}$ 为偏移量；N 为数据的总长度；k 为测量数据的指标；$\boldsymbol{K}$ 为核函数，一般选用高斯核函数：

$$K(\boldsymbol{x}_i,\boldsymbol{x}_j)=\mathrm{e}^{\frac{-\|\boldsymbol{x}_i-\boldsymbol{y}_j\|^2}{2\sigma^2}} \tag{5-10}$$

式中，σ 为高斯核的标准差。随着 σ 的增加，高斯核函数的局部特性降低，从而决定了 SVR 模型的拟合精度，在支持向量回归算法中，定义松弛变量 ξ_k 和 ε，一是应对不可行的约束，二是为拟合误差设置公差的精度参数：

$$\xi_k=\begin{cases}\xi_k^+=y_k-\hat{y}_k-\varepsilon & (y_k>\hat{y}_k+\varepsilon)\\ \xi_k^-=\hat{y}_k-\varepsilon-y_k & (y_k<\hat{y}_k-\varepsilon)\\ 0 & (\text{其他})\end{cases} \tag{5-11}$$

因此，SVR 算法可以使用 l_1 正则化来表述优化问题，设置损失函数：$\min\limits_{\beta,\mu,\xi^+,\xi^-}\|\boldsymbol{\beta}\|_1+w\sum\limits_{k=1}^{n}(\xi_k^-+\xi_k^+)$，服从于

$$\begin{cases}\hat{y}_k-y_k\leqslant\varepsilon+\xi_k^+\\ y_k-\hat{y}_k\leqslant\varepsilon+\xi_k^-\\ \xi_k^+\geqslant 0\\ \xi_k^-\geqslant 0\end{cases} \tag{5-12}$$

式中，w 为权重因子；$\|\boldsymbol{\beta}\|_1$ 表示 l_1 在系统空间的标准形式，为了表示线性规划问题的非形式，系数 $\boldsymbol{\beta}$ 应分解为非负变量 $\boldsymbol{\alpha}_k^+$ 和 $\boldsymbol{\alpha}_k^-$：

$$\boldsymbol{\beta}_k=\boldsymbol{\alpha}_k^+-\boldsymbol{\alpha}_k^- \tag{5-13}$$

$$|\boldsymbol{\beta}_k|=\boldsymbol{\alpha}_k^++\boldsymbol{\alpha}_k^- \tag{5-14}$$

式中，$\boldsymbol{\alpha}_k^+\cdot\boldsymbol{\alpha}_k^-=0$，然后将 SVR 问题重新形成为最小化 $\boldsymbol{c}^{\mathrm{T}}\boldsymbol{z}$，服从于 $\boldsymbol{A}\cdot\boldsymbol{z}\leqslant\boldsymbol{b}$，其中：

$$\begin{cases} \boldsymbol{c} = \left(\overbrace{1,1,\cdots,1}^{2n}, \overbrace{w,w,\cdots,w}^{2n}, 0 \right) \\ \boldsymbol{A} = \begin{pmatrix} \boldsymbol{K} & -\boldsymbol{K} & -\boldsymbol{I} & \boldsymbol{O} & 1 \\ -\boldsymbol{K} & \boldsymbol{K} & \boldsymbol{O} & -\boldsymbol{I} & -1 \end{pmatrix} \\ \boldsymbol{z} = \begin{pmatrix} \boldsymbol{a}^+ \\ \boldsymbol{a}^- \\ \boldsymbol{\xi}^+ \\ \boldsymbol{\xi}^- \\ \boldsymbol{\mu} \end{pmatrix}, (\boldsymbol{a}^+, \boldsymbol{a}^-, \boldsymbol{\xi}^+, \boldsymbol{\xi}^- \geqslant 0) \\ \boldsymbol{b} = \begin{pmatrix} \boldsymbol{\varepsilon} + \boldsymbol{y} \\ \boldsymbol{\varepsilon} - \boldsymbol{y} \end{pmatrix} \end{cases} \tag{5-15}$$

$$\begin{cases} \boldsymbol{K} = \begin{pmatrix} \boldsymbol{K}(x_1, x_1) & \boldsymbol{K}(x_1, x_2) & \cdots & \boldsymbol{K}(x_1, x_n) \\ \boldsymbol{K}(x_2, x_1) & \boldsymbol{K}(x_2, x_2) & \cdots & \boldsymbol{K}(x_2, x_n) \\ \vdots & \vdots & & \vdots \\ \boldsymbol{K}(x_n, x_1) & \boldsymbol{K}(x_n, x_2) & \cdots & \boldsymbol{K}(x_n, x_n) \end{pmatrix} \\ \boldsymbol{y} = (y_1, y_2, \cdots, y_n)^T \\ \boldsymbol{\alpha}^+ = (\alpha_1^+, \alpha_2^+, \cdots, \alpha_n^+)^T \\ \boldsymbol{\alpha}^- = (\alpha_1^-, \alpha_2^-, \cdots, \alpha_n^-)^T \\ \boldsymbol{\xi}^+ = (\xi_1^+, \xi_2^+, \cdots, \xi_n^+)^T \\ \boldsymbol{\xi}^- = (\xi_1^-, \xi_2^-, \cdots, \xi_n^-)^T \end{cases} \tag{5-16}$$

最优解中的大多数 $\boldsymbol{\beta}_i$ 通常返回接近于零的值。大于 10^{-4} 值的 $\boldsymbol{\beta}_i$ 一般被认为是显著的，位于这些重要 $\boldsymbol{\beta}_i$ 上的内核称为 sv，它的形式为 $\boldsymbol{K}(\mathrm{sv}_i, \boldsymbol{x})$：

$$\hat{\boldsymbol{y}} = f(\boldsymbol{x}) = \boldsymbol{\beta}^T \cdot \boldsymbol{K}(\boldsymbol{x}) + (\boldsymbol{\mu}) = \sum_{i=1}^{N_{\mathrm{sv}}} \beta_i \boldsymbol{K}(\mathrm{sv}_i, \boldsymbol{x}) + \boldsymbol{\mu} \tag{5-17}$$

式中，N_{sv} 为 sv 的总数。一般来说，当 $N_{\mathrm{sv}} \in [10, 50]$ 时平衡了计算负载和曲线拟合的精度。

5.3.2 核函数选择

核函数是机器学习中非常重要的一种技术，可以将数据集中的非线性数据映射到线性高维空间，从而使得原本无法用线性方法处理的数据集能被线性分类器或回归器所处理。在应用核函数的过程中，核函数的选择对模型的性能和预测精度有着至关重要的影响。锂离子动力电池的 SOH 预测是电池管理中的一个重要问题，涉及电池寿命的评估和预测，而核函数的选择对于 SOH 预测的准确性和稳定性也有着较大的影响。因此选择一个适合的核函数是非常重要的。在实际应用中，核函数的构造形式有很多种，大部分是凭借着经验来选择核函数。其中，常用的核函数主要包括线性核函数、多项式核函数和高斯（径向基）核函数。不同核函数具有不同的特点和适用场景，下面将分别介绍这三种核函数的特点和应用场景。

线性核函数是最简单和基础的核函数之一,其原理是将数据映射到一个高维线性空间中,可以用来处理线性可分的数据。这种核函数适用于数据特征较少的情况,例如,文本分类、情感分析等问题。优势是较为简单高效并且易于解释。然而,对于非线性可分的数据,线性核函数的表现会受到限制,因此需要使用更为复杂的核函数。线性核函数的数学表达式为

$$K(\boldsymbol{x}_i,\boldsymbol{x}_j) = \boldsymbol{x}_i^\mathrm{T} \cdot \boldsymbol{x}_j \tag{5-18}$$

多项式核函数是一种常用的非线性核函数,可以将数据映射到一个高维的多项式空间中,从而处理一些非线性可分的问题。多项式核函数的核函数参数可以通过交叉验证等方法进行优化,以获得更好的预测性能。但是,多项式核函数的使用会带来较高的计算复杂度和过拟合风险,因此需要在实际应用中谨慎选择。多项式核函数的数学表达式为

$$K(\boldsymbol{x}_i,\boldsymbol{x}_j) = (\boldsymbol{x}_i^\mathrm{T}\boldsymbol{x}_j+t)^d \quad (t>0) \tag{5-19}$$

式中,t 为截距;d 为多项式次数。d 参数的变化会对模型的全局特征产生影响,随着 d 的减小,内核函数的全局特征变得更加明显。因此,选择合适的 d 参数非常重要,它可以帮助我们获得更好的模型性能和更准确的预测结果。多项式核函数的优点是可以拟合出复杂的关系特征,这使得它在一些需要处理非线性数据的问题上表现得比其他线性核函数更好。与此同时,多项式核函数的缺点也比较明显。首先,它的参数太多,包括截距和多项式次数,选择适当的参数对于模型的性能和预测精度非常关键。其次,多项式核函数的使用容易带来过拟合的问题,这意味着模型会过于复杂,导致训练数据上的表现非常好,但在测试数据上的表现却很差。因此,在应用多项式核函数时需要谨慎选择参数,并使用一些常见的方法来缓解过拟合的问题,如正则化、交叉验证等。另外,为了进一步优化多项式核函数的表现,可以使用一些变形的方法来改进它的性能。例如,可以使用带权重的多项式核函数,将每个数据点赋予一个权重,这样可以更好地适应不同数据点的重要性差异。另外,也可以使用一些组合核函数的方法,将不同的核函数组合在一起,以获得更好的性能和更准确的预测结果。

高斯核函数是一种常用的非线性核函数,也被称为径向基函数。它能够将数据映射到一个无限维的高斯空间中,从而处理一些非线性可分的问题。与多项式核函数不同的是,高斯核函数不仅能处理高维数据,还具有良好的泛化性能,因此在模式识别、图像处理、语音识别等领域被广泛应用。高斯核函数的局部特性与插值能力有关,一般来说,局部特征越高,插值能力越强。这是因为高斯核函数具有良好的局部适应性,对于不同的数据点,它的作用范围是不同的。如果选取的核函数具有较高的局部特征,就能更好地适应不同数据点之间的差异,从而提高模型的泛化性能。高斯核函数的优点是能够将数据映射到无限维的高斯空间中,从而能够更好地拟合非线性关系。与多项式核函数不同的是,高斯核函数的参数只有一个,即高斯函数的宽度参数。因此,计算较为简单快捷,并且参数易于确定。此外,高斯核函数还具有良好的泛化性能,在训练数据和测试数据之间的误差较小,因此在实际应用中也很受欢迎。不过,高斯核函数的缺点也是显而易见的。首先,高斯核函数的过程不宜解释,因此不适合用于需要解释模型内部运作机理的场合。其次,高斯核函数也可能出现过拟合的情况,尤其是当高斯函数的宽度参数选取不当时,就容易导致模型的泛化性能下降。为了解决这个问题,可以使用一些常见的方法,如交叉验证、正则化等,来缓解过拟合的问题。本节使用高斯核函数,其数学表达式见式(5-10)。

5.3.3 支持向量回归方法实例

本节选用 NASA 随机工况下的公开电池数据集进行粒子滤波仿真,预测电池 SOH。四组

数据分别被标记为 RW9、RW10、RW11、RW12。电池随机选取 0.7A、1.5A、2.25A、3A、3.75A、4.5A 不同电流值中的一个作为充放电倍率，正值为放电，对应的负值为充电。电压上升到 4.2V 时停止充电，电压下降到 3.2V 时停止放电。每次随机充放电间隔为 1s。四组电池的容量退化曲线如图 5-5 所示。

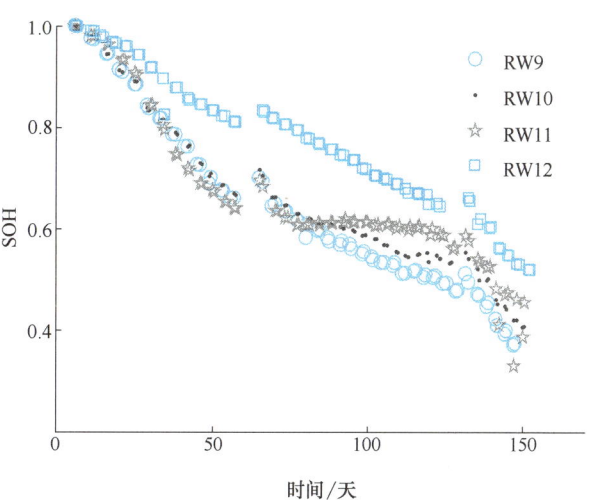

图 5-5　电池 RW9、RW10、RW11 和 RW12 的容量退化曲线

为了验证支持向量回归方法在随机工况下的估计性能，将 RW10、RW11 和 RW12 三块电池容量数据进行模型训练，将 RW9 电池数据作为测试样本进行 SOH 预测，其他电池预测时采取相同方式，第 k 次循环的电池容量值作为模型输入，第 $k+1$ 次循环的容量值作为输出。不同电池的 SOH 估计结果曲线如图 5-6 所示。

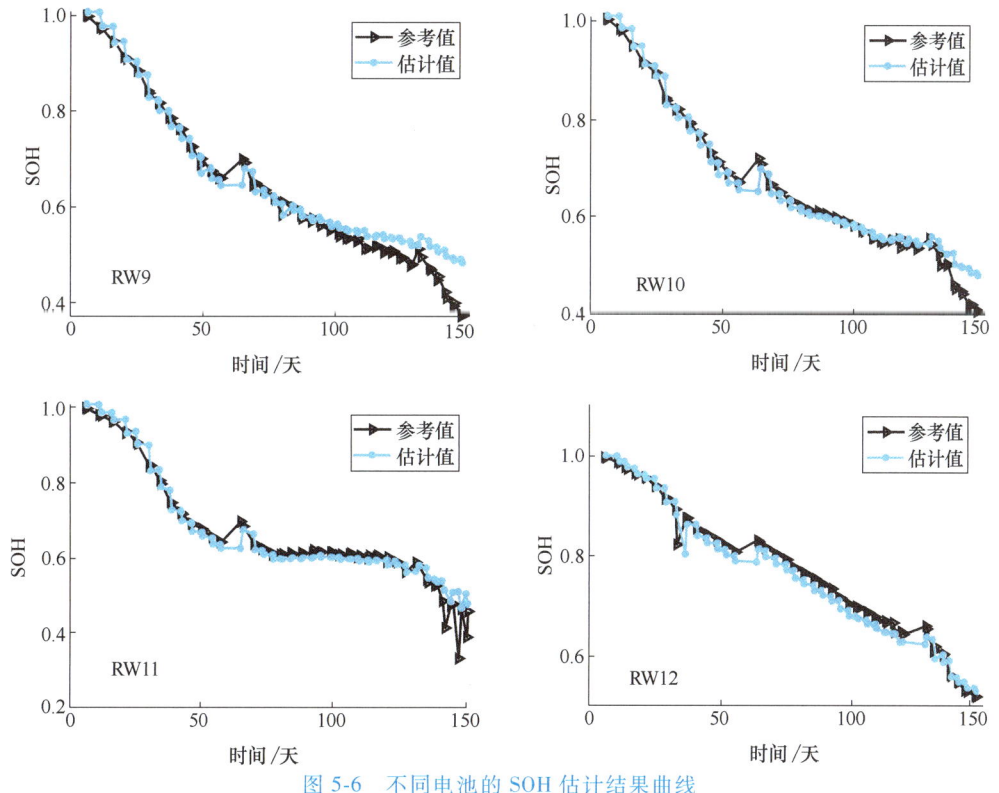

图 5-6　不同电池的 SOH 估计结果曲线

图 5-6 展示了四种电池的估计曲线与参考值的比较结果。从图中可以看出，四种电池的估计曲线与参考值非常接近，精度普遍较高。这表明，支持向量回归方法可以有效地估计动力电池的可用容量，为电池的实际使用提供了重要的指导意义。

第6章 锂离子动力电池协同状态估计方法

动力电池 SOC 与 SOH 的耦合关系使得 SOC 与 SOH 估计方法相互依存,依次建立能反映 SOC 与 SOH 相关关系的动力电池模型,设计出 SOC 与 SOH 的协同估计方法,是针对复杂、多变的实车工况开展精确 SOC 估计的基础。在 SOC-SOH 协同估计框架中,SOC 估计所用的容量值为动态的,相比 SOH 估计中所用的静态容量,动态容量会随着动力电池工况变化而自适应调整,因而往往能取得更加优秀的估计性能。

6.1 动力电池协同状态概述

6.1.1 协同状态问题描述

动力电池模型的建立引入了模型参数,主要包括 OCV、阻抗参数和容量,这些模型参数直接反映了动力电池 SOH,因此可直接将这些参数视为动力电池 SOH 的映射参数值。此时,SOC 和 SOH 的耦合估计问题可以转换为其状态(SOC)与参数(SOH)的耦合估计问题。针对这一问题,可采用两个互为输入的估计器,即协同估计,分别用于动力电池状态与参数的估计,同时二者共用同一新息,以保证算法的稳定和收敛。协同状态是指电动汽车动力电池组中所有电池单元的电化学特性、内部电阻、温度等参数处于相同的状态,并且能够平衡其电荷和放电,从而最大限度地延长整个电池组的寿命和提高性能。

在电动汽车系统中,由于电池组中的每个电池单元并不完全相同,因此它们的电化学特性、内部电阻、温度等参数存在差异。这些差异会导致电池组中某些电池单元的状态不同于其他电池单元的状态,从而影响电池组的整体性能、可靠性和寿命。如果能够通过有效的控制和管理手段,让电池单元之间的状态保持相同,即协同状态,就可以提高电池组的使用寿命、充放电效率和稳定性,同时降低故障率和维护成本,从而推动电动汽车技术的发展。因此,电动汽车动力电池协同状态是电池管理和电动汽车技术中的重要概念,对于保障电动汽车的安全和可靠性具有重要意义。

动力电池协同管理涉及多种技术,包括电池管理系统(BMS)、均衡器、充电器和放电器等。这些技术可以监测每个电池单元的状态,并采取相应的措施来平衡电池组中的电荷和放电,从而提高整个系统的效率和可靠性。

电池需要高效的电池管理系统。随着电池技术的提升，电池的性能、成本和不一致性得到有效的控制。电池的全生命周期管理是影响新能源汽车推广的重要因素。而电池全生命周期管理的一个重要依据就是高精度的 SOC 算法。

6.1.2 协同状态的定义

协同状态是指电动汽车动力电池组中各个电池单体（或电池模块）之间的状态均衡程度。当电池单体之间的状态均衡时，整个电池组的性能和寿命可以得到最大化的发挥，同时也可以减少电池组因电池单体之间的不平衡而产生的损失和风险。协同状态问题的描述可以从以下三个方面来介绍。

首先，电池 SOC、SOH 和 SOP 对协同状态具有直接影响。SOC 表示电池组的荷电状态，即已存储的电荷量与总容量的比值，它对协同状态的影响在于电池 SOC 不平衡会导致电池单体之间的电荷分布不均衡，从而影响电池组的协同状态。SOH 表示电池组的健康状态，即实际容量与原始容量之比，它对协同状态的影响在于电池组中存在容量衰减较快的电池单体会导致整个电池组的协同状态下降。SOP 表示电池组的功率输出状态，即电池组在充放电过程中的最大功率输出能力，它对协同状态的影响在于电池单体之间功率不平衡会导致电池单体之间的温度分布不均衡，从而影响电池组的协同状态。

其次，BMS 需要采取相应的措施来实现协同状态。为了实现电池组中电池单体之间的状态均衡，BMS 需要采取一系列的措施，例如电池均衡、电池替换、温度控制等，以保证整个电池组的协同状态。

最后，协同状态评价指标是电动汽车动力电池管理的重要内容之一。为了评价电池组中各个电池单体之间的协同状态，需要确定相应的评价指标。目前主要的评价指标包括均衡度、方差、最大值和最小值等。均衡度是指电池单体之间的状态差异程度，方差是指电池单体之间的状态分布程度，最大值和最小值是指电池单体状态的极值情况。

综上所述，协同状态是电动汽车动力电池管理的重要内容之一，其与电池 SOC、SOH 和 SOP 密切相关。协同状态评价指标可以帮助评估电池组的状态均衡程度，为电池管理提供指导。

6.1.3 协同状态的评价指标

协同状态评价指标通常包括以下几个方面：

1）协同度（coherence degree）：反映了电池单体之间的状态差异程度，是衡量协同状态的关键指标。协同度的值越小，表示电池单体之间的状态越接近，协同状态越好。

2）电池 SOC 均衡度（SOC balancing degree）：反映了电池单体之间的 SOC 差异程度，是衡量电池 SOC 均衡程度的指标。电池 SOC 均衡度的值越小，表示电池单体之间的 SOC 差异越小，电池 SOC 均衡程度越好。

3）电池 SOH 均衡度（SOH balancing degree）：反映了电池单体之间的 SOH 差异程度，是衡量电池 SOH 均衡程度的指标。电池 SOH 均衡度的值越小，表示电池单体之间的 SOH 差异越小，电池 SOH 均衡程度越好。

4）电池 SOP 均衡度（SOP balancing degree）：反映了电池单体之间的 SOP 差异程度，是衡量电池 SOP 均衡程度的指标。电池 SOP 均衡度的值越小，表示电池单体之间的 SOP 差异越小，电池 SOP 均衡程度越好。

综上所述，协同状态是电动汽车动力电池管理的重要内容之一，与电池 SOC、SOH 和 SOP 密切相关。协同状态评价指标可以帮助评估电池组的状态均衡程度，为电池管理提供指导。

为了评价电动汽车动力电池协同状态，可以考虑以下指标：

1）电池单元之间的电压差异：电池单元之间的电压差异越小，说明协同状态越好。
2）电池单元之间的容量差异：电池单元之间的容量差异越小，说明协同状态越好。
3）电池单元之间的内阻差异：电池单元之间的内阻差异越小，说明协同状态越好。
4）电池组的充放电效率：电池组的充放电效率越高，说明协同状态越好。
5）电池组的寿命：电池组的寿命越长，说明协同状态越好。
6）系统的稳定性：系统的稳定性越高，说明协同状态越好。

评价电动汽车动力电池协同状态时，需要综合考虑以上指标，并制定合理的评价标准。通过监测和调节电池单元之间的电压、容量和内阻等参数，以及使用均衡器、充电器和放电器等设备，可以有效提高电池组的协同状态，从而延长电池组的寿命和提高性能。

6.1.4 协同状态估计方法分类

协同状态是电动汽车动力电池管理的重要内容之一，与电池 SOC、SOH 和 SOP 密切相关。为了实现电池组中电池单体之间的状态均衡，需要对协同状态进行估计。协同状态的估计方法可以分为以下两类，如图 6-1 所示。

1. 基于模型的估计方法

基于模型的估计方法利用电池的物理模型来预测电池单体之间的状态差异程度，从而得到电池组的协同状态。电池模型通常包括等效电路模型和动态模型两种，动态模型也包括电化学模型和数据驱动模型。

等效电路模型是将电池单体抽象为电路中的电容和电阻，并建立电池单体之间的电路模型来描述电池单体之间的状态变化。通过模拟电路中的电压和电流，可以预测电池单体之间的状态差异程度，从而得到电池组的协同状态。

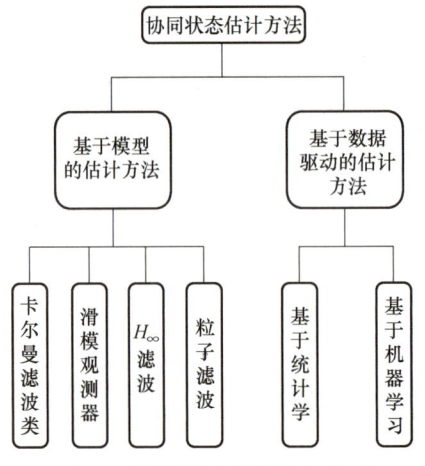

图 6-1 协同状态估计方法分类

动态模型是基于电池的化学反应和热效应建立的微分方程模型，用来描述电池单体的状态变化过程。通过数值求解微分方程，可以预测电池单体之间的状态差异程度，从而得到电池组的协同状态。

基于模型的估计方法通常与滤波类方法搭配使用，例如常用的卡尔曼滤波及其改进滤波、滑模观测器、H_∞ 滤波、粒子滤波及其改进滤波等。

2. 基于数据驱动的估计方法

基于数据驱动的估计方法通过采集电池单体的实时数据来估计电池单体之间的状态差异程度，从而得到电池组的协同状态。这类方法通常包括基于统计学的方法和基于机器学习的方法两种。

基于统计学的方法是通过对电池单体的数据进行统计分析，得出电池单体之间的状态差异程度，从而得到电池组的协同状态。这类方法通常包括均值、方差、最大值和最小值等统计量。

基于机器学习的方法是通过建立电池单体之间的关联模型来预测电池单体之间的状态差异程度，从而得到电池组的协同状态。这类方法通常包括支持向量机、神经网络、随机森林等机器学习模型。

综上所述，协同状态的估计方法可以分为基于模型的估计方法和基于数据驱动的估计方法两种。不同的方法各有优缺点，见表6-1，需要根据实际情况选择合适的方法来进行协同状态的估计。

表 6-1 两类协同状态估计方法的优缺点评价

方法	优点	缺点	精度	稳定性
基于模型的估计方法	原理清晰，精度高 可采用闭环反馈控制 实时性好 良好自适应性	模型复杂，计算量大 对初值要求较高 对模型精度依赖性较高 实车运用难	优秀	优秀
基于数据驱动的估计方法	估计精度高 模型简单，便于使用 有良好非线性处理能力	算法较为复杂 需要大量实验数据 对训练数据的依赖程度高	良好	一般

6.2 动力电池 SOC 与 SOH 估计

6.2.1 锂离子电池的 SOC 定义

在 BMS 中研究最多的指标之一是 SOC，人们之所以对 SOC 估计产生浓厚兴趣的原因，是 SOC 具有预测电池的剩余使用时间和车辆行驶至能量耗尽里程的效应。从电动汽车用途来说，车用动力电池的荷电状态可以定义为：电池在一定放电倍率下，锂离子电池单元中的剩余可用容量占电池充满电容量的百分比，SOC 表示锂离子电池当前存储电量的大小。SOC 不仅可以在线评估锂离子电池中存储的能量以便有效进行利用，还可以作为电池管理系统中其他估计的基础输入量。由于锂离子电池是一种化学能量存储源，因此不可以直接测量电池的荷电状态，可以通过测量电压和电流等电池变量来估计 SOC。锂离子电池的 SOC 的定义可以表示为（详情可见第 4 章）：

$$\mathrm{SOC}(k) = \mathrm{SOC}(k_0) - \int_{k_0}^{k} \eta I_\mathrm{L}(\tau)\mathrm{d}(\tau)/C_\mathrm{N} \tag{6-1}$$

式中，$\mathrm{SOC}(k)$ 为 k 时刻的荷电状态；$\mathrm{SOC}(k_0)$ 为初始荷电状态；C_N 为电池的标称容量；η 为库仑效率。

6.2.2 锂离子电池的 SOH 定义

SOH 用于监控锂离子电池的健康状况的能力，以评估该电池的容量和供电能量，并确

保该电池可以在寿命和效率方面的安全且以最佳状态运行,这种能力会因电池老化而下降。相对于荷电状态(SOC)的研究,国内外对于健康状态(SOH)的研究相对较少,国际上对于SOH的定义没有统一标准,一般都是从基于容量衰减或基于欧姆内阻增加变化来定义SOH,且容量与内阻这两个指标与SOH呈现负相关。

(1) 基于容量变化的SOH定义 假设新电池的SOH为100%,当电池的实际可用容量由最大值减小到最小值时,此时SOH为0%,从容量的角度定义SOH为

$$\text{SOH}_C = \frac{C_{\max}}{C_N} \times 100\% \tag{6-2}$$

式中,SOH_C为由容量定义得到的动力电池健康状态;$C_{\max}$为动力电池实际的可用最大容量;C_N为动力电池的标称容量。该定义的缺点是没有考虑锂离子电池的整个生命周期变化,不能反映出电池的老化程度。实际上,容量估计需要保证两个条件:

1)一个完整的充放电过程。

2)采样精度足够高。这意味着基于容量变化的SOH估计需要在稳定条件下实验。对于真实的电动汽车而言,实际工作情况复杂,动力电池的实际最大可用容量在短时间内不会有较大的波动,因此用容量变化作为SOH的表征量估计健康状态效果并不明显。

(2) 基于欧姆内阻变化的SOH定义 通过文献可知,随着电动汽车的动力电池不断循环重复使用,其性能和健康状况也会随之不断下降,具体表现为电池老化。由于锂离子电池内部一系列物理和化学反应以及电解液分解产物的薄膜在电极表面的积累,从而导致电池欧姆内阻不断增加,因此电池欧姆内阻可以作为评估其健康状态的参数。通过测量欧姆电阻的变化来估计动力电池的SOH,基于欧姆内阻变化的SOH定义为

$$\text{SOH}_R = \frac{R_0(\text{end}) - R_0(k)}{R_0(\text{end}) - R_0(\text{new})} \times 100\% \tag{6-3}$$

式中,SOH_R为基于欧姆内阻变化的SOH估计;$R_0(k)$为动力电池在k时刻测量的欧姆内阻值;$R_0(\text{new})$为动力电池新出厂时的欧姆内阻值;$R_0(\text{end})$为动力电池的容量下降到初始容量80%的欧姆内阻值。

锂离子电池的欧姆内阻会受到电池内部活性材料的组成、利用率、薄膜厚度、电解液的浓度以及温度等多方面因素的影响,同时电池欧姆内阻也是表征电池老化程度的重要参数。由于电池内阻的变化导致SOC和SOH无法准确估计,具体地讲,电池内阻可以分为交流内阻和直流内阻两种。交流内阻是一个错综复杂的变量,需要采用交流阻抗仪这种专门的仪器测量。一般来说,电池内阻是指电池的直流内阻,通常由欧姆电阻、浓差极化内阻和电化学极化内阻三部分组成。欧姆内阻的大小与电池内部物质有关,浓差极化内阻与电池内部物质扩散速率有关,电化学极化内阻与电极材料有关。下文所涉及的极化内阻为浓差极化内阻和电化学极化内阻之和,电池内阻为欧姆内阻和极化内阻之和。

式(6-3)中的$R_0(\text{end})$、$R_0(\text{new})$、$R_0(k)$统称为欧姆内阻,可以直接测量,$R_0(\text{end})$可以对同一批次电池进行循环老化实验,取电池的最大输出容量变为初始容量80%的欧姆内阻的平均值。$R_0(\text{new})$取同一批次新出厂电池欧姆内阻的平均值。$R_0(k)$可以通过锂电池的欧姆内阻测试方法测得。

电动汽车的动力电池在工作过程中,会受到内部复杂的机理变化、活性物质的损失、电解液的分解等多方面错综复杂的因素影响,造成锂电池容量的衰减和内阻的增加,这些不可

避免的副反应都会随着循环次数的增加而加速,从而造成电池 SOC 和 SOH 估计困难。通过研究文献可知,电池的内阻与电池的安全运行密切相关,因此确定了以研究电池各个时刻的欧姆内阻来分析锂离子电池的 SOH 是合理的。

6.2.3 影响 SOC 和 SOH 联合估计的因素

动力电池系统复杂的反应原理导致电池状态估计过程复杂,如果无法准确估计和控制电池的 SOC 和 SOH,可能导致电池处于一个充电不足或者过度充电状态,或者会降低动力电池的功率与能量传输。在对电池进行状态估计时需要考虑诸多方面的因素,具体有动力电池系统的电压、电池内阻、电池容量、温度、电池组一致性等多方面的影响,以维持动力电池系统的健康。

1. 电压

与电池电压有关的指标有:开路电压、电动势、工作电压、充电截止电压、放电截止电压。在工程应用上,常常认为在断电稳定状态下的开路电压为电动势。动力电池的工作电压会随着 SOC 与 SOH 的状态的变化而变化。动力电池在工作过程中需要设置充/放电截止电压,原因在于过度充电会影响电解质产生副反应从而导致电池温度升高而膨胀或者起火,过度放电会对锂离子电池的容量、阻抗以及使用寿命产生影响。不同类型的动力电池在电压指标上存在差异,为了避免电池过充电或者过放电,实现对电压的安全控制,需要正确地进行 SOC 和 SOH 估计。

2. 电池内阻

在理想状态下,欧姆内阻为零,实际受生产工艺和材料属性的限制,欧姆内阻不可剔除,并随着电池的老化而增加。极化内阻不是一个固定的常数,它由电池内部极化作用产生,由于极化电容的影响,导致极化内阻与内部电流不遵守基尔霍夫定律。在动力电池使用过程中,电池会随循环次数的增加出现衰减,对外表现在电池欧姆内阻的增加和输出功率的衰减。在电池 SOC 和 SOH 估计过程中若不能很好地修正欧姆内阻增加带来的电池衰老问题,则会导致 SOC 和 SOH 的估计误差增大。在 25℃下使用混合脉冲功率特性(HPPC)测试实验,磷酸铁锂电池内阻随 SOC 变化的关系如图 6-2 所示,由图可知,随着 SOC 的降低,欧姆内阻缓慢增大,当 SOC 小于 20% 后欧姆内阻急速增加。

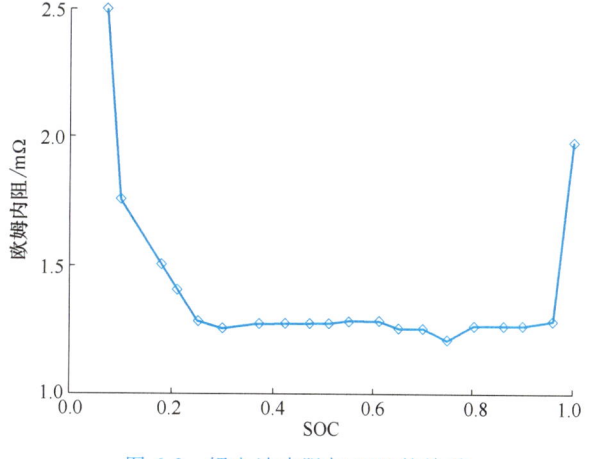

图 6-2 锂电池内阻与 SOC 的关系

3. 电池容量

电池容量是衡量电池性能的指标,同时,电池容量对评估当前电池的老化程度具有重要意义。电池在充放电过程中存在各种因素导致出现无法避免的物理与化学的副反应,从而影响了锂离子电池的实际输出电量。电池的实际容量还受自身特性和外界环境的影响,所以关于电动汽车动力电池容量的研究也是当前的重点与难点。有学者研究了锂离子电池的容量与放电电流的关系，由图6-3可知，动力电池的可用剩余容量和放电电流没有明显的一致性，而是随电流的增加先减小后增大，主要原因在于输出电流增大导致内部温度升高，电池内部物理和化学反应也随之加强，从而导致电池的可用容量输出增加，温度增加带来的容量增加现象以及大电流导致的容量衰减现象相互影响，导致了锂离子电池出现容量不随放电电流单调变化的现象。

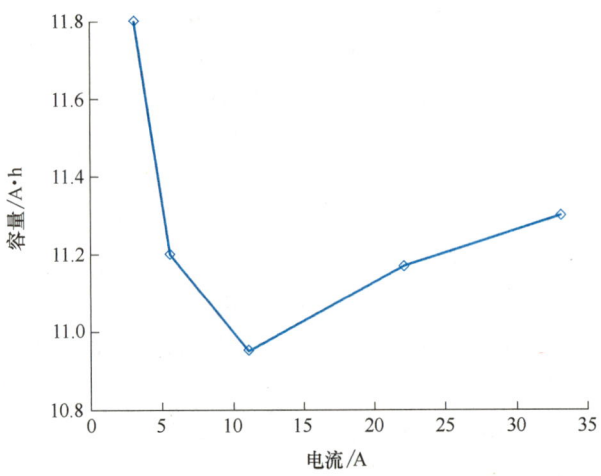

图6-3 锂电池容量与电流关系曲线

4. 温度

锂离子电池工作温度与其循环寿命密切相关，且热能管理对锂离子电池的热特性和温度起重要作用，电池的SOC和SOH在温度的影响下导致估计发生变化。监测工作温度变化对锂离子电池生命周期的影响发现，当温度低于-20℃时，电池的可用容量会明显下降，而在25℃时，电池的容量减少不到10%。图6-4显示了不同充电倍率下锂离子电池温度的理想工作区域，从图中可以看出，当温度低于10℃时，由于阳极活性物质降低，其循环次数逐渐降低，当温度高于60℃时，由于电极的化学分解，其循环寿命也急剧下降，图6-4显示的锂离子电池工作的最佳温度范围为15~50℃。

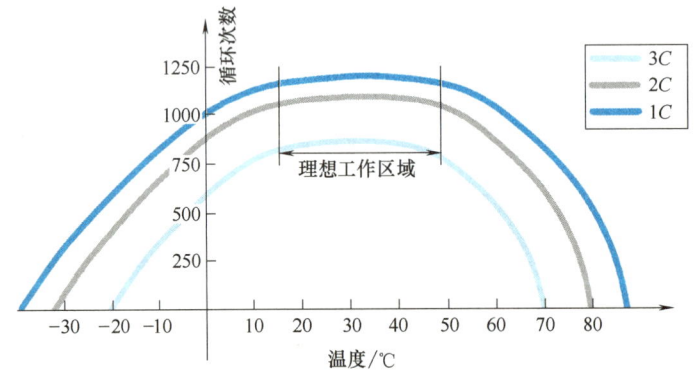

图6-4 锂离子电池不同充电倍率下的电池寿命与温度关系

5. 电池组一致性

电池单元的不均衡可能导致SOC和SOH估计的不精确。电动汽车中的电池单元串联可提供高电压，而它们并联可提供高容量。每个电池都有自己的化学和制造特性，在充电和放电时可能会有所不同。在充电过程中，电池可能会因容量衰减使得轻易达到满容量状态从而过充电，这可能会造成危险。在电池组中的其他电池已经充满电后，电池可能会发生过充电。同样，如果电池具有连续放电作用，而其余的电池已经达到完全放电，则电池可能会过度放电。锂离子电池中的过度充电会导致变形、泄漏、压力升高，从而导致电池爆炸；另一方面，高电流和频繁的过度放电则可能会缩短电池的寿命周期。

综上所述，由于动力电池系统的电压、电池内阻、电池容量、温度、电池组一致性等因素对电池 SOC 和 SOH 联合估计的影响，可以在系统建模和状态估计过程中加入相应的影响因子以降低该部分因素的干扰。

6.3 基于双无迹卡尔曼滤波的 SOC 与 SOH 联合估计

6.3.1 无迹卡尔曼滤波原理

无迹卡尔曼滤波（unscented Kalman filter，UKF）摒弃了对非线性函数进行线性化的传统做法，采用卡尔曼线性滤波框架，对于一步预测方程，使用无迹变换（unscented transform，UT）来处理均值和协方差的非线性传递问题。UKF 算法是对非线性函数的概率密度分布进行近似，用一系列确定样本来逼近状态的后验概率密度，而不是对非线性函数进行近似，不需要对雅可比（Jacobian）矩阵进行求导。UKF 没有把高阶项忽略，因此对于非线性分布的统计量有较高的计算精度，有效地克服了扩展卡尔曼滤波的估计精度低、稳定性差的缺陷。

无迹卡尔曼滤波是 S. Julier 等人提出的一种非线性滤波方法。与扩展卡尔曼滤波不同的是，它并不对非线性状态方程 f 和非线性观测方程 h 在估计点处做线性化逼近，而是利用无迹变换在估计点附近确定采样点，用这些样本点表示的高斯密度近似状态的概率密度函数。

无迹变换实现方法为：在原状态分布中按某一规则选取一些采样点，使这些采样点的均值和协方差等于原状态分布的均值和协方差；将这些点代入非线性函数中，相应得到非线性函数值点集，通过这些点集求取变换后的均值和协方差。这样得到的非线性变换后的均值和协方差精度最少具有 2 阶精度（泰勒序列展开）。对于高斯分布，可达到 3 阶精度。其采样点的选择是基于先验均值和先验协方差矩阵的平方根相关数列实现的。

下面以对称分布采样的无迹变换为例，简要介绍无迹变换的基本原理。设一个非线性变换 $y=f(x)$。状态向量 x 为 n 维随机变量，并且已知其均值 $\bar{x}$ 和方差 P，则可通过下面的无迹变换得到 $2n+1$ 个 Sigma 点 X 和相应的权值 ω 来计算 y 的统计特征。

1）计算 $2n+1$ 个 Sigma 点，即采样点，这里的 n 指的是状态的维数。

$$\begin{cases} X^{(0)} = \bar{X}, & i=0 \\ X^{(i)} = \bar{X}+(\sqrt{(n+\lambda)P})_i, & i=1\sim n \\ X^{(i)} = \bar{X}-(\sqrt{(n+\lambda)P})_i, & i=n+1\sim 2n \end{cases} \quad (6-4)$$

式中，$(\sqrt{P})^T(\sqrt{P})=P$，$(\sqrt{P})_i$ 表示矩阵方根的第 i 列。

2）计算这些采样点相应的权值。

$$\begin{cases} \omega_m^{(0)} = \dfrac{\lambda}{n+\lambda} \\ \omega_c^{(0)} = \dfrac{\lambda}{n+\lambda}+(1-a^2+\beta) \\ \omega_m^{(i)} = \omega_c^{(i)} = \dfrac{\lambda}{2(n+\lambda)}, i=1\sim 2n \end{cases} \quad (6-5)$$

式中，下标 m 为均值，c 为协方差，上标为第几个采样点。参数 $\lambda = a^2(n+k) - n$ 是一个缩放比例参数，用来降低总的预测误差，a 的选取控制了采样点的分布状态，λ 为待选参数，其具体取值虽然没有界限，但通常应确保矩阵 $(n+\lambda)\boldsymbol{P}$ 为半正定矩阵。待选参数 $\boldsymbol{\beta} \geq 0$ 是一个非负的权系数，它可以合并方程中高阶项的动差，这样就可以把高阶项的影响包括在内。

无迹变换得到的 Sigma 点集具有下述的性质：

1) 由于 Sigma 点集围绕均值对称分布并且对称点具有相同的权值，因此 Sigma 集合的样本均值为 $\overline{\boldsymbol{X}}$，与随机向量 $\boldsymbol{X}$ 的方差相同。

2) 对于 Sigma 点集的样本方差与随机向量 $\boldsymbol{X}$ 的方差相同。

3) 任意高斯分布的 Sigma 点集，是由标准高斯分布的 Sigma 集合经过一个变换得到的。

6.3.2 无迹卡尔曼滤波算法实现

对于不同时刻 k，由具有高斯白噪声 $\boldsymbol{W}(k)$ 的随机变量 $\boldsymbol{X}$ 和具有高斯白噪声 $\boldsymbol{V}(k)$ 的观测变量 $\boldsymbol{Z}$ 构成的非线性系统可以由式（6-6）描述：

$$\begin{cases} \boldsymbol{X}(k+1) = f(\boldsymbol{x}(k), \boldsymbol{W}(k)) \\ \boldsymbol{Z}(k) = h(\boldsymbol{x}(k), \boldsymbol{V}(k)) \end{cases} \quad (6\text{-}6)$$

式中，f 为非线性状态方程函数；h 为非线性观测方程函数。设 $\boldsymbol{W}(k)$ 具有协方差阵 $\boldsymbol{Q}$，$\boldsymbol{V}(k)$ 具有协方差阵 $\boldsymbol{R}$。随机变量 $\boldsymbol{X}$ 在不同时刻 k 的无迹卡尔曼滤波算法基本步骤如下：

1) 算法初始化：

$$\boldsymbol{X}_0 = E[\boldsymbol{x}(0)] \quad (6\text{-}7)$$

$$\boldsymbol{P}_0 = E[(\boldsymbol{x}(0) - \boldsymbol{X}_0)(\boldsymbol{x}(0) - \boldsymbol{X}_0)^{\mathrm{T}}] \quad (6\text{-}8)$$

2) 计算 $2n+1$ 个 Sigma 采样点，并计算相应权值。n 是状态的维数，λ 是比例系数，$(\sqrt{\boldsymbol{P}})_k$ 是矩阵方根的第 k 列：

$$\begin{cases} \boldsymbol{X}_{k,i}^- = \boldsymbol{X}_k^-, & i = 0 \\ \boldsymbol{X}_{k,i}^- = \boldsymbol{X}_k^- + \sqrt{(n+\lambda)\boldsymbol{P}_k^-}, & i = 1 \sim n \\ \boldsymbol{X}_{k,i}^- = \boldsymbol{X}_k^- - \sqrt{(n+\lambda)\boldsymbol{P}_k^-}, & i = n+1 \sim 2n \end{cases} \quad (6\text{-}9)$$

$$W_{(i)}^{\mathrm{m}} = W_{(i)}^{\mathrm{c}} = \begin{cases} \lambda/(\lambda+n), & i = 0 \\ 1/2(\lambda+n), & i \neq 0 \end{cases} \quad (6\text{-}10)$$

3) 计算系统状态量的一步预测及协方差矩阵，它由 Sigma 点集的预测值加权求和得到，其中权值 $\omega^{(i)}$ 通过式（6-5）得到。这一点不同于传统的卡尔曼滤波算法，传统卡尔曼滤波算法只需通过上一时刻的状态代入状态方程，仅计算一次便获得状态的预测；而 UKF 在此利用一组 Sigma 点的预测，并计算对它们加权求均值得到系统状态量的一步预测：

$$\hat{\boldsymbol{X}}_{k,i}^- = f(\hat{\boldsymbol{X}}_{k,i}^+, \boldsymbol{u}_{k-1}) \quad (6\text{-}11)$$

$$\hat{\boldsymbol{X}}_k^- = \sum_{i=0}^{2n} \omega_i^{\mathrm{m}} \hat{\boldsymbol{X}}_{k,i}^- \quad (6\text{-}12)$$

$$\boldsymbol{P}_k^- = \sum_{i=0}^{2n} \omega_{(i)}^{\mathrm{c}} [(\hat{\boldsymbol{X}}_{k,i}^- - \hat{\boldsymbol{X}}_k^-)(\hat{\boldsymbol{X}}_{k,i}^- - \hat{\boldsymbol{X}}_k^-)^{\mathrm{T}}] + \boldsymbol{Q} \quad (6\text{-}13)$$

4) 根据一步预测值，再次使用无迹变换，产生新的 Sigma 点集：

$$\begin{cases} \boldsymbol{X}_{k-1,i}^+ = \boldsymbol{X}_{k-1}^+, & i=0 \\ \boldsymbol{X}_{k-1,i}^+ = \boldsymbol{X}_{k-1}^+ + \sqrt{(n+\lambda)\boldsymbol{P}_{k-1}^+}, & i=1\sim n \\ \boldsymbol{X}_{k-1,i}^+ = \boldsymbol{X}_{k-1}^+ - \sqrt{(n+\lambda)\boldsymbol{P}_{k-1}^+}, & i=n+1\sim 2n \end{cases} \quad (6\text{-}14)$$

5）求新的 Sigma 点集的观测预测值，通过加权求和得到系统预测的均值及协方差：

$$\hat{\boldsymbol{Y}}_{k,j} = h(\hat{\boldsymbol{X}}_{k,j}^-, \boldsymbol{u}_k) \quad (6\text{-}15)$$

$$\hat{\boldsymbol{Y}}_k = \sum_{i=0}^{2n} \omega_{(i)}^c \hat{\boldsymbol{Y}}_{k,j} \quad (6\text{-}16)$$

$$\boldsymbol{P}_y = \sum_{i=0}^{2n} \omega_{(i)}^c [(\hat{\boldsymbol{Y}}_{k,j} - \hat{\boldsymbol{Y}}_k)(\hat{\boldsymbol{Y}}_{k,j} - \hat{\boldsymbol{Y}}_k)^T] + \boldsymbol{R} \quad (6\text{-}17)$$

$$\boldsymbol{P}_{xy} = \sum_{i=0}^{2n} \omega_{(i)}^c [(\hat{\boldsymbol{X}}_{k,j} - \hat{\boldsymbol{X}}_k)(\hat{\boldsymbol{Y}}_{k,j} - \hat{\boldsymbol{Y}}_k)^T] \quad (6\text{-}18)$$

6）计算卡尔曼增益矩阵：

$$\boldsymbol{K} = \boldsymbol{P}_{xy}(\boldsymbol{P}_y)^{-1} \quad (6\text{-}19)$$

7）最后，计算系统的状态更新和协方差更新：

$$\hat{\boldsymbol{X}}_k^+ = \hat{\boldsymbol{X}}_k^- + \boldsymbol{K}(\boldsymbol{y}(k) - \hat{\boldsymbol{Y}}_k) \quad (6\text{-}20)$$

$$\boldsymbol{P}_k^+ = \boldsymbol{P}_k^- - \boldsymbol{K}\boldsymbol{P}_y \boldsymbol{K}^T \quad (6\text{-}21)$$

由此可以看出，无迹卡尔曼滤波在处理非线性滤波时并不需要在估计点处做泰勒级数展开，然后再进行前 n 阶近似，而是在估计点附近进行无迹变换，使获得的 Sigma 点集的均值和协方差与原统计特性匹配，再直接对这些 Sigma 点集进行非线性映射，以近似得到状态概率密度函数。这种近似的实质是一种统计近似而非解。

6.3.3 基于双无迹卡尔曼滤波的协同估计

1. 建立电池模型

在本案例中，选择建立一个二阶 RC 网络等效电路模型，其结构如图 6-5 所示，在模型中，OCV 表示开路电压，R_0 表示欧姆电阻，R_1 和 C_1 表示电路的电化学特性，R_2 和 C_2 表示浓差极化特性，U_1 表示电化学极化电压，U_2 表示浓差极化电压，I_L 表示充放电电流，U_t 表示输出端电压。

电池模型方程式为非线性离散系统，需要将电池模型方程式通过泰勒级数展开，对非线性系统进行线性化处理。二阶 RC 模型的离散化状态方程和输出方程如下（详细推导过程见第 4 章 4.3 节）：

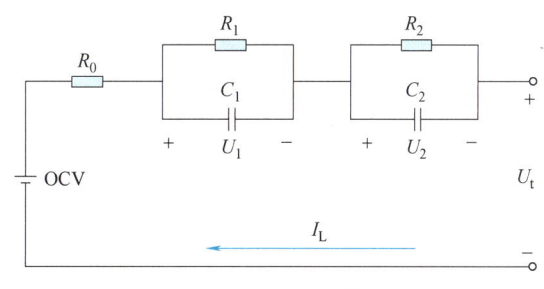

图 6-5 二阶 RC 模型

$$\begin{pmatrix} U_{1,k} \\ U_{2,k} \\ SOC_k \end{pmatrix} = \begin{pmatrix} \exp(-T/\tau_1) & 0 & 0 \\ 0 & \exp(-T/\tau_2) & 0 \\ 0 & 0 & 1 \end{pmatrix} \begin{pmatrix} U_{1,k-1} \\ U_{2,k-1} \\ SOC_{k-1} \end{pmatrix} + \begin{pmatrix} T/C_1 \\ T/C_2 \\ -T/C_N \end{pmatrix} I_{L,k-1} + w_{k-1} \quad (6\text{-}22)$$

$$U_{t,k} = \text{OCV}_{k-1} - I_{L,k-1}R_0 - U_{1,k-1} - U_{2,k-1} + v_{k-1} \tag{6-23}$$

式中，T 为采样时间；C_N 为标称电池容量；τ_1 和 τ_2 为 RC 网络时间常数；w_{k-1} 为过程噪声，其协方差为 Q；v_{k-1} 为测量噪声，其协方差为 R，它们都是均值为 0 的高斯白噪声。

2. 估计流程

要实现 DUKF 算法对 SOC 与 SOH 的联合估计，首先需要建立电池 SOC 及容量的状态空间方程。SOC 的状态方程式（6-22）、式（6-23）已经给出，容量的状态空间方程为

$$Q(k) = Q(k-1) + r(k-1) \tag{6-24}$$

观测方程同式（6-23），根据两组状态空间方程，可以得到 DUKF 算法联合估计电池 SOC 与 SOH。具体流程如图 6-6 所示，算法由两个卡尔曼滤波器组成；在每个采样时刻，算法会利用上一时刻 SOH 的估计值估计 SOC；然后以 SOC 为已知量，再次运用 UKF 算法估计 SOH；通过反复的循环迭代计算，实现对电池 SOC 与 SOH 的实时联合计算。

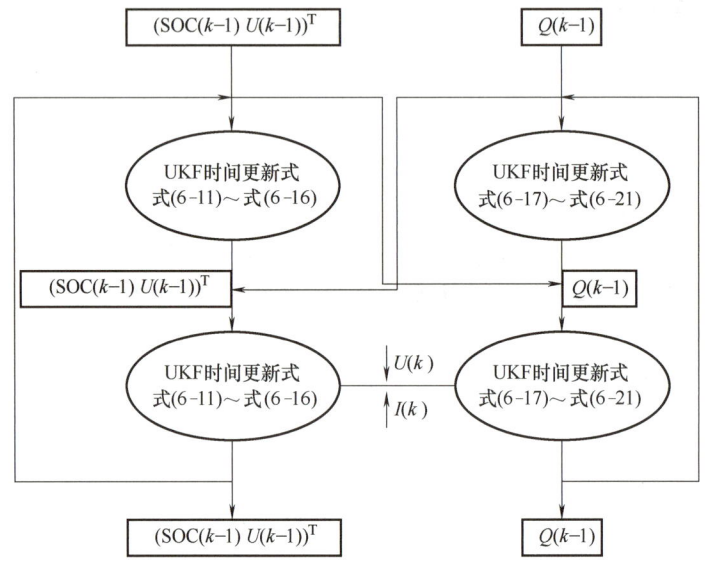

图 6-6 DUKF 算法流程图

3. 案例结果与分析

为了展示双无迹卡尔曼滤波在估计锂电池 SOC 和 SOH 的性能，通过 MATLAB 分别在 UDDS 测试条件和 DST 测试条件下进行仿真，UDDS 测试条件下的仿真结果如下：

图 6-7 和图 6-8 分别是 UDDS 测试条件下的端电压估计结果和估计误差，可以看出估计过程中，端电压估计曲线拟合好，最大误差保持在 3% 以内，平均误差在 1% 左右。

图 6-9 是在 UDDS 测试条件下，通过双无迹卡尔曼滤波估计的 SOC 结果，可以看到 SOC 从 1 下降到 0.2 的过程中，DUKF 都保持着很好的估计结果；从图 6-10 中可以知道，估计误差最大时不超过 3%，只有在开始和中间阶段估计误差突破了 2%，其余都保持在 2% 以下；图 6-11 是电池容量即 SOH 的估计结果，电池的起始容量为 33.1A·h，在测试时间内，电池的 SOH 是几乎恒定的，估计的曲线也是如此，整个估计过程中只出现轻微波动，具有优秀的估计结果。

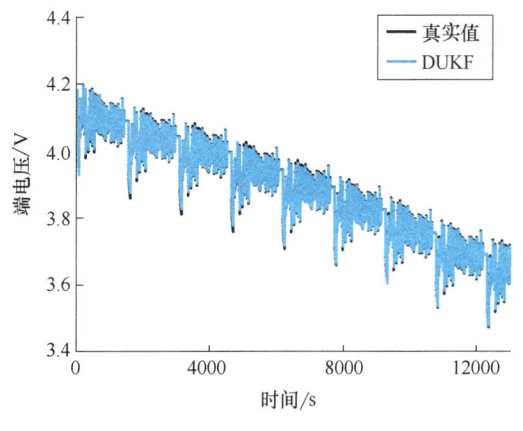

图 6-7　UDDS 测试条件下端电压估计结果　　图 6-8　UDDS 测试条件下端电压估计误差

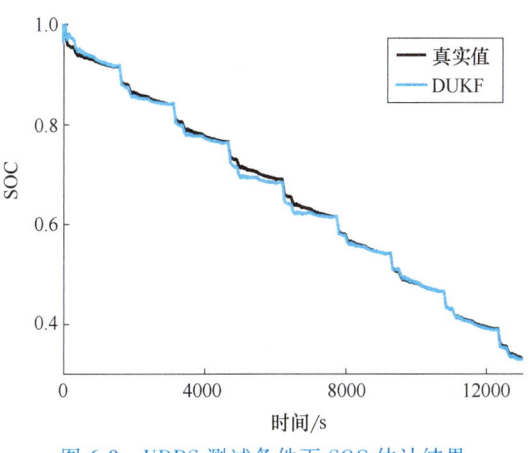

图 6-9　UDDS 测试条件下 SOC 估计结果　　图 6-10　UDDS 测试条件下 SOC 估计误差

图 6-12 和图 6-13 分别是 DST 测试条件下的端电压估计结果和估计误差，在该测试条件下，DUKF 的估计结果差于 UDDS 测试条件下的结果，不过依然保持着不错的拟合效果。从图 6-13 可以看出，误差波动较大，最大误差在 10% 左右，最小误差保持在 5% 以内，精度较为一般。

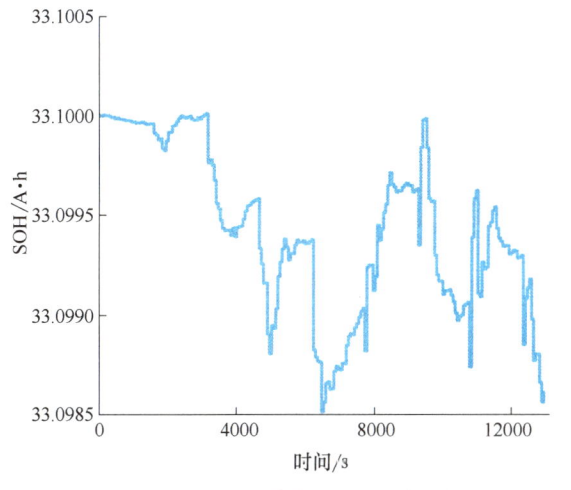
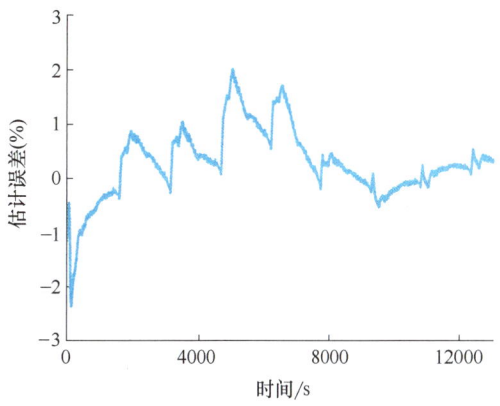

图 6-11　UDDS 测试条件下 SOH 估计结果　　图 6-12　DST 测试条件下的端电压估计结果

图 6-14 是在 DST 测试条件下，通过双无迹卡尔曼滤波估计的 SOC 结果，可以看到估计过程中，估计曲线都能很好地拟合真实值，具有较高的鲁棒性。通过图 6-15 得知，最大估计误差不超过 2.5%，起始阶段估计误差小，结束阶段误差逐渐增大，但依然保持不错的精度。图 6-16 是电池容量即 SOH 的估计结果，电池的起始容量为 33.1A·h，在测试时间内，电池的 SOH 是几乎恒定的，估计曲线呈现上升，略微发散，不过上升程度微乎其微，可以忽略不计。综合两种测试条件下联合估计结果，DUKF 在联合估计上具有良好的效果。

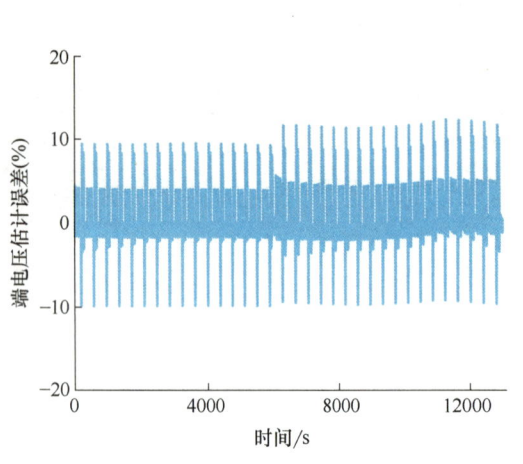

图 6-13 DST 测试条件下的端电压估计误差

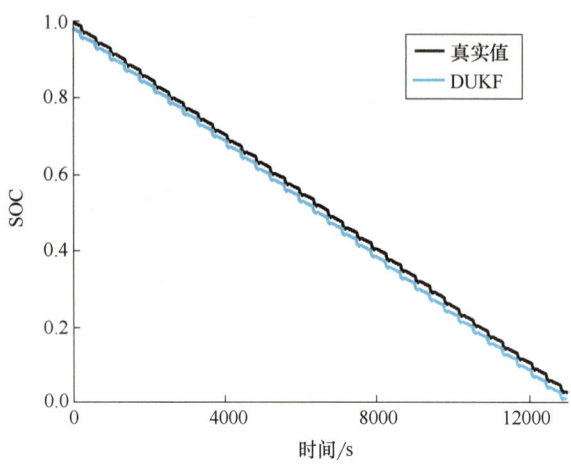

图 6-14 DST 测试条件下 SOC 估计结果

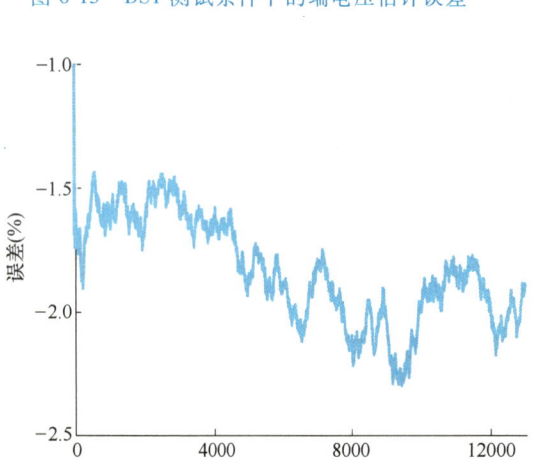

图 6-15 DST 测试条件下 SOC 估计误差

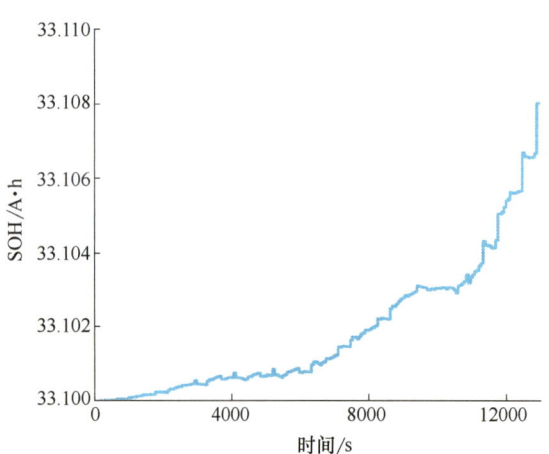

图 6-16 DST 测试条件下 SOH 估计结果

第7章　动力电池剩余使用寿命预测研究

7.1　动力电池剩余使用寿命概述

7.1.1　剩余使用寿命预测的目的及意义

近年来，由于传统化石燃料资源日益枯竭和环境恶化，锂离子电池在新能源汽车和电网储能等领域得到广泛应用。为了确保电子设备的可靠性和安全性，电池故障预测和健康管理（prognostics and health management，PHM）方法变得不可或缺，其中剩余使用寿命（remaining useful life，RUL）的预测是非常重要的组成部分。具体来说，RUL指电池从当前时刻运行至失效阈值时的总循环圈数，失效阈值一般设置为达到80%标称容量。动力电池的寿命受多种因素的影响，包括电池化学组成、电池管理系统、充电和放电方式等。在衡量动力电池寿命时，可以采用循环寿命和日历寿命两种方式。循环寿命指电池能够完成的完整的充放电循环次数，通常以充电容量损失到原始容量的80%为结束点。循环寿命受到深度放电和高温等因素的影响。而日历寿命则是指电池在一定时间内能够保持正常工作的寿命，即使没有进行循环充放电。这种寿命受到温度、湿度、电池电压等因素的影响。总的来说，动力电池的寿命一般在8~10年之间，或者在100000~200000km之间，具体取决于电池类型和使用条件。在电动汽车的使用过程中，建议进行定期维护和充电，以延长电池寿命并确保车辆性能的最佳表现。因此，电池预后和健康管理方法可以帮助人们更好地了解电池的状态和寿命，从而优化电池使用和维护策略，提高电池性能和可靠性，进一步推动新能源技术的发展和应用。

锂离子电池是一种高度复杂的电化学系统，其中会产生SEI膜增长、析锂和电解液氧化等副反应。这些副反应会导致电池性能的衰减，如容量减少和内阻增加，从而缩短电池的使用寿命。因此，预测剩余使用寿命变得至关重要，可以帮助评估电池的健康状况，从而采取必要的维护和更换措施。剩余使用寿命预测有着多重的目的和意义。第一，通过预测电池的剩余使用寿命，可以提高电池的使用效率，及时检测电池出现的问题，并采取维护措施，以避免因电池故障而影响设备的正常运行。第二，剩余使用寿命预测可以提高电池的使用安全性，及早发现电池的健康状态，预防电池的安全事故发生，减少事故的损失。第三，剩余使用寿命预测可以降低电池维护成本，帮助用户及时了解电池的健康状况和寿命，避免不必要的维护和更换，从而降低维护成本。第四，剩余使用寿命预测可以优化电池的设计和制造，通过对电池剩余寿命进行预测，可以了解电池的使用情况和寿命，为电池的设计和制造提供更好的指导和优化。第五，剩余使用寿命预测还可以推动可持续发展，延长电池的使用寿命，降低电池的废弃率，促进电池的再利用和循环利用，从而推动可持续发展。综上所述，剩余使用寿命预测对于保障电池的安全可靠运行、延长电池寿命、最大化利用电池的剩余价值，以及推动可持续发展都具有非常重要的意义。

7.1.2 剩余使用寿命预测的方法分类

近年来，电池 RUL 预测技术取得了巨大发展。文献常将 RUL 预测技术分为基于模型、基于数据驱动和基于融合算法三大类。

基于模型的 RUL 预测方法通过数学的方法建立电池物理模型或经验模型来描述电池的老化行为，该方法的模型通常由一系列代数和微分方程构成，其核心是建立可描述电池衰减行为的数学模型。基于模型法的特点是建立的 RUL 预测模型只针对某一特定系统。高精度的老化机理模型复杂度高且求解难度大，而经验模型虽拥有较低复杂度，但其预测精度较低且适用范围窄。

基于数据驱动的 RUL 预测方法不需要了解电池内部复杂机理，通过采集大量的电池使用数据，建立电池寿命与特征之间的关系模型，利用数据挖掘、机器学习等技术对电池寿命进行预测。具体方法包括：统计学方法、机器学习方法以及深度学习方法。统计学方法是基于电池使用数据进行统计分析，得出电池寿命与特征之间的关系。这种方法计算简单，但是预测准确度较低。机器学习方法是基于电池使用数据进行模型训练，建立电池寿命预测模型。这种方法需要大量的数据进行训练，模型泛化能力强，但是可能会出现过拟合问题。深度学习方法是机器学习的一种，可以自动提取电池使用数据中的特征，建立高层次的特征表示。这种方法可以提高预测的准确度，但是需要更多的数据和计算资源。基于数据驱动的方法可直接从锂电池的电压和电流等数据中挖掘出锂电池性能退化的规律，具有较强的适用性，因此相较于基于模型的方法，数据驱动法的使用更为灵活，逐渐成为近年来主流的锂电池剩余寿命预测方法。然而，模型的训练过程对数据质量要求较高。

为了融合上述两种算法的优点，近年来研究人员提出了融合式的 RUL 预测算法。融合式算法通过将模型与数据驱动相结合，旨在解决三类问题。第一类是利用数据驱动提高滤波算法的精度。第二类是利用数据驱动为滤波算法构建未来时刻"虚拟观测值"。当 RUL 预测时间尺度较长时，经验预测模型的参数需要通过滤波算法不断更新从而跟踪电池的非线性老化行为。然而，由于未来时刻观测数据的缺失，滤波算法无法发挥作用，从而造成较大的预测误差。第三类是利用数据驱动算法对原始电池数据进行预处理。原始电池衰减数据中存在的容量恢复效应将造成衰减曲线的波动。具体方法包括：模型集成、特征融合以及模型与数据的融合。模型集成是指将多个模型进行集成，以得到更加准确的预测结果。这种方法可以将不同的模型进行组合，弥补各自的不足，提高预测的准确度和稳定性。特征融合是指将不同的特征进行融合，以提高预测的准确度。这种方法可以将不同的特征进行组合，以得到更加全面和准确的电池寿命预测结果。模型与数据的融合是指将模型和数据进行融合，以提高预测的准确度。这种方法可以将模型与数据进行交叉验证，选择最优的模型和特征，以达到更好的预测效果。

7.2 基于神经网络的电池剩余使用寿命预测

7.2.1 神经网络基本原理

人工神经网络（artificial neural network，ANN）最初由生物学家提出，是一种仿生类模型。神经网络是通过模仿人类大脑结构中的生物神经元来处理信息的，本质上是能够对自变量和因变量之间的关系进行建模的计算机程序。神经网络可以从人们提供的原始数据中对复杂的非线性关系进行建模。神经网络的优点之一是其黑匣子式的外部表现，不需要提前定义和假设输入量和输出量之间的关系，也不需要对原始数据进行其他非线性转换。只需要将输入数据和标签数据输入到构建好的神经网络中，就可以通过优化算法训练模型。在针对不同的问题时，神经网络的结构也需要根据问题特点进行调整。神经网络由于其优秀的性能，在各个研究领域得到了广泛应用。神经网络的原理是通过多个神经元之间的连接和激活函数来实现对输入数据的处理和建模。神经网络通常包括输入层、隐藏层和输出层。输入层接收原始数据并将其传递给隐藏层，隐藏层通过激活函数对数据进行非线性转换，最终输出层将处理后的数据作为输出结果。通过反向传播算法，神经网络可以调整权重和偏置值来最小化误差，并优化模型表现。

本节使用前馈神经网络预测电池的剩余使用寿命，前馈神经网络是人工智能领域中应用最广泛的一种神经网络模型，其应用涉及机器学习、计算机视觉、自然语言处理等多个领域。其主要特点是在网络中不存在反馈，信号只能从输入层向输出层传播，这种单向传播使得前馈神经网络在很多实际应用中变得更加高效和可靠。前馈神经网络是由多层神经元组成的，每一层的神经元可以接收来自前一层神经元的信号，并产生信号输出到下一层。第 0 层被称为输入层，接收输入数据并将其传递到第一层隐藏层。每个隐藏层在网络中都有一个或多个神经元，这些神经元通过非线性激活函数将输入信号映射到输出信号。最后一层被称为输出层，将输出结果呈现给用户或其他应用程序。前馈神经网络可以被看作是由多个逐层逐级的 logistic 回归模型组成，这些回归模型是连续的非线性模型，而不是由多个感知器模型（非连续的非线性模型）组成的。每个神经元使用激活函数将输入信号映射到输出信号，并使用反向传播算法来调整神经元之间的连接权重和偏置，从而优化网络的性能。前馈神经网络图如图 7-1 所示。

前馈神经网络的信息传播公式为

$$z_l = \boldsymbol{\omega}_l f_{l-1}(z_{l-1}) + \boldsymbol{b}_l \tag{7-1}$$

式中，z_l 为第 l 层神经网络的输入；$f_l(\cdot)$ 为第 l 层神经网络的激活函数；$\boldsymbol{b}_l$ 为第 l 层神经网络的偏置；$\boldsymbol{\omega}_l$ 为第 l 层神经网络的权重。

如果采用交叉熵损失函数，对于样本（$\boldsymbol{x}$，$\boldsymbol{y}$），其损失函数为

$$L(\boldsymbol{y}, \boldsymbol{y}) = -\boldsymbol{y}^{\mathrm{T}} \log(\boldsymbol{y}) \tag{7-2}$$

给定训练集 $D = \{(\boldsymbol{x}^n, \boldsymbol{y}^n)\}$，$N \geq n \geq 0$，将每个样本 $\boldsymbol{x}^n$ 输入给前馈神经网络，得到网络输出为 $\boldsymbol{y}^n$，其在数据集 D 上的结构化风险函数为

$$R(\boldsymbol{\omega}, \boldsymbol{b}) = \frac{1}{N} L(\boldsymbol{y}_n, \boldsymbol{y}_n) + \frac{1}{2} \lambda \|\boldsymbol{\omega}\|_{\mathrm{F}}^2 \tag{7-3}$$

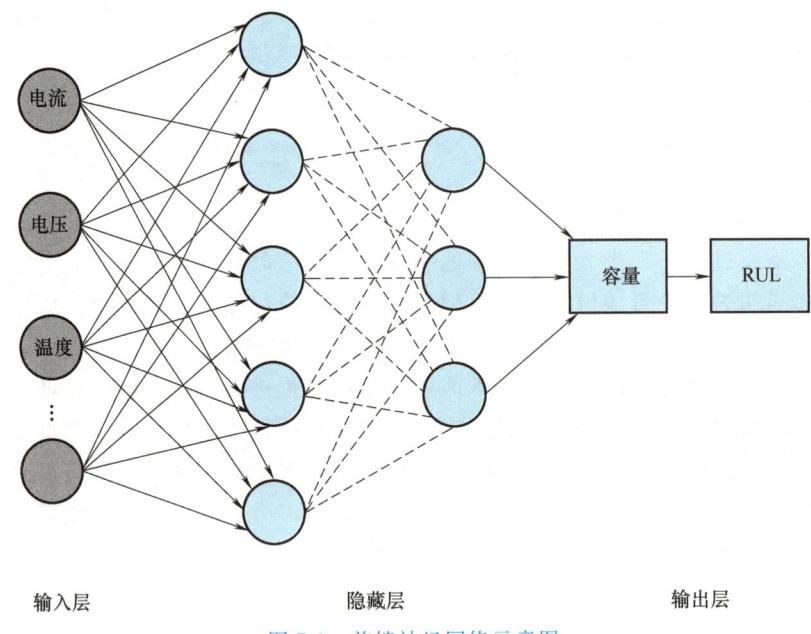

图 7-1 前馈神经网络示意图

式中，ω 为神经网络的权重；λ 为正则化的参数，$\|\omega\|_F^2$ 是正则化项，用于防止过拟合：

$$\|\omega\|_F^2 = \sum_{l=1}^{L}\sum_{i=1}^{m_l}\sum_{j=1}^{m_{l-1}}(\omega_{ij}^l)^2 \tag{7-4}$$

式中，m_l 为第 l 层神经网络的神经元个数；L 为神经网络的层数。通过学习准则和训练样本，神经网络参数可以通过梯度下降法来进行学习，在梯度下降法的每次迭代过程中，第 l 层的参数 ω_l 和 b_l 可以表示为

$$\omega_l = \omega_l - \alpha\frac{\partial R(\omega,b)}{\partial \omega_l} = \omega_l - \alpha\left[\frac{1}{N}\sum_{n=1}^{N}\frac{\partial L(y_n,\hat{y}_n)}{\partial \omega_l} + \lambda\omega_l\right] \tag{7-5}$$

$$b_l = b_l - \alpha\frac{\partial R(\omega,b)}{\partial b_l} = b_l - \alpha\left[\frac{1}{N}\sum_{n=1}^{N}\frac{\partial L(y_n,\hat{y}_n)}{\partial b_l}\right] \tag{7-6}$$

式中，α 为神经网络的学习参数。

7.2.2 梯度计算方法

梯度下降法是一种常用的优化方法，通过求解损失函数对参数的偏导数来更新参数，从而使损失函数达到最小值。但是，如果使用链式法则逐一对每个参数求解偏导数，效率会比较低。为了高效地计算梯度，在神经网络的训练中经常使用反向传播算法。该算法可以根据输出误差快速地计算每个参数对误差的贡献，并以此更新参数。这种方法的效率非常高，可以有效地加快神经网络的训练速度。值得注意的是，现在几乎所有的深度学习框架都包含了自动梯度计算的功能。这意味着，在使用这些框架进行神经网络开发时，只需要关注网络的结构并用代码实现，而不必担心梯度计算的问题。自动梯度计算方法可分为三种类型，分别是数值微分、符号微分和自动微分。

数值微分是一种常用的计算函数导数的方法，通过数值方式来逼近函数在某一点的导

数。函数 $f(x)$ 的点 x 的导数定义为

$$f'(x) = \lim_{\Delta x \to 0} \frac{f(x+\Delta x) - f(x)}{\Delta x} \tag{7-7}$$

式中，Δx 是一个很小的正数扰动，可以理解为无穷小量，要计算 $f(x)$ 在点 x 的导数，可以对 x 加上一个很小的非零扰动，然后通过上述定义来直接计算函数 $f(x)$ 的梯度。数值微分方法非常容易实现，但找到一个合适扰动非常难，如果扰动过小会引起数值计算问题，比如舍入误差；如果扰动过大，会增加截断误差，使得导数计算不准确，因此数值微分的实用性比较差，在实际应用中，常用以下公式来计算梯度可以减少截断误差：

$$f'(x) = \lim_{\Delta x \to 0} \frac{f(x+\Delta x) - f(x-\Delta x)}{2\Delta x} \tag{7-8}$$

总之，数值微分是一种常见的计算函数导数的方法，虽然易于实现，但由于需要选择合适的扰动值，其实用性不如其他更加准确和稳定的方法。因此，在实际应用中，可以使用其他更加高效的方法来计算函数的导数，以便更好地应对实际问题。

符号微分是一种基于符号计算的自动求导方法。符号计算也叫代数计算，是指用计算机来处理带有变量的数学表达式。符号计算的输入和输出都是数学表达式的化简、因式分解、微分、积分、解代数方程、求解常微分方程等运算。符号计算一般来讲是对输入的表达式，通过迭代或递归使用一些事先定义的规则进行转换。当转换结果不能再继续使用变换规则时，便停止计算。在深度学习中，符号微分方法利用符号计算来计算函数的导数，将复杂的运算转化为简单的代数运算，从而能够快速而准确地计算梯度。具体而言，符号微分方法将神经网络中的每个操作都表示为一个符号表达式，并通过链式法则将这些表达式相乘，得到整个神经网络的梯度表达式。这个梯度表达式可以被用来更新神经网络中的权重参数，以达到最小化损失函数的目的。

相较于数值微分方法和反向传播算法，符号微分方法具有以下几个优点。首先，符号微分方法可以计算任意高阶导数，这对于一些特殊的深度学习应用非常重要。其次，符号微分方法不受舍入误差等数值误差的影响，因此具有更高的计算精度。第三，符号微分方法可以生成高效的代码，使得梯度计算的速度更快。此外，符号微分方法还可以将求导的过程和神经网络的训练过程结合起来，从而提高训练的效率。虽然符号微分方法在梯度计算方面具有很多优势，但是也有一些不足。符号微分的计算速度较慢，而且无法处理复杂的非线性问题。对于一些非常大的神经网络，符号微分的计算复杂度会呈指数级增长，从而导致计算时间非常长。此外，符号微分需要提前定义模型的结构和参数，因此无法很好地适应模型结构的改变。如果想要修改模型的结构，需要重新定义模型的符号表达式，这将大大降低开发效率。

自动微分是一种用于计算导数的方法，与符号微分有着不同的处理对象。在符号微分中，处理对象是数学表达式，而在自动微分中则是一个函数或一段程序。自动微分可以直接在原始程序代码进行微分，因此具有比符号微分更广泛的适用性。可以用神经网络中常见的复合函数的例子来说明自动微分的过程，即令复合函数 $f(x;w,b)$ 为

$$f(x;w,b) = \frac{1}{\exp[-(wx+b)]+1} \tag{7-9}$$

式中，x 为输入标量；w 和 b 分别为权重和偏置参数。

自动微分的基本原理是所有的数值计算可以分解为一些基本操作，利用链式法则来自动计算一个复合函数的梯度。在自动微分中，函数可以被视为一个计算图。计算图是一种用于表示函数中每个基本操作的数据结构。计算图中的每个节点代表一个基本操作，节点之间的连线表示操作之间的依赖关系。计算图可以表示复杂函数的计算过程，从而可以通过链式法则自动计算函数的梯度。在计算图中，每个节点代表一个基本操作，例如加法、乘法、指数函数等。每个节点都有一个输入和一个输出，输入和输出都是向量。对于每个节点，需要计算输入的导数和输出对输入的导数。这些导数可以通过链式法则来计算。具体来说，可以通过反向传播算法来计算梯度，反向传播算法是自动微分的核心算法之一。反向传播算法的基本思想是，从后往前依次计算每个节点的梯度，然后将梯度传递到前面的节点。对于每个节点，需要计算输出对输入的偏导数，以及输出对输出的偏导数。在计算梯度时，需要将这些偏导数乘以上游节点的梯度，并将结果传递到下游节点。这个过程可以通过递归的方式来实现。自动微分可以分为两种类型，即前向自动微分和反向自动微分。前向自动微分是通过计算图从输入到输出依次计算每个节点的梯度，而反向自动微分则是从输出到输入依次计算每个节点的梯度。在前向自动微分中，需要保存每个节点的输出，以便在计算梯度时使用。而在反向自动微分中，则需要保存每个节点的梯度，以便将梯度传递到上游节点。由于反向自动微分具有更好的计算效率和更广泛的适用性，因此 BP（back propagation，反向传播）神经网络是深度学习中常用的方法之一。

7.2.3 神经网络仿真实例

本小节依然选用 B5、B6、B7 和 B18 电池数据集进行基于神经网络的电池剩余使用寿命预测。与基于支持向量机相同的预测方式，将其他三块电池容量数据进行模型训练，当前电池数据作为测试样本进行 SOH 预测，第 k 次循环的电池容量值作为模型输入，第 $k+1$ 次循环的容量值作为输出。不同电池的仿真结果如图 7-2～图 7-5 所示。

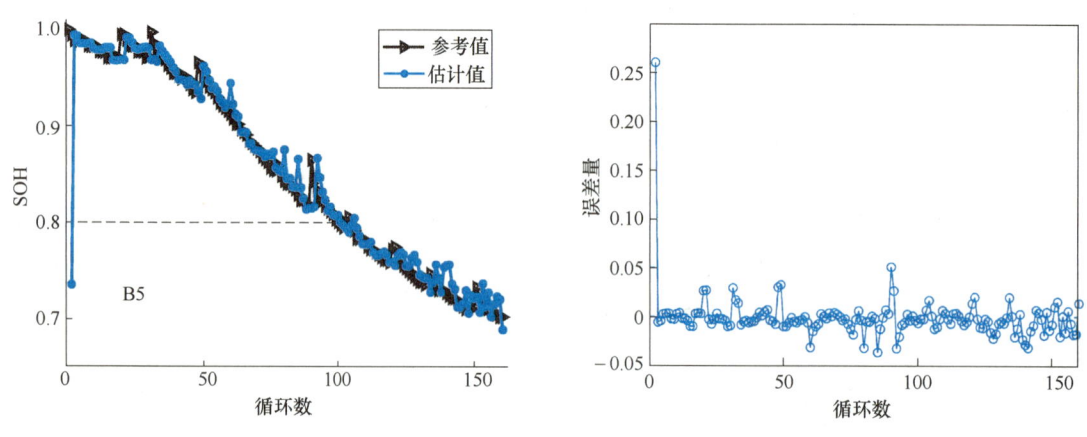

图 7-2 电池 B5 的容量预测曲线以及对应的误差值

将 80% 初始容量值作为电池的失效阈值，可以通过观察图中虚线代表的失效阈值，来预测电池的剩余使用寿命。通过使用神经网络算法进行 RUL 预测，可以看到预测曲线能够快速、准确地接近真实值，虽然在初始阶段误差较大，但能够很快得到预测准确值，并且神经网络能够很好预测容量退化数据中的容量再生现象，使得四种电池的估计精度都比较高。四种电池的误差对比详细如图 7-6 所示，可以看到在整个循环中误差值通常能够控制在 5% 以内，进一步验证了该方法进行剩余使用寿命预测的优越性。

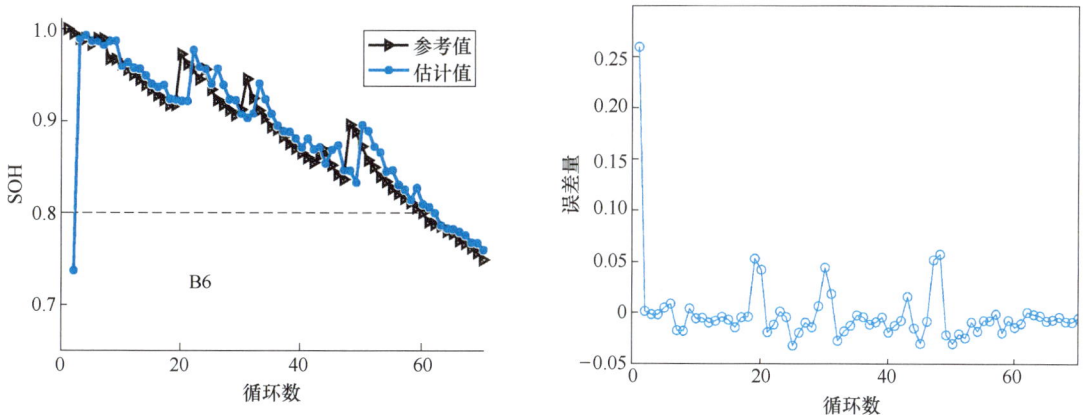

图 7-3　电池 B6 的容量预测曲线以及对应的误差值

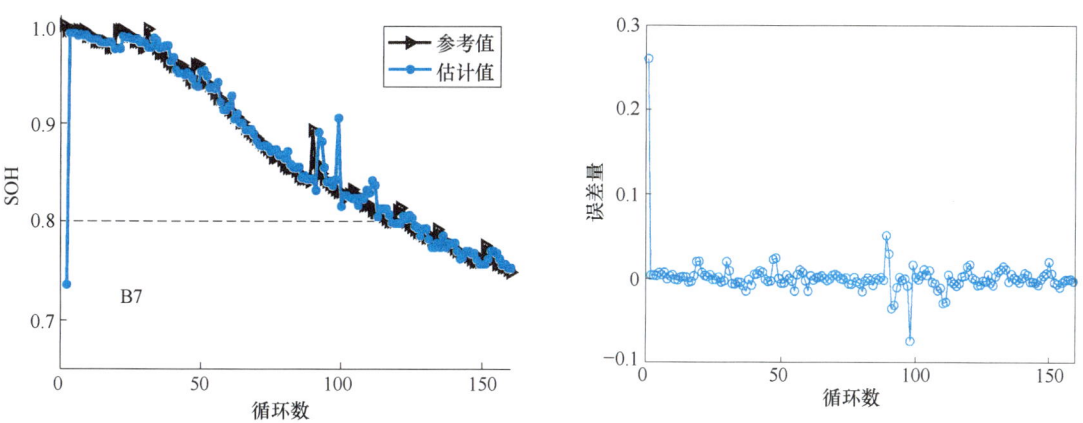

图 7-4　电池 B7 的容量预测曲线以及对应的误差值

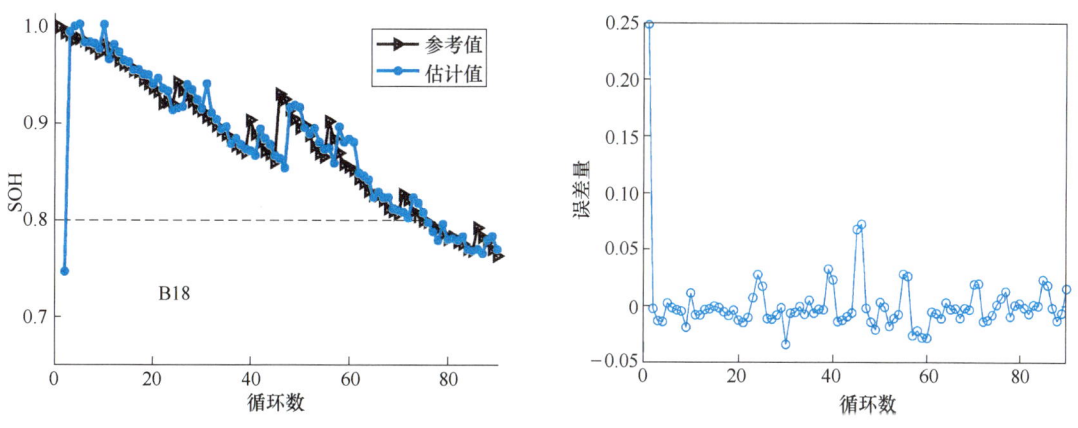

图 7-5　电池 B18 的容量预测曲线以及对应的误差值

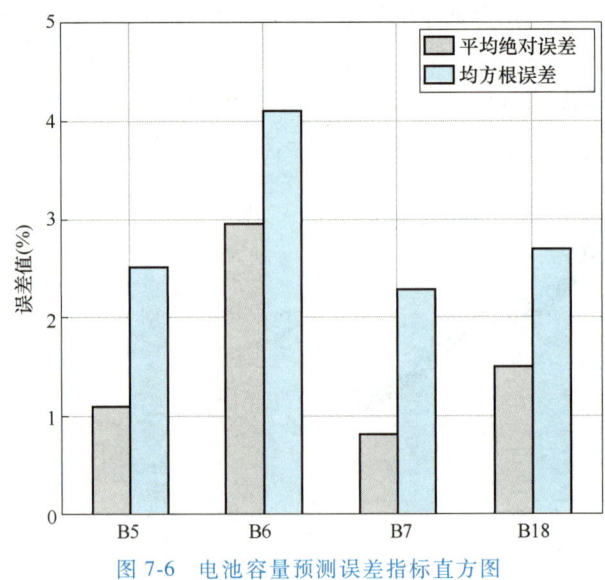

图 7-6　电池容量预测误差指标直方图

为了对基于神经网络的 RUL 预测性能进行定量评估,使用平均绝对误差、均方根误差和 RUL 误差三种量化指标进行比较,具体结果见表 7-1。从结果来看,不同电池的 RUL 预测误差通常能够控制在 7 个循环以内,甚至有时 RUL 误差值能够达到精确的 1 个循环。因此,通过使用神经网络算法进行 RUL 预测,能够较为准确地预测出电池容量的退化趋势,从而精确地预测电池的寿命剩余时间。

表 7-1　基于神经网络的 RUL 预测误差

数据	平均绝对误差（%）	均方根误差（%）	RUL 真实值	RUL 预测值	RUL 误差值
B5	1.10	2.51	100	101	1
B6	2.96	4.11	60	61	1
B7	0.82	2.29	123	116	7
B18	1.50	2.69	71	75	4

7.3　结合概率分布的剩余使用寿命预测

7.3.1　概率分布

动力电池作为电动汽车的重要组成部分,其性能和寿命直接影响着电动汽车的使用效果和维护成本。因此,动力电池的寿命预测是电动汽车行业研究的重要方向之一。虽然已有许多研究对动力电池的寿命进行预测,但由于动力电池本身的复杂性和受多种因素影响的特点,其寿命预测仍然是一项具有挑战性的工作。在寿命预测模型中,误差是不可避免的。首先,由于动力电池寿命是一个复杂的随机变量,其寿命受许多因素的影响,因此寿命预测模型误差源于实际问题与数学建模之间的偏离。其次,动力电池数据对模型的作用也会带来误差,例如测量误差或截断误差。这些误差会随着预测算法的推进而扩散,并最终作用于

RUL 预测结果中。因此，对动力电池 RUL 预测结果的不确定性进行尽可能详细的描述非常重要。

动力电池 RUL 预测的概率分布指的是在给定预测方法的情况下，动力电池 RUL 预测结果的不确定性分布规律。通常，可以使用 RUL 的概率密度函数来描述这种分布。相比于 RUL 本身，动力电池 RUL 的概率密度函数更具有工程价值。因为不仅可以计算 RUL 预测的置信度，还可以获知 RUL 预测的分布规律和置信区间，这对于电动汽车动力电池的检修、维护以及回收利用提供了极大的帮助。总之，动力电池寿命预测是电动汽车行业研究的重要方向之一。对动力电池 RUL 预测结果的不确定性进行详细描述可以提高 RUL 预测的置信度和精度，对电动汽车的维护和管理具有重要的意义。在建立寿命预测模型时，需要考虑多种因素。首先，电池的历史使用数据是非常重要的，这包括充电和放电周期、充电深度、温度、湿度和振动等。这些数据可以通过 BMS 实时采集和监测得到。其次，环境参数也会对电池寿命产生影响，例如环境温度和湿度等。此外，电池的化学物质特性也是建立寿命预测模型的重要因素之一。通过使用这些数据，可以建立动力电池的寿命预测模型，并进一步计算出 RUL 的概率密度函数。动力电池寿命的概率分布提供了关于电池性能和寿命的更多信息。例如，电池寿命的分布规律、最可能的寿命和置信区间等。通过分析这些信息，可以更好地了解电池的寿命特性，并确定何时需要更换电池。此外，概率分布还可以用于优化电池使用策略，例如确定最佳的充电和放电策略，以实现更长的电池使用寿命和更好的性能。除了优化电池使用策略之外，概率分布还可以帮助识别动力电池的失效机理。通过对概率分布的分析，可以确定不同故障模式的概率密度函数，并对失效机理进行更加准确的诊断。这将有助于制定更有效的维护和修复策略，以降低故障率和维修成本。总之，动力电池寿命预测是电池管理系统中至关重要的功能之一，准确的寿命预测模型和概率分布分析可以提高电池的使用寿命和性能，同时也能够降低维修成本和故障率，为电动汽车的可靠性和安全性提供保障。

7.3.2 高斯过程回归方法流程

高斯过程回归（Gaussian process regression，GPR）是一种基于高斯过程对数据进行回归分析的非参数模型，在使用神经网络解决实际问题时，隐藏层节点数不应限制。当将隐藏层节点数设为无限大时，网络权重的高斯先验分布就趋近于一个高斯过程，因此研究者们逐渐将神经网络参数的研究转向更为直接的高斯过程中的协方差矩阵。高斯过程回归的预测思想是通过"回归"来拟合看似孤立的东西的规律。与传统的回归方法不同，高斯过程回归能够拟合非线性规律，而这里的核函数起到了关键作用。通过对已知数据点的拟合，可以得到一个高斯分布，进而预测新数据点的分布。在实际应用中，高斯过程回归常用于函数拟合、回归分析和时间序列分析等领域，可以适应各种复杂的数据分布，也能够提供对预测不确定性的估计，这对于一些实际应用非常重要。此外，高斯过程回归还具有一些方便的性质，例如其预测结果是一个连续函数，这使其在一些连续性问题上的表现优于其他方法。高斯过程回归的原理是将对我们想要近似的函数的先验信息和对该函数的一些实际观察值结合起来。从数学的角度来看，先验信息是由一个高斯过程给出的，它可以看作是在函数上的分布。这个框架允许指定各种各样的先验信息，如函数要近似的规律性、平稳性和周期性等。但其他一些类型的信息，如正定性或单调性，不能封装在高斯过程先验中。

对于一维高斯分布，均值和方差可以完全决定其形态；而对于多维高斯分布，则需要一个均值向量和一个协方差矩阵来确定其形态。如果将多元高斯分布的随机变量看作是无数个离散时间的状态量，那么这些随机变量就会随着时间的变化而变成函数。在这个过程中，每个时刻的均值可以通过均值函数来刻画，而两个不同时刻的方差则可以用协方差函数来刻画。这样，就可以通过均值函数来确定新一维高斯分布的均值，从而得到无限维高斯分布。在实际应用中，通常使用高斯过程回归来进行预测。具体而言，首先假设样本服从高斯过程的先验概率，然后根据贝叶斯理论计算后验概率，最后通过计算出超参数来得到最终的预测模型。图 7-7 展示了高斯过程回归的预测模型的均值函数曲线，以及若干个已知数据点对应的高斯分布的均值和方差。曲线上、下两侧的面积表示高斯分布两个标准差的范围，利用贝叶斯理论可以求出预测点的条件概率均值和方差表达式。这种方法常用于回归分析、时间序列分析和空间插值等领域。高斯过程回归不仅能够处理任意形状的非线性函数，还能够提供对预测误差的量化评估，具有较高的预测精度和可解释性。

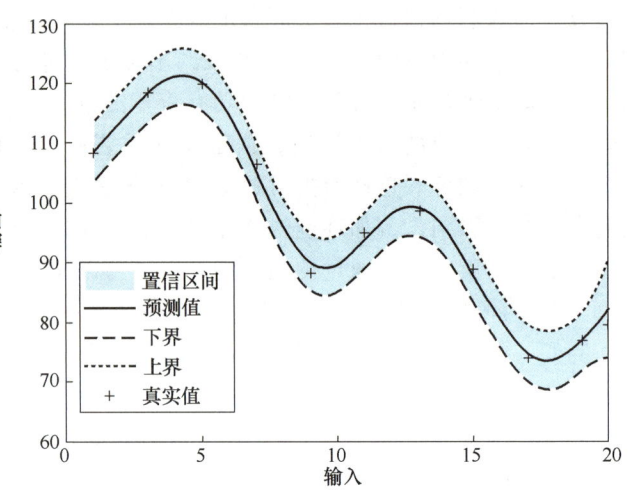

图 7-7 高斯过程回归的预测模型图

高斯过程回归模型可以定义为

$$f(\boldsymbol{x}) \sim GP(m(\boldsymbol{x}), \boldsymbol{K}(\boldsymbol{x}, \boldsymbol{x}')) \tag{7-10}$$

式中，$m(\boldsymbol{x})$ 和 $\boldsymbol{K}(\boldsymbol{x}, \boldsymbol{x}')$ 分别为随机过程 $f(\boldsymbol{x})$ 的均值和协方差。

$$m(\boldsymbol{x}) = E[f(\boldsymbol{x})] \tag{7-11}$$

$$\boldsymbol{K}(\boldsymbol{x}, \boldsymbol{x}') = E\{[f(\boldsymbol{x}) - m(\boldsymbol{x})][f(\boldsymbol{x}') - m(\boldsymbol{x}')]\} \tag{7-12}$$

在高斯过程回归模型中，协方差函数 $\boldsymbol{K}(\boldsymbol{x}, \boldsymbol{x}')$ 也称为核函数，用于测量样本数据之间的相似程度。零均值函数因其可以大幅度缩减预测不确定性，平方指数（squared exponential，SE）协方差函数因其平稳性和光滑分布而均被广泛使用。首先，通过训练数据进行 GPR 模型训练，其中使用 SE 协方差函数，其表达式为

$$\boldsymbol{K}_{\mathrm{SE}}(\boldsymbol{x}_p, \boldsymbol{x}_q) = \boldsymbol{\sigma}_{\mathrm{f}}^2 \exp\left(-\frac{1}{2l^2} \| \boldsymbol{x}_p - \boldsymbol{x}_q \|^2\right) \tag{7-13}$$

式中，$\boldsymbol{x}_p$ 和 $\boldsymbol{x}_q$ 为训练样本的输入向量在某个维度上的任意两个元素；l 为长度尺度的一维正向量；$\boldsymbol{\sigma}_{\mathrm{f}}^2$ 为信号方差，用于调整协方差函数值。

假设潜在函数 $\boldsymbol{f}$ 由 n 个训练样本点 $\boldsymbol{X}$ 组成，一个潜在函数 $\boldsymbol{f}_*$ 由 m 个测试样本点组成。考虑到现实世界的观测是有噪声的，假设噪声满足独立的同分布高斯分布。根据高斯过程回归的性质，$\boldsymbol{f}$ 和 $\boldsymbol{f}_*$ 的联合先验分布为

$$\begin{pmatrix} \boldsymbol{f} \\ \boldsymbol{f}^* \end{pmatrix} \sim N\left(\boldsymbol{0}, \begin{pmatrix} \boldsymbol{K} & \boldsymbol{K}_*^{\mathrm{T}} \\ \boldsymbol{K}_* & \boldsymbol{K}_{**} \end{pmatrix} \right) \tag{7-14}$$

式中，

$$\boldsymbol{K} = K(\boldsymbol{X}, \boldsymbol{X}) = \begin{pmatrix} K(x_1, x_1) & K(x_1, x_2) & \cdots & K(x_1, x_n) \\ K(x_2, x_1) & K(x_2, x_2) & \cdots & K(x_2, x_n) \\ \vdots & \vdots & & \vdots \\ K(x_n, x_1) & K(x_n, x_2) & \cdots & K(x_n, x_n) \end{pmatrix} \tag{7-15}$$

$$\boldsymbol{K}_* = K(\boldsymbol{X}_*, \boldsymbol{X}) = \begin{pmatrix} K(x_{*1}, x_1) & K(x_{*1}, x_2) & \cdots & K(x_{*1}, x_n) \\ K(x_{*2}, x_1) & K(x_{*2}, x_2) & \cdots & K(x_{*2}, x_n) \\ \vdots & \vdots & & \vdots \\ K(x_{*m}, x_1) & K(x_{*m}, x_2) & \cdots & K(x_{*m}, x_n) \end{pmatrix} \tag{7-16}$$

$$\boldsymbol{K}_{**} = K(\boldsymbol{X}_*, \boldsymbol{X}_*) = \begin{pmatrix} K(x_{*1}, x_{*1}) & K(x_{*1}, x_{*2}) & \cdots & K(x_{*1}, x_{*m}) \\ K(x_{*2}, x_{*1}) & K(x_{*2}, x_{*2}) & \cdots & K(x_{*2}, x_{*m}) \\ \vdots & \vdots & & \vdots \\ K(x_{*m}, x_{*1}) & K(x_{*m}, x_{*2}) & \cdots & K(x_{*m}, x_{*m}) \end{pmatrix} \tag{7-17}$$

考虑到观测数据总是有噪声的，假设噪声服从独立同分布的高斯分布，则由高斯分布的性质可以推导出后验分布 $\boldsymbol{f}_*$ 为

$$\boldsymbol{f}_* | \boldsymbol{X}_*, \boldsymbol{X}, \boldsymbol{y} \sim N(\boldsymbol{K}_*(\boldsymbol{K} + \sigma_n^2 \boldsymbol{I})^{-1} \boldsymbol{y}, \boldsymbol{K}_{**} - \boldsymbol{K}_*(\boldsymbol{K} + \sigma_n^2 \boldsymbol{I})^{-1} \boldsymbol{K}_*^{\mathrm{T}}) \tag{7-18}$$

在 GPR 算法估计过程中，有四个关键步骤：设置均值函数、选择合适的核函数、定义初始超参数、进行超参数优化。核函数的参数和噪声的参数统称为超参数。超参数是可变的，是影响模型预测精度的重要因素，因此在建立高斯过程回归模型时，需要找到最优的超参数。

首先，建立训练样本集的边缘似然函数

$$p(\boldsymbol{y} | \boldsymbol{X}, \boldsymbol{\theta}) \sim N(\boldsymbol{0}, \boldsymbol{K} + \sigma_n^2 \boldsymbol{I}) \tag{7-19}$$

式中，$\boldsymbol{\theta}$ 为超参数；$\boldsymbol{K}$ 为协方差矩阵的简写形式；$\boldsymbol{I}$ 为单位矩阵，σ_n^2 为噪声方差并设置为0.1。接下来，建立负对数边际似然函数

$$-\lg p(\boldsymbol{y} | \boldsymbol{X}, \boldsymbol{\theta}) = \frac{1}{2} \boldsymbol{y}^{\mathrm{T}} \boldsymbol{G}^{-1} \boldsymbol{y} + \frac{1}{2} \lg |\boldsymbol{G}| + \frac{n}{2} \lg 2\pi \tag{7-20}$$

式中，$\boldsymbol{G} = \boldsymbol{K} + \sigma_n^2 \boldsymbol{I}$。式（7-20）等号右边，第一项是训练样本之间的关系，中间项与回归模型有关，最后一项由样本数量决定。

关键步骤是以式（7-20）为最小化目标函数，以超参数为优化变量，采用共轭梯度法进行超参数优化。最后使用训练好的模型对测试样本进行预测，得到相应的预测均值和方差。

7.3.3 高斯过程回归方法实例

本小节选用马里兰大学 CS2 系列电池公开数据集，分别记录为电池 CS35、CS36、CS37 和 CS38，进行基于神经网络的电池剩余使用寿命预测。数据集使用磷酸铁锂电池，在30℃的强制对流温度室中进行充放电循环试验，每个电池的标称容量为 1.1A·h，标称电压为

3.3V。充电策略是将每个电池分成一个或两个步骤,从充电状态的0%~80%进行快速充电。每种电池主要经历恒流充电、恒压充电和恒流放电三个阶段,详细的充放电信息以及容量退化曲线如图7-8所示。为了保护电池,根据制造商的规格,上截止电压和下截止电压分别设置为4.2V和2V。所使用数据集的电池寿命范围为850~1000次循环,可以验证所提出方法的长期RUL预测。不同电池基于SE核函数的RUL预测结果如图7-9所示。图7-9显示的是每种电池的估计曲线以及GPR预测值的置信区间。置信区间表示了GPR模型对电池容量退化趋势的预测值的概率分布,能够为实际应用中的电池健康状态评估提供重要参考。值得注意的是,通过观察图中的置信区间,可以发现所有真实值几乎都处于95%的置信区间中。结果验证了高斯过程回归方法进行区间预测的有效性和可靠性,预测曲线十分靠近参考值,能够提供准确的电池剩余使用寿命预测。

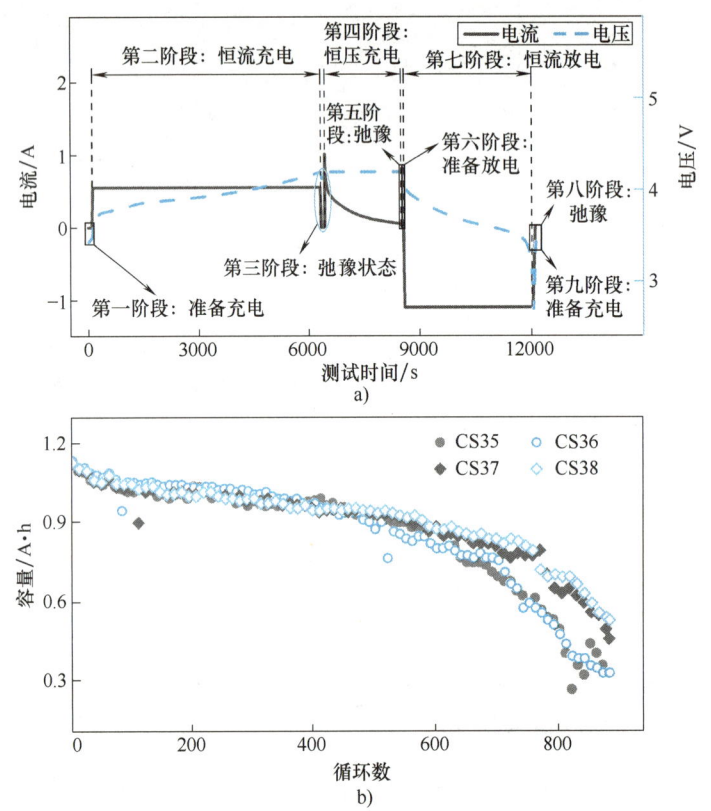

图7-8 CS2系列电池充放电轮廓和容量退化曲线

核函数是一个用于衡量样本相似性或相关性的函数,可以将原始空间中的向量映射到一个特征空间中,并通过计算特征空间中向量的点积来评估样本间的相似性。在这个过程中,核函数避免了在高维空间中进行计算,从而大大简化了数据处理过程。在高斯过程回归中,核函数的作用是将初始样本间的非线性关系映射到一个高维的特殊空间中,从而将非线性问题转化为线性问题。在GPR模型中,均值函数和协方差函数对于确定模型至关重要,其中协方差函数即为核函数。不同类型的核函数会得到完全不同的高斯过程回归模型,决定了预测值的分布。因此,选择合适的核函数对于GPR模型的准确性和性能非常重要。为了进一步探究高斯过程回归方法的预测性能,将使用其他核函数对SE核函数进行替换和预测性能

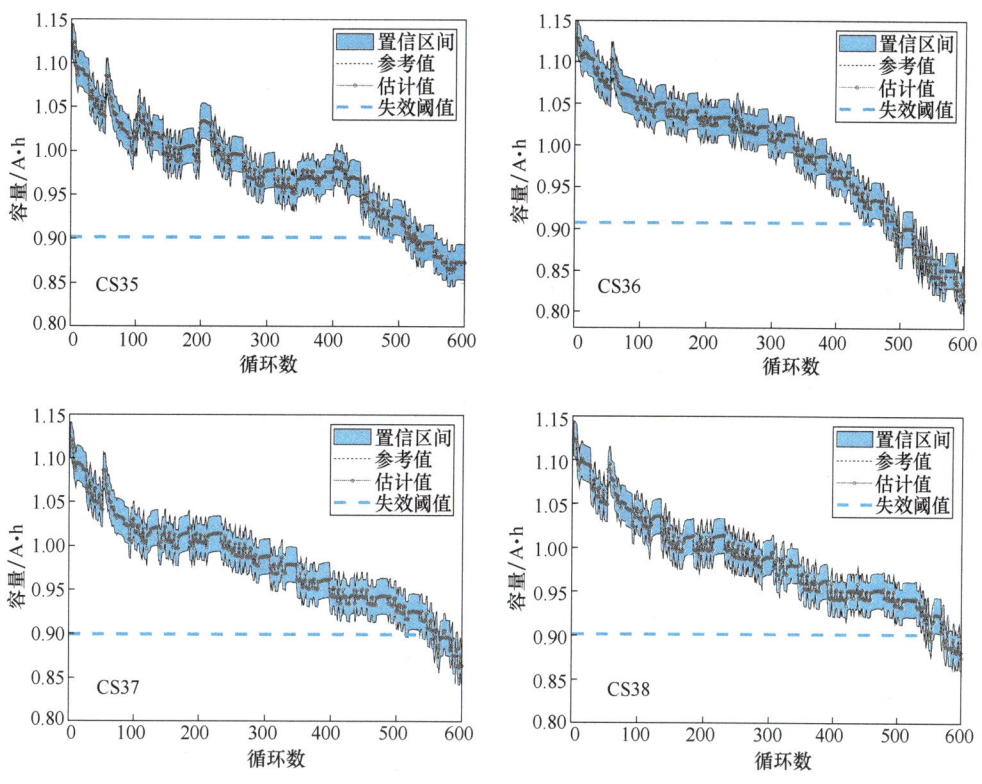

图 7-9 不同电池基于 SE 核函数的剩余使用寿命预测曲线

比较。

Matern（Ma5）核函数公式为

$$K_{\mathrm{Ma5}}(\bm{x}_p, \bm{x}_q) = \bm{\sigma}_\mathrm{f}^2 \left(1 + \frac{\sqrt{5\|\bm{x}_p - \bm{x}_q\|^2}}{l} + \frac{5\|\bm{x}_p - \bm{x}_q\|^2}{3l^2}\right) \exp\left(-\frac{\sqrt{5\|\bm{x}_p - \bm{x}_q\|^2}}{l}\right) \quad (7\text{-}21)$$

周期（Pe）核函数公式为

$$K_{\mathrm{Pe}} = \bm{\sigma}_\mathrm{f}^2 \exp\left[-2\sin^2\frac{\pi(\bm{x}_p - \bm{x}_q)}{l^2}\right] \quad (7\text{-}22)$$

另外两种核函数的仿真预测图如图 7-10 和图 7-11 所示。总体而言，在该案例下三种核函数的估计误差相对接近，这可能是因为时间序列测试方案使得输入、输出非常接近，具有较强的线性关系。因此，三种核函数都能模拟较为准确的映射关系，从而使得预测精度都比较高。此外，基于高斯过程回归的 RUL 预测可以用预测区间进行描述。观察预测区间，我们可以看到四种电池在三种核函数下的真实 RUL 值都位于预测区间中，这意味着我们可以精确地确定 RUL 值的范围。为了更好地展示四种电池在不同核函数下的仿真结果，我们将其总结为表 7-2。从表中可以看出，RUL 预测的平均绝对误差控制在 0.45% 以下，均方根误差控制在 0.8% 以内，这表明基于高斯过程回归具有优越的预测性能。此外，预测区间的范围大致在 50 循环次数以内，并且真实值处于预测区间的中间位置。因此，基于高斯过程回归的概率分布方法可以相对准确地预测电池的 RUL 值，实现精准的区间预测。这种方法在实际应用中可以提高电池的使用寿命和可靠性，同时还可以用来优化电池的维护计划和降低维护成本。通过准确地估计电池的 RUL 值，可以及时采取维护措施，延长电池的使用寿命，并减少因电池故障而引起的不必要的停机和维修费用。综上所述，基于高斯过程回归和不同核函数的组合在电池 RUL 预测中表现出了良好的性能。这种方法具有广泛的应用前景，可以在电池管理系统和相关领域中得到有效的应用，从而提高系统的可靠性和经济性。

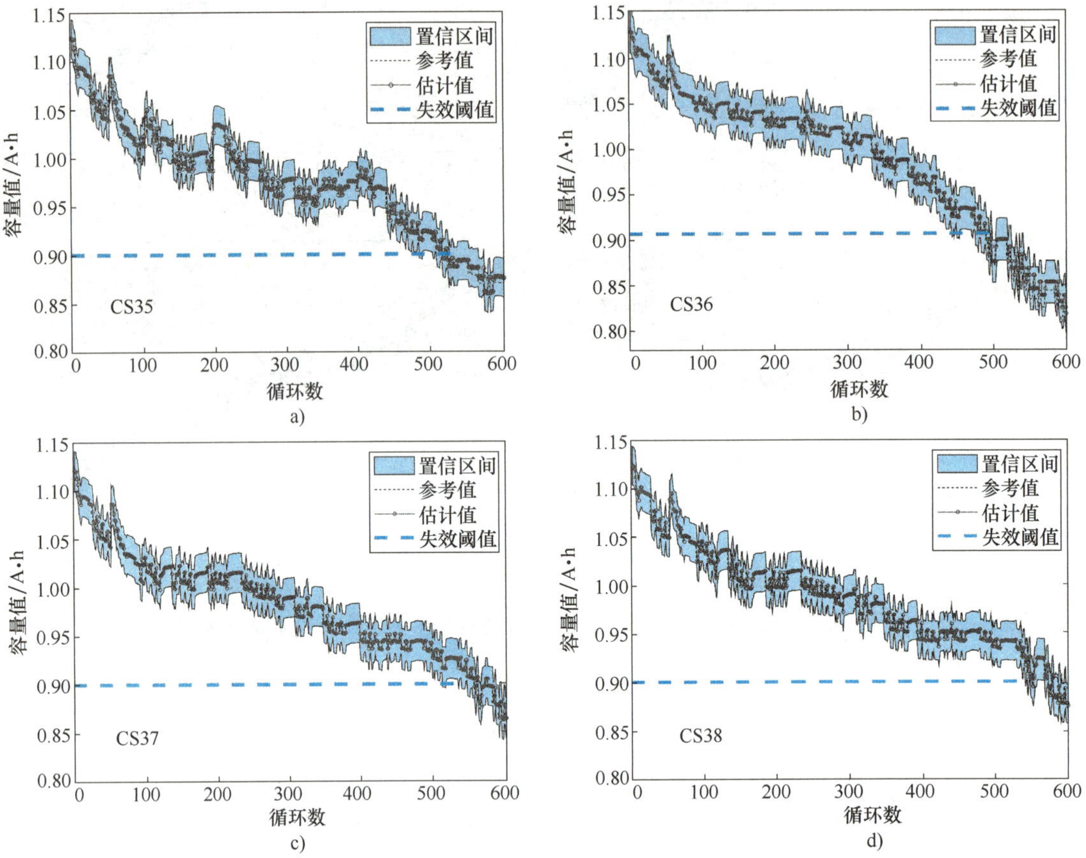

图 7-10 不同电池基于 Ma5 核函数的剩余使用寿命预测曲线

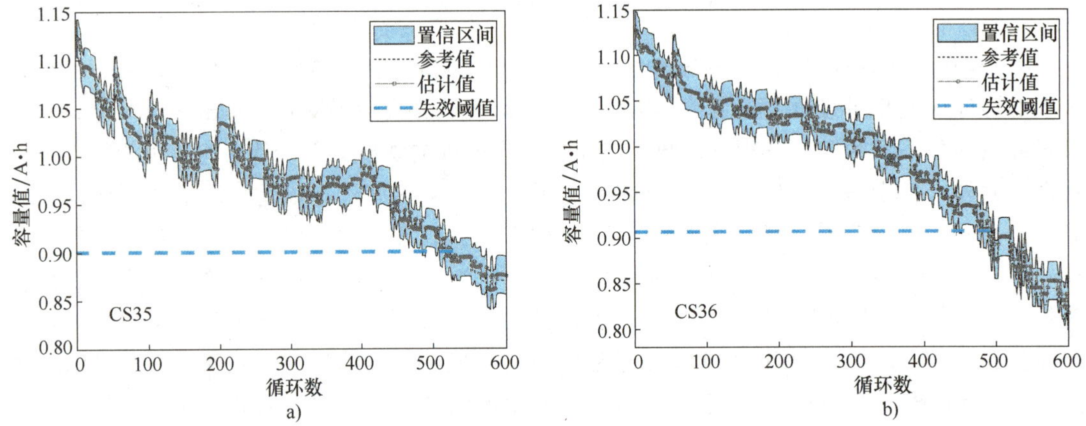

图 7-11 不同电池基于 Pe 核函数的剩余使用寿命预测曲线

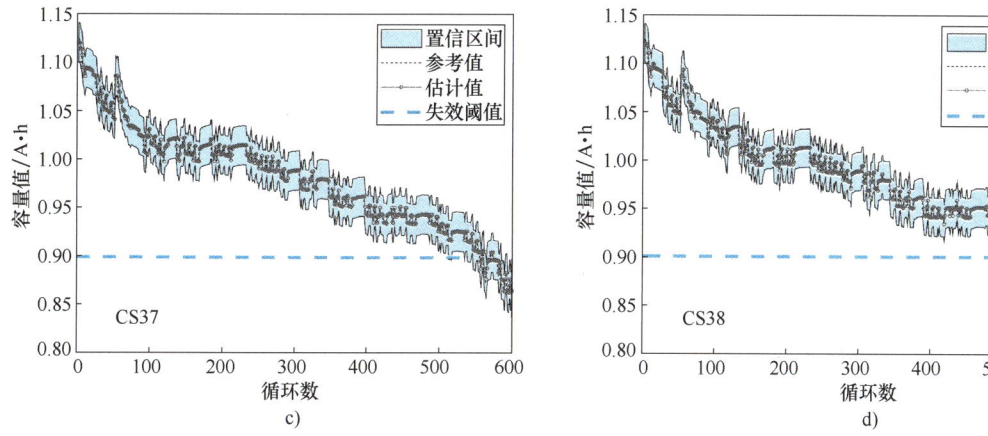

图 7-11　不同电池基于 Pe 核函数的剩余使用寿命预测曲线（续）

表 7-2　基于高斯过程回归的 RUL 预测区间

数据	核函数	平均绝对误差(%)	均方根误差(%)	真实值	预测区间
CS35	SE	0.34	0.59	530	[508,553]
	Ma5	0.37	0.61		[504,562]
	Pe	0.36	0.60		[502,564]
CS36	SE	0.43	0.68	495	[469,519]
	Ma5	0.45	0.72		[470,519]
	Pe	0.44	0.71		[470,519]
CS37	SE	0.34	0.56	570	[544,591]
	Ma5	0.34	0.56		[534,591]
	Pe	0.34	0.56		[535,591]
CS38	SE	0.36	0.59	587	[570,598]
	Ma5	0.37	0.59		[541,590]
	Pe	0.36	0.59		[542,590]

参 考 文 献

[1] 中华人民共和国国务院. 新能源汽车产业发展规划: 2021—2035年 [R]. 2020.

[2] 陈红彦. 碳中和目标下全球气候治理的竞争转向与中国对策 [J]. 法商研究, 2023, 40 (3): 3-16.

[3] 王震坡, 黎小慧, 孙逢春. 产业融合背景下的新能源汽车技术发展趋势 [J]. 北京理工大学学报, 2020, 40 (1): 1-10.

[4] LYBBERT M, GHAEMI Z, BALAJI A K, et al. Integrating life cycle assessment and electrochemical modeling to study the effects of cell design and operating conditions on the environmental impacts of lithium-ion batteries [J]. Renewable and Sustainable Energy Reviews, 2021, 144: 111004.

[5] 华旸, 周思达, 何瑢, 等. 车用锂离子动力电池组均衡管理系统研究进展 [J]. 机械工程学报, 2019, 55 (20): 73-84.

[6] LU L G, HAN X B, L I J Q, et al. A review on the key issues for lithium-ion battery management in electric vehicles [J]. Journal of Power Sources, 2013, 226: 272-288.

[7] 徐乐, 邓忠伟, 谢翌, 等. 锂离子电池高精度机理建模、参数辨识与寿命预测研究进展 [J]. 机械工程学报, 2022, 58 (22): 19-36.

[8] WANG Y J, TIAN J Q, SUN Z D, et al. A comprehensive review of battery modeling and state estimation approaches for advanced battery management systems [J]. Renewable and Sustainable Energy Reviews, 2020, 131: 110015.

[9] 熊瑞. 动力电池管理系统核心算法 [M]. 2版. 北京: 机械工业出版社, 2021.

[10] TIAN J P, XIONG R, SHEN W X, et al. Deep neural network battery charging curve prediction using 30 points collected in 10 min [J]. Joule, 2021, 5 (6): 1521-1534.

[11] CHENG K W E, DIVAKAR B P, WU H, et al. Battery-management system (BMS) and SOC development for electrical vehicles [J]. IEEE transactions on vehicular technology, 2010, 60 (1): 76-88.

[12] FENG X N, OUYANG M G, LIU X, et al. Thermal runaway mechanism of lithium ion battery for electric vehicles: A review [J]. Energy Storage Materials, 2018, 10: 246-267.

[13] 朱光钰, 赵福全, 郝瀚, 等. 区块链及其在汽车领域的应用 [J]. 汽车工程, 2021, 43 (9): 1278-1284.

[14] 王亚楠, 韩雪冰, 卢兰光, 等. 电动汽车动力电池研究展望: 智能电池、智能管理与智慧能源 [J]. 汽车工程, 2022, 44 (4): 617-637.

[15] 王震坡, 袁昌贵, 李晓宇. 新能源汽车动力电池安全管理技术挑战与发展趋势分析 [J]. 汽车工程, 2020, 42 (12): 1606-1620.

[16] CASALS L C, GARCíA B A, CANAL C. Second life batteries lifespan: Rest of useful life and environmental analysis [J]. Journal of environmental management, 2019, 232: 354-363.

[17] 汪红辉, 吴泽钦, 储德韧. 轻度过放模式下钛酸锂电池性能及热安全性 [J]. 储能科学与技术, 2022, 11 (5): 1305-1313.

[18] 李泓, 郑杰允. 发展下一代高能量密度动力锂电池: 变革性纳米产业制造技术聚焦长续航动力锂电池项目研究进展 [J]. 中国科学院院刊, 2016, 31 (9): 1120-1127; 971.

[19] 赵福全, 刘宗巍. 赵福全论汽车产业: 第一卷 [M]. 北京: 机械工业出版社, 2017.

[20] 王政. 我国新能源汽车产销连续8年全球第一 [N]. 人民日报, 2023-01-24 (1).

[21] 钟志华, 乔英俊, 王建强, 等. 新时代汽车强国战略研究综述: 一 [J]. 中国工程科学, 2018, 20 (1): 1-10.

[22] 麻友良. 新能源汽车动力电池技术［M］. 2版. 北京：北京大学出版社，2020.

[23] 黄勇. 动力电池及能源管理技术［M］. 重庆：重庆大学出版社，2021.

[24] 姜久春. 电动汽车动力电池应用技术［M］. 北京：北京交通大学出版社，2016.

[25] 泰勒，瓦兹尼格. 新能源汽车动力电池技术［M］. 陈勇，译. 北京：北京理工大学出版社，2017.

[26] 斯克罗沙廷，加尔谢，德尔梅兹. 电动汽车用先进电池技术［M］. 胡信国，等译. 北京：化学工业出版社，2018.

[27] 王芳，夏军，等. 电动汽车动力电池系统安全分析与设计［M］. 北京：科学出版社，2016.

[28] 黄学杰. 电动汽车动力电池技术研究进展［J］. 科技导报，2016，34（6）：28-31.

[29] 王圆圆，华远鹏，王世谦，等. 大数据驱动的电动汽车动力电池老化状态评价方法［J］. 交通信息与安全，2022，40（6）：157-164.

[30] 戴海峰，周艳新，顾伟军，等. 电动汽车用动力锂离子电池寿命问题研究综述［J］. 电源技术，2014，38（10）：1952-1954；1982.

[31] 易汉卿. 纯电动汽车动力电池及充电技术探析［J］. 专用汽车，2022（12）：44-46.

[32] 张友龙，袁文强，芮凯，等. 纯电动汽车动力电池技术研究［J］. 汽车实用技术，2018（17）：19-22.

[33] 韩志嵘，林芸，刘洁. 电动汽车的动力电池技术研究［J］. 企业科技与发展，2018（8）：132-133.

[34] FULLER T F，DOYLE M，NEWMAN J. Simulation and optimization of the dual lithium-ion insertion cell［J］. Journal of The Electrochemical Society，1994，141（1）：1-10.

[35] DOYLE M，NEWMAN J. Comparison of modeling predictions with experimental data from plastic lithium ion Cells［J］. Journal of The Electrochemical Society，1996，143（6）：1890-1903.

[36] 程昀，李劼，贾明，等. 锂离子电池多尺度数值模型的应用现状及发展前景［J］. 物理学报，2015，64（21）：145-160.

[37] RAHN C D，WANG C Y. 电池系统工程［M］. 惠东，李建林，官亦标，等译. 北京：机械工业出版社，2014.

[38] DOYLE M，FULLER T F，NEWMAN J. Simulation and optimization of the dual lithium ion insertion cell［J］. Journal of the Electrochemical Society，1993，140（6）：1526-1533.

[39] 应振华. 锂离子动力电池电化学建模与仿真［D］. 长春：吉林大学，2015.

[40] 李平，安富强，张剑波，等. 电动汽车用锂离子电池的温度敏感性研究综述［J］. 汽车安全与节能学报，2014，5（3）：224-237.

[41] LIU H Q，WEI Z B，HE W D，et al. Thermal issues about Li-ion batteries and recent progress in battery thermal management systems：A review［J］. Energy Conversion and Management，2017，150：304-330.

[42] PESARAN A，VLAHINOS A，BHARATHAN D. National renewable energy laboratory，electrothermal analysis of lithium-ion batteries，NREL/AB-540-39502［R］. 2006.

[43] GU W B，WANG C Y. Thermal-electrochemical modeling of battery systems［J］. Journal of Electrochemical Society，2000，147（8）：2910-2922.

[44] YOKOYAMA K，FUJITA S，HIWARA A，et al. Non-aqueous electrolytic solutions and non-aqueous electrolyte cells comprising the same：U S 5580684［P］. 1996-12-03.

[45] BERNARDI D，PAWLIKOWSKI E，NEWMAN J. A general energy balance for battery systems［J］. Journal of Electrochemical Society，1985，132（1）：5-12.

[46] GREWAL S，GRANT D A. A novel technique for modelling the state of charge of lithium-ion batteries using artificial neural networks［C］//Institution of Electrical Engineers Staff. Twenty-Third International Telecommunications Energy Conference：Intelec 2001. Edinburgh，UK：Inst of Engineering & Technology，2001：174-179.

［47］ SHEN W X. State of available capacity estimation for lead-acid batteries in electric vehicles using neural network ［J］. Energy Conversion and Management，2007，48（2）：433-442.

［48］ CHARKHGARD M，FARROKHI M. State-of-charge estimation for lithium-ion batteries using neural networks and EKF ［J］. IEEE Transactions on Industrial Electronics，2010，57（12）：4178-4187.

［49］ YOU G-W，PARK S，OH D. Diagnosis of electric vehicle batteries using recurrent neural networks ［J］. IEEE Transactions on Industrial Electronics，2017，64（6）：4885-4893.

［50］ DONG G Z，ZHANG X，ZHANG C B，et al. A method for state of energy estimation of lithium-ion batteries based on neural network model ［J］. Energy，2015，90（1）：879-888.

［51］ ALVAREZ ANTON J C，GARCIA NIETO P J，BLANCO VIEJO C B，et al. Support vector machines used to estimate the battery state of charge ［J］. IEEE Transactions on Power Electronics，2013，28（12）：5919-5926.

［52］ NUHIC A，TERZIMEHIC T，SOCZKA-GUTH T，et al. Health diagnosis and remaining useful life prognostics of lithium-ion batteries using data-driven methods ［J］. Journal of Power Sources，2013，239：680-688.

［53］ KLASS V，BEHM M，LINDBERGH G. A support vector machine-based state-of-health estimation method for lithium-ion batteries under electric vehicle operation ［J］. Journal of Power Sources，2014，270：262-272.

［54］ FENG X N，WENG C H，HE X M，et al. Online state-of-health estimation for li-ion battery using partial charging segment based on support vector machine ［J］. IEEE Transactions on Vehicular Technology，2019，68（9）：8583-8592.

［55］ MENG J H，LUO G Z，GAO F. Lithium Polymer battery state-of-charge estimation based on adaptive unscented kalman filter and support vector machine ［J］. IEEE Transactions on Power Electronics，2016，31（3）：2226-2238.

［56］ WEI J W，DONG G Z，CHEN Z H. Remaining useful life prediction and state of health diagnosis for lithium-ion batteries using particle filter and support vector regression ［J］. IEEE Transactions on Industrial Electronics，2018，65（7）：5634-5643.

［57］ SINGH P，VINJAMURI R，WANG X Q，et al. Fuzzy logic modeling of EIS measurements on lithium-ion batteries ［J］. Electrochimica Acta，2006，51（8-9）：1673-1679.

［58］ SALKIND A J，FENNIE C，SINGH P，et al. Determination of state-of-charge and state-of-health of batteries by fuzzy logic methodology ［J］. Journal of Power Sources，1999，80（1/2）：293-300.

［59］ SINGH P，VINJAMURI R，WANG X Q，et al. Design and implementation of a fuzzy logic-based state-of-charge meter for Li-ion batteries used in portable defibrillators ［J］. Journal of Power Sources，2006，162（2）：829-836.

［60］ LI I H，WANG W Y，SU S F，et al. A merged fuzzy neural network and its applications in battery state-of-charge estimation ［J］. IEEE Transactions on Energy Conversion，2007，22（3）：697-708.

［61］ FLEISCHER C，WAAG W，BAI Z，et al. On-line self-learning time forward voltage prognosis for lithium-ion batteries using adaptive neuro-fuzzy inference system ［J］. Journal of Power Sources，2013，243：728-749.

［62］ MA Y，DUAN P，SUN Y，et al. Equalization of lithium-ion battery pack based on fuzzy logic control in electric vehicle ［J］. IEEE Transactions on Industrial Electronics，2018，65（8）：6762-6771.

［63］ HE W，WILLIARD N，OSTERMAN M，et al. Prognostics of lithium-ion batteries based on Dempster-Shafer theory and the Bayesian Monte Carlo method ［J］. Journal of Power Sources，2011，196（23）：10314-10321.

[64] 黄小平，王岩．卡尔曼滤波原理及应用：MATLAB 仿真［M］．2 版．北京：电子工业出版社，2022．

[65] 穆浩．电动汽车锂离子动力电池荷电状态鲁棒性估计方法研究［D］．北京：北京理工大学，2016．

[66] 熊瑞，于全庆，陈铖，等．一种联合估计动力电池系统参数与荷电状态的方法：CN106324521B［P］．2018-09-11．

[67] YANG R，XIONG R，HE H，et al. A novel method on estimating the degradation and state of charge of lithium-ion batteries used for electrical vehicles［J］. Applied Energy，2017，207：336-345.

[68] 李嘉波，魏孟，叶敏，等．基于高斯过程回归的锂离子电池 SOC 估计［J］．储能科学与技术，2020，9（1）：131-137．

[69] 李哲．纯电动汽车磷酸铁锂电池性能研究［D］．北京：清华大学，2011．

[70] ASAKURA K，SHIMOMURA M，SHODAI T. Study of life evaluation methods for Li-ion batteries for back-up applications［J］. Journal of Power Sources，2003，119：902-905.

[71] 陈铖．车用锂离子电池容量和荷电状态的多尺度联合估计研究［D］．北京：北京理工大学，2016．

[72] 熊瑞，陈铖，杨瑞鑫，等．一种联合估计动力电池系统荷电状态与健康状态的方法：CN106291381B［P］．2018-09-11．

[73] 吕亮．基于不一致分析的锂离子动力电池成组优化研究［D］．北京：北京理工大学，2018．